# 文化人類学入門

CULTURAL ANTHROPOLOGY

古典と現代をつなぐ20のモデル

山下晋司 編

弘文堂

―― 目次 ――

山下晋司
# 文化人類学の未来のために ―― 1
 一 文化人類学という学問分野 1
 二 人類学の変貌 3
 三 人類学の再定義 5
 四 人類学の未来 8
 五 本書の特色と構成 10

# 第1部 文化人類学はどのような学問か
   ――課題と方法

小泉潤二
## フィールドワークと民族誌 ―― 14
人類学の真髄
 一 人類学という学問 14
 二 「ベランダを降りて」 15
 三 フィールドワークの4条件 17
 四 『西太平洋の遠洋航海者』と「クラ」 18
 五 フィールドワークという方法 19
 六 民族誌の変容 21
 七 語り、言説、あるいは行為を読むこと 24

内堀基光

## 環境と進化 ——————————— 27
文化＝生態系という統合領域へ

  一 環境と進化の問題  27
  二 スチュワードの多系進化論  29
  三 進化的視点の再評価  36

渡辺公三

## 構造と歴史 ——————————— 40
サーリンズの歴史は構造を超えたか

  一 『歴史の島々』と歴史の文脈  40
  二 構造から歴史へ  44
  三 歴史から構造へ  47

大森康宏

## 方法としての映像 ——————— 53
民族誌映画を活用する

  一 文化人類学と映画  53
  二 現代の民族誌に息づく2人の映像作家  55
  三 民族誌映画の現在  62

中村　淳

## 課題としての日本 ——————— 65
人類学者の描く自画像

  一 自文化の「可視化」  66
  二 全体のなかに位置づける  68
  三 構造を通した比較  72
  四 新たな私たちの〈自画像〉をめざして  74

展望台［小泉潤二］ ──────── 77

## 第2部　人類は可能か
　　　　──多様な人間たち

竹沢泰子
### 人種 ──────── 80
いま再び問う
　　一　人種と人類学　　　　　　　　　　80
　　二　ルース・ベネディクト『人種主義
　　　　その批判的考察』　　　　　　　　82
　　三　近年のアメリカ人類学会の人種
　　　　とのとりくみ　　　　　　　　　　87
　　四　現代の人種主義　　　　　　　　　90

窪田幸子
### 先住民 ──────── 92
進化する民族誌
　　一　オーストラリア・アボリジニと人類学　94
　　二　白人系オーストラリア人のための初版　96
　　三　新たな読者、アボリジニ　　　　　99
　　四　現在の人類学と先住民　　　　　　101

山本真鳥
### 女性 ──────── 105
ジェンダーのしかけ

一　「ジェンダー」という用語　　106
　　　二　『3つの未開社会における性と性格』　107
　　　三　『男性と女性』　110
　　　四　ジェンダーの非対称性　113

箕浦康子
## 子どもと若者 ──────────── 117
文化は個人をどう成型していくのか
　　　一　子どもの文化人類学研究の出発点　117
　　　二　隣接領域との協働のなかで　120
　　　三　学校教育　122
　　　四　調査対象の表象化をめぐって　126

波平恵美子
## 老人 ──────────── 130
少子高齢化社会の展開
　　　一　「少子高齢化社会」という表現が
　　　　　含む意味とその検討　130
　　　二　「老齢期」も1つの通過期である
　　　　　という認識　133
　　　三　『通過儀礼』の理論とその今日的有効性　134
　　　四　境界理論への萌芽と学問的貢献　136
　　　五　社会と個人における「移行期」の設定　138

# 展望台 [波平恵美子] ──────────── 142

# 第3部　社会はどのように構築されるか
――実践共同体から都市社会まで

田辺繁治
## 日常的実践 ——————————————— 144
ハビトゥスから象徴闘争まで
　　　一　実践理論への出発点　　　　　　　　145
　　　二　実践を生みだす母胎としてのハビトゥス　148
　　　三　戦略と象徴闘争　　　　　　　　　　150
　　　四　再帰的人類学は可能か　　　　　　　153

中川　敏
## 交換 ——————————————————— 156
贈与と商売のあいだ
　　　一　クラ交換　　　　　　　　　　　　　157
　　　二　伝統と「伝統」、近代と「近代」　　　　158
　　　三　ゲマインシャフトとゲゼルシャフト　162
　　　四　地域通貨から援助へ　　　　　　　　164

船曳建夫
## 結婚 ——————————————————— 168
２つの古典の解読法
　　　一　『親族の基本構造』を読む　　　　　169
　　　二　『American　Kinship』を読む　　　173
　　　三　この２つの著作にあるモデルを
　　　　　使って「結婚」を考える　　　　　175

木村秀雄
## 政治社会の構成 ——————— 180
理解モデルとしての現代的意義
　　　一　モデル構成　182
　　　二　モデルの特徴とその後の展開　185
　　　三　現代の状況に適したモデルとは　188

松田素二
## 都市社会 ——————————— 191
都市性への挑戦
　　　一　『貧困の文化』の衝撃　191
　　　二　都市と人類学　193
　　　三　都市社会の編成原理　196
　　　四　都市人類学の方法　199
　　　五　都市性の人類学に向けて　202

## 展望台 [船曳建夫] ——————— 206

# 第4部　文化はどのように人びとを作るか
―― その諸領域

## 桑山敬己
### 文化 ──────────── 208
人類学のキーコンセプト

　　　一　文化とは　　　　　　　　208
　　　二　タイラー　　　　　　　　209
　　　三　ボアズ　　　　　　　　　211
　　　四　文化概念の特徴　　　　　213
　　　五　文化概念の再考　　　　　215
　　　六　再・再考　　　　　　　　217

## 大塚和夫
### 文明 ──────────── 220
イスラーム世界から

　　　一　単数の文明・複数の文明　　　220
　　　二　『ムスリム社会』における「文明」概念　223
　　　三　イスラーム文明の位置　　　226
　　　四　今日の「文明化」　　　　　229

## 田村克己
### 神話と宗教 ──────── 233
現代における再生

　　　一　生者と死者の隔たり　　　　233
　　　二　人と物の隔たり　　　　　　235
　　　三　神話的リアリティと「人格」の隔たり　238
　　　四　『ド・カモ』の問い　　　　239

鈴木正崇
## 儀礼と祭 —— 244
象徴の森の想像力

　　一　境界状態とコミュニタス　　245
　　二　コミュニタスの展開　　247
　　三　祭と祭礼　　248
　　四　イニシエーション　　251
　　五　象徴の森の想像力　　253

田中雅一
## 変態する身体 —— 257
モダン・プリミティヴという実践

　　一　『汚穢と禁忌』をめぐって　　258
　　二　身体のゆくえ　　262
　　三　「未開」へ　　265
　　四　変態／ヘンタイする身体　　267
　　五　身体変工がひらく未来　　268

## 展望台 [桑山敬己] —— 270

用語解説 —— 271
索引 —— 275

本文中に＊がついた用語は巻末の「用語解説」に説明があります。

# 文化人類学の
# 未来のために

山下晋司

クロード・レヴィ＝ストロース
『構造人類学』

## 一　文化人類学という学問分野

　人類学とは人間を研究する学問である。人間の人類学的研究には、大きく分けて、生物としての人間を研究する分野と社会的・文化的存在としての人間を研究する分野があり、前者が自然（形質）人類学（physical anthropology）あるいは生物人類学（biological anthropology）と呼ばれるのに対し、文化人類学（cultural anthropology）は後者を扱う分野である。地球上で人間が生活している場所は、熱帯から極地まで、低地から高地まで、開発途上国から先進国まで、村落から都市まできわめて多様であり、その社会や文化の構成もさまざ

まだ。文化人類学はこのような人間の生態環境や社会と文化の多様性に注目しながら、人間とは何かという問いに答えようとする。

文化人類学という用語は、1871年に出版された『原始文化』の著者で、人類学の父と呼ばれるイギリスの人類学者エドワード・タイラーが使い始めたとされるが、本家のイギリスよりもむしろアメリカ合衆国で広く使われた。いささかまぎらわしいのだが、同種の学問分野は、イギリスでは社会人類学(social anthropology)、ヨーロッパ大陸(フランス、ドイツ等)では民族学(ethnologie, Völkerkunde)という名のもとに展開され、日本でも、1934年に日本民族学会ができ、2004年に日本文化人類学会に改称されるまで、民族学という名を冠した学会に文化人類学者も結集していた。さらに、民族学と同じ発音の民俗学(folklore studies, Volkskunde)も文化人類学と類縁関係にある学問分野である。最近では、社会や文化を研究するということで、社会・文化人類学(sociocultural anthropology)と呼ばれることもある。以下では煩雑なので、単に人類学と呼ぶことにしよう。

歴史的に見ると、人類学は19世紀後半から、欧米──そして急いで付け加えれば脱亜入欧後の日本──の植民地体制下における「未開社会」の研究として発展してきた。未開社会に生きる人びとは人間なのか、彼らが人間だとしても、文明人である我々とどのように違うのか、そのような問いが出発点だった。19世紀の社会進化論においては、未開社会は原始社会と重ね合わされたから、先史学、考古学、民族文化の起源論、人類社会の進化論などと結びついた人類学のイメージが形成された。今日でも人類学を学び始める学生たちにこの学問について尋ねると、こうした古いイメージをもっていることが多い。

## 二　人類学の変貌

　しかし、20世紀後半には、かつての植民地は独立し、開発途上国として登場してくる。独立後の国家建設と近代化の過程で、人びとは仕事や教育を求めて村落部から都市部に移住していき、伝統社会も開発の波にさらされていく。そうしたなかで、かつて未開と呼ばれた社会は大きな変貌を遂げ、人類学を未開社会の研究として定義することは事実上できなくなった。そして未開社会のなかに、人間の原初的形態を見るという19世紀的な人類学は存続困難となり、近代化、都市化、国民国家形成、開発などが研究の与件となっていった。さらに、1990年代には、人、モノ、カネ、技術、情報等の急激なグローバル化の進展とあいまって、人類学の古い研究環境が完全に崩壊してしまったかのように見える。

　他方、研究する側の姿勢や立場も問われるようになった。とりわけ1986年に出版されたジェームズ・クリフォードとジョージ・マーカスの編著書『文化を書く』はこの問題を鋭く提起した。つまり、研究される側の人びとが、人類学者の著作を読むばかりでなく、自らの社会や文化について書くような時代において、どのような資格で研究者は他者の文化を表象し、民族誌を書くことができるのかという問いだ。この書は、エドワード・サイードのオリエンタリズム批判とも呼応しつつ、異文化を研究する人類学の学問的営為について大きな反省をもたらした。そこでは、ある意味で従来の人類学に死が宣告されたのである。

　こうした変化は過去30年ばかりの私自身の経験からも裏付けることができる。私が大学で人類学を学び始めたのは1970年だが、当時は人類学を未開社会の研究として定義する傾向が強かった。「未開

人の世界観」とか「未開美術」といった授業が開講されていたし、A.R. ラドクリフ＝ブラウンの『未開社会の構造と機能』は必読文献だった。新しい動向としてC. レヴィ＝ストロースらの構造主義が関心を呼んでいた。当時の私に大きな影響を与えた人類学の本と言えば、レヴィ＝ストロースの『悲しき熱帯』や『構造人類学』、私の先生の1人であった大林太良の『日本神話の起源』、そして山口昌男が編集した『未開と文明』などだった。

大学院に入り、東南アジアに関する民族誌的研究に取り組み、1976年にインドネシア・スラウェシ島の山地民トラジャの人びとの間でフィールドワークを始めたとき、私の研究テーマは「伝統的儀礼」で、東南アジアの伝統文化が色濃く残っているトラジャのなかに近代社会とは別の生活形態を探りたいという気持ちが強かった。しかし、実際にフィールドワークを行なってみて、トラジャは太古から続いた「歴史なき社会」などではなく、私たちの社会と同様、近代の歴史のうねりのなかで大きな変容を遂げてきた社会であること、その意味で私たちの過去を表しているのではなく、私たちの同時代人でしかないことを認識した。そして、彼らの伝統的儀礼は確かに存続していたが、インドネシアの国家政策、とりわけ観光開発とのかかわりにおいてのみ理解すべきだと考えるようになった。

私の最初の民族誌的著作である『儀礼の政治学——インドネシア・トラジャの動態的民族誌』は、そのようなフィールド経験をふまえて書かれた。その10年後に、今度は観光というテーマに特化し、グローバル化のなかの民族文化の問題を検討して、『バリ——観光人類学のレッスン』を著した。そこでは、消えゆく伝統文化ではなく、観光の展開のなかで生成する文化について論じた。

このような人類学の変貌のなかで、人類学を学ぶ学生たちの関心も、古典的・オーソドックスなもの（○○族の社会構造と世界観とか、

○○社会における婚姻儀礼など)から現代的・応用的なもの(医療、開発、グローバリゼーション、大衆文化など)へ推移し、卒業論文や修士・博士論文のテーマも収拾がつかないほど多様化してきている。人類学の関心がこのように遠心的に多様化するなかで、人類学とはどのような学問なのか、他の学問分野とどのように差異化されるのか、これから人類学を学ぼうとする学生たちに何をどのように教えればよいのか、新しい人類学はどのように再生産されるのかをあらためて考えなければならなくなってきているのである。

## 三　人類学の再定義

　そうした大きな転換期にあって、未来に向けて新しい人類学を構築していくために、人類学をどのように再定義すればよいかという点をめぐって現在さまざまな議論が行なわれている。

　先述のように、未開社会の研究はもはや人類学の目的ではありえず、20世紀の後半にはすでに進化論的図式に基づいた未開社会の研究から文化相対主義的な異文化の研究へとシフトしていた。さらに、クリフォードとマーカスが宣言したように、人類学者が異なった社会を代弁した時代は終わり、人類学者が描き出す表象の代表性が問われるようになった。それとともに「彼ら」と「我々」の境界線もシフトしていき、人類学者も異なった社会ばかりでなく、自らの社会について研究するようになってきている。こうしたなかで、人類学は結局のところ原点に戻ったシンプルな定義、つまり「人間の研究」に戻らざるをえない。要するに、彼らと我々の双方を含む真の人間の学として自らを再構築していかなければならないのだ。

　この場合、他の人文・社会科学との関係において、いまから50年

以上も前の1958年に初版が出版された『構造人類学』(第17章)におけるレヴィ＝ストロースの次の言葉が重要な導きの糸であるように思える。「人類学は、それに固有の何らかの研究テーマによっては、他の人文・社会科学から区別されない。……人類学は、世界のある種のとらえ方、あるいは、問題を提起するある独特なやり方から出発している」。その「独特なやり方」について、彼は述べている。「この独特なやり方というのは、観察者の社会が舞台になっている社会現象より、必ずしも（しばしば、そう思われがちなように）単純ではないが、観察者の社会に起こる現象との関係で示される著しい差異のために、人類学が目的としている、社会生活のある種の『一般的特質』を明らかにするような社会現象の研究に『際して』、1つまた1つと発見されたものなのである」。少し難しい表現だが、つまるところ、異なった社会に関する民族誌的な研究を経ることによってもたらされる世界（人間）への独特な見方、ということになる。

そうしながら、「人類学が、『社会』という修飾語をつけて自分を呼ぶにせよ、そうでなく『文化』とするにせよ、人類学はつねに『全体的人間』を知ろうとねがっている」とレヴィ＝ストロースは言う。近代社会は人間を分析的にとらえることで専門分化を遂げたが、人類学はこうしてマルセル・モースが1925年に出版した人類学の古典「贈与論」などで明らかにした社会現象や人間の全体性という古典的課題に回帰していくのである。そこにこそ近代社会を相対化しようとした人類学の存在意義があり、それはいまだ終わっていない課題なのだ。

この古くて新しい課題への解答は、人類学が固執してきた人びとが生きているミクロな場所への独特なアプローチ法、つまりフィールドワークと民族誌的手法と呼ばれる質的データの収集と分析によってもたらされる。これについては後の章でも取り上げられるが、

このアプローチ法こそ主に量的データ(統計)の分析によって特徴づけられる社会科学の方法と一線を画しており、人類学にきわめて特徴的なものである。

　こうして、レヴィ＝ストロースの『構造人類学』、さらにモースの「贈与論」という古典に立ち戻って人類学の原点を確認したうえで、未来に向けて人類学の刷新をどのように行なうのか。『人類学の未来』のなかでアクバル・アフメッドとクリス・ショアが指摘したように、刷新は、先述したような人類学における表象の危機の問題というより、激動する現代世界との関連において行なわれる必要があるだろう。というのも、人類学にとっての課題は、文化の描き方にある以上に私たちが生きている現実の社会が抱えている問題そのもののなかにあるわけだから。それゆえ、人類学は現代世界に生きる人間が直面する現実に対応した研究を展開していく必要があるのだ。この人類学と現実世界との関係、さらに人類学の社会への貢献という課題は、1995年のアメリカ人類学会年次大会においてジェームズ・ピーコックが会長講演のなかで強調した点でもある。

　このことは同時にこの学問が従来しばしばみなされてきたようなエキゾチックで、小さな、消えゆく世界を取り扱う風変わりな好事家の学問ではなく、今日の世界の公共領域の諸問題に関心をもち、現代的諸課題に対して発言する学問として自らを構築してゆかなくてはならないことを意味する。事実、アメリカ合衆国においては、人類学の知見を公共領域に活用することをめざす「公共人類学 public anthropology」という分野が近年新たに立ち上がりつつあるのだ。

## 四　人類学の未来

このように人類学を再定義してみるとき、人類学の未来はどのようなものなのだろうか。日本の人類学の未来に向けた新たな研究と教育のパラダイムを構築していくうえで、以下の5点を指摘しておこう。

第1は、現代社会のニーズに対応した研究領域の開発である。グローバル化が進展し、地球規模の社会的・文化的変容が著しく加速された今日でも、異なった社会や文化、細分化された知識に対する全体(総合)知、人びとが実際に生きているミクロな場所、フィールドワークによる参与観察法など、人類学が従来より取り組んできた研究領域や方法への関心は強く存在する。ピーコックが指摘したように、社会は人類学を必要としており、もし人類学者が存在しなかったら、社会は人類学者を創りだすだろう。問題は、人類学が他の専門分野との棲み分けのなかでどのようにして自らの居場所を確保していくかである。例えば、開発、医療、教育、移動など現代的課題への人類学の参入はすでに試みられているが、日本ではまだ十分な成果をあげるにはいたっておらず、具体的にどのように貢献できるのかについてもっと明確に打ち出す必要があるのである。

第2は、人類学の教育についてである。すでに述べたように、卒業論文や修士・博士論文のテーマは、古典的・オーソドックスなものから現代的・応用的なものへ推移し、同時に多様化してきている。しかし、人類学の古典的研究と現代的課題のあいだにはしばしば大きな断絶がみとめられる。この2つを有機的に関連させ、どのようなカリキュラムを確立するかが急務である。そのためには伝統と近代、未開と文明を異なった別々のシステムだとみなすのではなく、むしろ同じシステムの2つの側面だと捉えることによって、両者を

クロスしたかたちで問題を設定し、人類学の古典的研究を現代の諸課題にも応用できるような教材を開発すべきである。

第3は、ディシプリン(専門分野)の複数化についてである。研究対象の複合化による研究の学際化は今日、不可避である。例えば、医療を研究する場合は、医学との連携が必要となるだろうし、開発を取り上げる場合は、開発経済学などマクロな政治・経済に関する知識は不可欠だろう。したがって、研究の対象によっては複数のディシプリンをもつことが必要になる。また、研究・教育職の募集要項をみると人類学だけに特定した募集は少なく、他分野との組み合わせの方が圧倒的に多い。逆に言えば、守備範囲を複数化することによって、就職の際などにも有利になるわけだ。

第4は、教育研究の国際連携についてである。人類学はそもそも国際的な学問である。にもかかわらずその実践は国別に異なっていて、真に地球的規模の人類学はまだ実現していない。しかし、研究の国際連携や交換留学における単位の互換、海外でのフィールドワークの際の国際的な研究教育委託など教育研究面における国際化はすでに始まっている。同時に、外国から日本にやってくる留学生も増加しており、彼らもまた日本の人類学の発展に寄与しうる。このようなかたちでの教育研究の国際連携を促進する必要がある。

第5は、人類学の使い方・使われ方についてである。純粋にアカデミックな分野だけでなく、人類学が適用される多様な領域をも想定すべきだろう。それゆえ、大学院においても、純粋に研究者養成というより、開発援助のNGO、国際公務員、社会人の再教育など実務分野への人材養成も行なうべきだ。このことは、近年、大学院に入ってくる学生たちの進路希望にもうかがえる。そうしたなかで、「実践人類学 anthropology in action」とでも呼ぶべき領域を開拓し、人類学の多様な使い方・使われ方を追求すべきだろう。ここに人類

学が社会貢献できる領域がある。

## 五　本書の特色と構成——古典と現代をつなぐ

　以上のような人類学の未来に向けた課題のすべてに対して本書が解答を与えることができるわけではもちろんない。本書は、上記の5つのうち、とくに2番目に挙げた人類学の古典的研究と現代的課題を接合し、現代の諸課題に取り組むための人類学を構築するという課題のために作られている。そのために20のトピックを選び、それぞれのトピックに関する古典を提示したうえで、現代とつなぐモデルが示されている。

　古典と現代のつなぎ方としては、現代的課題（現代の世界がかかえている諸問題）に接合する場合と今日の学問水準に接合する場合の2種類があるが、本書では、そのいずれかあるいは双方のやりかたで、両者を接合する試みが行なわれている。

　古典と現代の接合を縦糸とし、現代的課題への取り組みを横糸として、本書の全体は、(1)文化人類学はどのような学問か、(2)人類は可能か、(3)社会はどのように構築されるか、(4)文化はどのように人びとを作るか、の4つの部分に分けて論述されている。

　第1部では、人類学の特質や方法、その幅と奥行きが、フィールドワークと民族誌、環境と進化、構造と歴史、方法としての映像、課題としての日本といったトピックのもとに示される。

　第2部では、人種、先住民、女性、子どもと若者、老人といったトピックのもとに、人類とひとくくりにされながらもさまざまな範疇に分けられる人間の多様な現実が取り上げられる。

　第3部では、社会が構成されていく諸次元として、日常的実践、

交換、結婚、政治社会の構成、都市社会といったトピックが取り上げられ、社会的世界の構図が示される。

第4部では、文化、文明という2つの基本概念について概説された後、従来の人類学における文化研究のもっとも濃密な部分であった神話と宗教、儀礼と祭が取り上げられ、最後に文化としての身体の問題が検討されている。

なお、各部のはじめに置かれたリード文ではその部で学ぶべきことが掲げられ、終わりに設けられた「展望台」では学んだことがまとめられ、今後の課題が示される。

本書の読者としては、これから人類学を学ぶ大学の学部学生、大学院生、この学問について知りたい他分野の研究者、さらに広く一般社会人を想定している。学生の読者を学部学生から大学院生まで幅広く設定しているのは、人類学の知識は必ずしも段階的・蓄積的ではないこと、また最近の大学院入学者のなかには人類学の基本的知識を欠いている学生が少なくないからである。その意味で本書はどの段階でお読みいただいてもよいだろう。最後に、本書が人類学を学ぶ者と教える者の双方にとって豊かな学問的未来を切り開くために役立つならば、編者として大きな喜びである。

### 参考文献

クリフォード、ジェームズ、ジョージ・マーカス編 『文化を書く』（春日直樹ほか訳） 紀伊国屋書店, 1996年.

モース、マルセル 『社会学と人類学』I, II（有地亨ほか訳） 弘文堂, 1973年, 1976年.

レヴィ＝ストロース、C. 『構造人類学』（荒川幾男ほか訳） みすず書房, 1972年.

山下晋司 『儀礼の政治学——インドネシア・トラジャの動態的民族誌』 弘文堂, 1988年.

山下晋司 『バリ──観光人類学のレッスン』 東京大学出版会, 1999年.

Ahmed, Akbar and Cris Shore (eds.), *The Future of Anthropology: Its Relevance to the Contemporary World*. London and Atlantic Highlands, NJ: Athlone, 1995.

Peacock, James, "The Future of Anthropology," *American Anthropologist* 99, 1997.

# 第1部

# 文化人類学はどのような学問か

――― 課題と方法

　文化人類学とは何だろうか。どのような学問だろうか。
　他の学問分野より答えるのがはるかに難しいこの問題に、第1部の5つの章は「例示」のようなかたちで答えようとしている。フィールドワークと民族誌。進化、環境、構造、歴史。映像。そして日本。一つの方向に引きずり込むというよりは、さまざまな方向に引き裂こうとするこれらの主題について、それぞれ古典的な書物や研究や理論がある。それらを通じて、何が見えてくるだろうか。

人類学の真髄

# フィールドワークと民族誌

小泉潤二

ブロニスラフ・マリノフスキー
『西太平洋の遠洋航海者』

## 一　人類学という学問

　人類学という学問の内部はさまざまである。よく言えば多彩、悪く言えば拡散的(あるいはばらばら)である。「アナーキー」という人もいる。

　政治学的あるいは経済学的なものから、社会学的あるいは宗教学的なもの、哲学的あるいは文学的なものまで、あらゆるものが見られるだけではなく、調査し研究する地域が、アフリカ、ヨーロッパ、ラテンアメリカ、東南アジアなど全世界のすべての地域を含み、さらにその一部の限られた特徴的な空間であることが多い。調査トピックも、農業経済や資本主義、儀礼や神話、社会構造や親族体系、

ナショナリズムや社会主義、開発や国際協力、民族間関係や紛争、学校教育や育児、都市化や文化変容、植民地主義や移民、病気と治療など、含まれないものを探す方が難しい。研究対象となる時代も、現在であるときも相当歴史をさかのぼるときもある。

このように人類学は中心が定まらず、「遠心的」である。人類学者自身も、中心から遠ざかって世界の周辺的な地域に向かい、「他の」社会や「他の」文化や「他の」人びとを研究対象とすることが多い。少なくとも起源においては人類学にはその傾向があったし、ごく最近までそれが濃厚だった。そもそも人類学は「未開」社会や「伝統」社会や「無文字」社会で研究してきたとされるし、人類学の外では今でもそう受け取られることが多い。

捉えどころがなくても、ともかく人類学者はフィールドワークをする。それだけは共通項である。どの地域でどんなトピックの研究をしていても、現地に身を置き「フィールドワーク」をし、そこで自分の(しばしば個人的な)経験を通じて集めたことがらをフィールドノートに書きとめ、それを研究資料として「民族誌」を書くという手法を用いること、それが人類学を特徴づけている。遠心的な人類学に「中心」と言えるものがあるとすれば、それぞれのフィールドでありそれぞれのフィールドワークである。

## 二 「ベランダを降りて」

フィールドワークを人類学の中核に位置づけたのがブロニスラフ・マリノフスキーだった。そのマリノフスキーによる民族誌を代表し、また人類学的な民族誌を代表するのが、『西太平洋の遠洋航海者』である。1922年に出版された『西太平洋』は人類学の古典中

の古典であり、人類学の教科書の類いで本書に触れないものはない。

　フィールドワークをするのは人類学者だけに限らない。アフリカの霊長類を研究する動物学者ならアフリカでフィールドワークをする。南極海を研究する海洋学者なら南極に行くし、アンデスの岩石の研究をする地質学者も南米に行く。このように世界各地のモノや生き物の研究をする学者ばかりでなく、最近は政治学者も社会学者も歴史学者も、みなフィールドワークをするようになった。学校を研究する教育学者も禅学をする哲学者もフィールドワークと呼ぶものをする。だから、フィールドワークが人類学の中核にありマリノフスキーがフィールドワークの権化であっても、フィールドワーク自体によって人類学者を定義することはできない。

　また、マリノフスキーが「フィールドワーク」を始めたわけでもない。G. ストッキングの著作に詳しいように、1910年代にマリノフスキーがニューギニア東部でフィールドワークをするよりかなり早く、ハッドンやリヴァーズらのトレス海峡調査団がオーストラリア北部の現地調査をするなど、初期のフィールドワークは珍しくなかった。

　しかし、マリノフスキーは「フィールドワークを書き」、民族誌テクストのなかに組み込んだ。フィールドワークをすること自体が、マリノフスキーの文章のなかで陰に陽に主題となっている。こうしてマリノフスキーの物語は人類学の起源神話となり、人類学的フィールドワークの性質を今日まで規定し続けている。祖先としてのマリノフスキーによるフィールドワークの特徴は、『オフ・ザ・ベランダ（ベランダを降りて）』という、イギリスのＢＢＣが製作したマリノフスキーの紹介ビデオのタイトルに要約されている。それまでの「安楽椅子学派」の植民地人類学者が、滞在地の心地よいベランダ上の肘掛椅子にとどまり、宣教師や旅行者が書き残した資料を

読み現地の人びとをベランダに呼び寄せて調査したのに対し、マリノフスキーは椅子から立ち上がりベランダを降りて、現地社会のただなかに住み込んだ。

## 三　フィールドワークの4条件

広く知られていることであるが、マリノフスキーはしかるべきフィールドワークについて4つの基準ないし条件を設けた。(1)現地に長期にわたって滞在すること。(2)現地の言語を習得すること。(3)現地の人びととの間に信頼関係（ラポール）を築くこと。(4)調査者が現地社会の一員として受け入れられること。つまり、1年あるいは2年にわたって村や町や都会や共同体に住み込んで、現地の人びとの間に溶け込み現地の言葉で資料を収集すべきだ、というのである。

こうした条件は、現在もなお人類学的フィールドワークの規範であり続けているが、実際にはフィールドワークがそのようなものであるとは限らない。この規範もまた、部分的には神話であるかもしれない。

マリノフスキーはトロブリアンド諸島でのフィールドワークを1年ずつ2度にわたって行ない、現地の言葉を巧みに操ったとされるから、条件の(1)と(2)は満たされている。海岸の村にテントを張って生活したマリノフスキーは、現地の人びとにとって「うるさいやつ」ではあっても許容しうる逗留者として認められていたから、条件(4)も一応満たされていた。ただ(3)の、「現地の人びととの間の信頼関係」については、少なくともマリノフスキーの側は現地の人びとをあまり信頼していなかった。それが判明したのは、彼自身が書き残した私的な日記が、死後予期しないかたちで妻によって出版

されたためである。『マリノフスキー日記』では、ときとしてマリノフスキーの現地の人びとに対する罵倒の声(「野蛮人ども」)が聞かれる。マリノフスキーは、ひたすらトロブリアンドを離れることを願い、何ヶ月に1度しか来ない船を待ち焦がれ、故郷を想い婚約者のことばかり考えていた。

　日記の公刊が引き起こしたスキャンダルとそこに含まれる問題については、クリフォード・ギアツの『ローカル・ノレッジ』第3章「〈住民の視点から〉——人類学的理解の性質について」に詳しい。条件(3)としての「ラポール」は、人類学的フィールドワークが可能となるための必要条件であるが(信頼関係がなければ人と話をすることさえ難しい)、十分条件ではないという点が重要である。人類学的理解は、住民との信頼関係が増すにつれて深くなる、理解は信頼に比例する、というものではない。これは、例えばある芸術作品(文学、建築、音楽、絵画)を理解し批評できるということと、その作品を好むか嫌うかということの間には、関係のあることもあるが、ないことも多いというのに似ている。

## 四　『西太平洋の遠洋航海者』と「クラ」

　住民との関係がどのようなものであれ、マリノフスキーは現地の文化と社会を深く理解し、緻密に調査された資料に基づいて何冊もの民族誌を書いた。『西太平洋の遠洋航海者』のほか、『未開社会における犯罪と慣習』、『未開家族の論理と心理』、『未開人の性生活』、『サンゴ礁の畑とその呪術』などである。それらのなかで中心的位置を占める『西太平洋』のなかでも中心を占めるのが、クラと呼ばれる儀礼的交換システムについての記述と分析である。

クラについては、日本でも欧米でも、人類学の入門書や概論書や教科書で必ず触れる。20世紀の初めにマリノフスキーが調査し、現在でもニューギニア東部海域で生き生きとした意味をもつクラ交換のシステムについては、最近のビデオ映像による詳しい記録もある。定められたパートナーの間で、赤いウミギクの首飾りと白い巻貝の腕輪が交換され、おびただしい数の赤と白の飾りが西太平洋の巨大な円環上を互いに反対方向に回り続けている。危険な遠洋航海と入念で濃密な儀礼をともなうこのクラ交換によって、広範囲の人びとの生活と生存に必要な物資が有効に分配され、広い海域にわたってパートナー間の友好関係が維持され、統合的政治組織の存在しない状況においても調和的な社会秩序が維持される、というのがマリノフスキーの分析だった。

　「近代人類学の父、マリノフスキーのクラ」がほとんど人類学の事例研究の代名詞となり、「トロブリアンド」という地名が人類学の名所旧跡となったことは、人類学者についての「好事家」観、奇異な事例やロマンを求めて世界の最果てを目指すアマチュア的であまり科学的でない冒険研究者というイメージを作る上で相当の力があったかもしれない。


## 五　フィールドワークという方法

　マリノフスキーのトロブリアンド諸島の文化と社会の全般にわたる精細な民族誌の価値は別にして、マリノフスキーの理論的主張には相当の問題や欠陥があった。特に、同時代のフロイトから受けない方がよかった種類の影響を受けていたこと、経済学についての理解に不十分なものがあったことが指摘されている。また、非合理な

信仰と見える呪術にも人を心理的に勇気付け困難な取り組みに駆り立てる機能がある、どの文化でもその文化要素はそもそも機能的に有意であるからこそ存在する、文化は食料生産をはじめとする人びとのニーズを満たす機能を持つ、などの典型的な(そしてかなり粗雑な)マリノフスキーの機能主義が説得力を持つ時代は過ぎた。

それでもマリノフスキーが最良のフィールドワーカーであり最良の民族誌を遺したという事実は変わらない。彼は確かにベランダを降り人びとの間に入って生活した。フィールドワークをしたのである。しかしマリノフスキーのフィールドワークがどのような意味で優れていたのか、マリノフスキーの民族誌がどのような意味で優れているのか、という複雑な問題を考える必要がある。「ともかく現地で暮らす」ことがフィールドワークの本質であるが、それを越えて、フィールドワークが実際にどのように行なわれるべきなのかは確定していない。

もちろんマニュアルはある。日本語のものも多い(本章の参考文献を参照)。こうしたものを見れば、フィールドワークを行なう上でのヒントは必ず得られるはずである。しかし、現地でマニュアルをそのまま適用できるわけではない。フィールドワークはそれを行なう個人により、また行なわれる場所と状況により大幅に異なるし、異なるべきである。

私自身が初めて本格的なフィールドワークに向かう前、指導教官から教えられたことは多くなかった。ミシェル・ロザルドウには、フィールドノートとは別に日記をつけなさい、必ず役に立つ、と言われた。チャールズ・フレイクには、*インフォーマントが自発的に話したことと、こちらからの質問や誘導で答えを引き出したこととを、必ずフィールドノートに印をつけて区別すべきだという重大なことを教えられた。レナート・ロザルドウには、フィールドで書い

た自分のフィールドノートを、現地から戻った後で繰り返し読み込むことが大切だ、という指摘を受けた。ベンジャミン・ポールには、ともかく後退しているのではなく前に進んでいるのならばそれでよい、という調査上の心構えを教えられた。

　私自身はフィールドに発つ学生に、次のような助言を与えている——やはり日記はつけたほうがよいこと。人類学者には機関銃のように質問をたたみかける人と黙ってあまり質問せず人びとが自発的に語ることに耳を傾け記録する人があるが、私は後者の調査を好むこと。テープレコーダは使う人も使わない人もあり、それが必要になるときもあるが、一般にテープレコーダを使えば人びとの語りに相当の影響を与えること。私の場合は、話されたことをつかまえられるところまでメモあるいは記憶して、話の終わった直後にフィールドノートをつくる、というやり方をすること。質問票を事前に用意してもよいが、質問は固定せず、現地での調査が進むにつれ、調査で明らかになったこととの相互関係のもとに変更し進化させていくことが重要であること。人びとが話したくないこと、話そうとしないことを無理に聞き出そうとすべきではないこと。集団インタビューは個人インタビューと当然異なり、同じ社会の人びとが聞いているなかで人びとが言うことは、そのときの状況やコンテクストにより変化せざるを得ないこと。そもそもインタビューやアンケートを設定すれば、そこでの語りは当然異なってくること。

## 六　民族誌の変容

　このようにフィールドワークに型どおりのものはない。それでもマリノフスキーのフィールドワークは現代でも輝きを失わず、むし

ろその意味を考えることの現代的重要性は増している。

　これは、マリノフスキーが自らのフィールドワークを通じて「現地の人の視点から」という立場を強調したからだと思う。彼の理論は時代に遅れ、クラについての研究は周辺的で奇異な事例を扱うように見えるかもしれないが、「住民の視点から」「現地の人の視点から」ものを見る(from the native's point of view)、というマリノフスキーの視点は古くなるわけがない。「住民の視点から」が何を意味するかを考えることはいつでも新しい。

　簡単に言えば、これは行為者の視点から社会的行為を理解するということだと思う。「現地で」(ここで言う「現地」とは、私たちが今いる「ここ」であるかもしれない) 行為する人が、自らの行為をどのように理解しているかを理解しようとすること。人が自分で何をやっていると考えているかを考えようとすること。人が何を見ているかをその視点から見ようとすること。

　これは簡単で当たり前に見えてそうではない。行為者の視点から、現れては消えていく社会生活と社会的行為の流れを、何かを媒介することによってつかもうとし、つかんだと思われるものを書きつけていくことが「民族誌を書く」ということだと思う。

　ただ、民族誌の書き方は明らかに変容した。マリノフスキーの時代の人類学者は、「未開の宗教」、「未開の儀礼」、「未開の性生活」、「未開の法」などについて書くことができたが、今では「未開」や「野蛮」という概念自体を使いにくいばかりでなく、ある場所の「法」や「宗教」や「慣習」などを、固定的でまとまりのよい「単位」として書くことも、トロブリアンドにせよどこにせよある地域をまとまりのよい「単位」として書くことも、問題含みであるようになった。

　これには少なくとも2つの理由がある。1つには「フィールド」

というものの性質、あるいはそれについての感覚が変化した。トロブリアンドが過去においても本当に隔絶した未開の辺境であったかは別にして、ともかく現在ではどのようなフィールドも孤立した空間としての「個室」ではなくなった。今では人びとは旅し、文化も旅をする。移民や難民、また観光やビジネスによる人の流動は激しさと速度を増し、人・モノ・情報の流れ自体を見据えて研究対象としなければならなくなっている。ジョージ・マーカスの「複数の場所での民族誌」や、マルク・オジェの「場所／非場所」の対比、あるいはジェームズ・クリフォードの「ルーツ」に代表されるように、フィールドワークや民族誌は移動のダイナミズムや流動の不安定さのなかで行なわれるようになった。

人類学はフィールドの側で変容する一方で、ページの上でも変化した。ポストモダンや脱構築や表象と権力についての議論のなかから、人類学が書くという行為、特にその政治性が強く意識されるようになった。この問題は、1986年にJ. クリフォードとG. マーカスが編纂した『文化を書く――民族誌の詩学(ポエティクス)と政治学(ポリティクス)』が広く受け容れられてから先鋭的となり、その後の人類学に深く影響を与えている。

以来強まってきたのは、次のような懐疑論である――文化を語る権利は誰にあるのか。人類学者に異文化理解の特権があるのか。調査者と被調査者の間には非対称的な権力関係があるのではないか。人類学者は自らの位置性(ポジショナリティ)を意識化すべきではないか。特権的な「私」が、描かれる対象としての「彼ら」を描くという不平等な関係があるのではないか。そのような権力を背景とする語りによって、声なきサバルタン*の声を抑圧しているのではないか。人類学は過去ばかりでなく現在においても植民地主義を内包しているのではないか。

フィールドワークと民族誌

そこで実験的な民族誌の試みが行なわれてきた。民族誌を現地のインフォーマントと人類学者の共同作業あるいは共著書として書くこと。民族誌の中央に「私」を据えて、私について省察しながらその周囲をめぐるかたちですべてを書くこと。「彼ら」を一般化して語るのではなく、彼らのなかの特定個人に限定して書くこと。人類学者と現地の人との間の「対話」として、あるいは人類学者１人の声だけでなく現地の多数の声も同時に聞こえるような「多声的な」ものとして、民族誌を書くこと。

　フィールドや人類学や民族誌を脱構築しようとするこのような試みは、対象社会を一方的に表象する知的搾取の営為から逃れようとするものだった。それはページの上の人類学、民族誌のなかの人類学を単純ではないものにした。


## 七　語り、言説、あるいは行為を読むこと

　歴史が流れ、マリノフスキーの頃からフィールドもページも変容したにしても、人類学、少なくとも人類学的アプローチがフィールドワークを基盤とすることは、冒頭に書いたように変わらない。現地の視点からものを見ること、行為者の視点から社会的行為を理解することがマリノフスキーのアプローチの中央にあることも、先に書いたように確実である。

　フィールドワークをし、行為者の視点からものを見るということは、フィールドの個別状況を経験的に詳細に知ることと同時に、「行為者の語り」を聴くことによってはじめて可能になる。行為者の言説、あるいはテクストを研究するのである。現地に身を置き、行為者が行為で語ることを聴こうとする経験により、はじめて行為

を読むことができることになる。それだけで十分ではないが、必要条件である。書評を書くためにはその本を読むという経験が必要であり、美術を論ずるためにはその作品を見るという経験が必要である。この当たり前のことが、社会や文化を読むことについては当たり前になっていない。社会や文化を知るためには、少なくともそれを経験する必要がある。だからフィールドワークがある。

　人類学内部での懐疑論とは逆に、「民族誌」という概念は人類学の外で広く市民権を得るようになった。民族誌的な質的調査の重要性は、これからの人文社会科学で増大していくかもしれない。孤島の民族誌や部族の民族誌、あるいは民族の民族誌ではないにしても、学校の民族誌や会社の民族誌や移動の民族誌など、さまざまに展開しつつあるさまざまな民族誌は大きな可能性を秘めている。民族誌という方法はともかく有効だ、というクリフォード・ギアツの言葉を待つまでもない。

　なかでも開発と国際協力の民族誌と、その裏返しとしての紛争と対立の民族誌は、何より現代的であり重要である。紛争や対立の現場に身を置き、そのただなかで感情をはらみ暴力を行使し、あるいは行使されている人びとの言葉を聴こうとすることによって、ハンチントンの「文明の衝突」論のような、文化の差異を文化の対立に直結し短絡させる演繹的論理とは異なる種類の理解が可能になると思う。極度の貧困と山積する難問のなかで、国際支援を受け現状からの脱出を試みる、あるいは希望する人びとの言葉を聴こうとすることによって、演繹的に設定された発展段階論や近代中心主義的な開発論とは異なる種類の可能性が見えてくると思う。

**参考文献**

エマーソン, R.・R. フレッツ・L. ショウ 『方法としてのフィールドノー

ト―――現地取材から物語作成まで』(佐藤郁哉ほか訳) 新曜社,1998年.
ギアーツ,クリフォード 『ローカル・ノレッジ――解釈人類学論集』(梶原景昭,小泉潤二,山下晋司,山下淑美訳) 岩波書店,1991年.
ギアツ,クリフォード 『解釈人類学と反=反相対主義』(小泉潤二編訳) みすず書房,2002年.
クリフォード,J.・G.E.,マーカス編 『文化を書く』(春日直樹ほか訳) 紀伊國屋書店,1996年.
クレイン,J.G.・M.V.,アグロシーノ 『人類学フィールドワーク入門』(江口信清訳) 昭和堂,1994年.
小泉潤二 「文化の解釈――〈合意〉について」『文化という課題 岩波講座文化人類学』第13巻,岩波書店,1998年.
佐藤郁哉 『フィールドワーク――書を持って街へ出よう』 新曜社,1992年.
マリノフスキー,B. 『未開家族の論理と心理』(青山道夫,有地亨訳) 法律文化社,1960年.
―――― 「西太平洋の遠洋航海者」(寺田和夫,増田義郎抄訳) 『世界の名著』59,中央公論社,1967年.
―――― 『未開人の性生活』(泉靖一,蒲生正男,島澄抄訳) 新泉社,1971年.
―――― 『未開社会における犯罪と慣習・付文化論』(青山道夫訳) 新泉社,1977年.
―――― 『マリノフスキー日記』(谷口佳子訳) 平凡社,1987年.
Geertz, Clifford, *Works and Lives: The Anthropologist As Author*. Stanford, Calif.: Stanford University Press, 1988.
Stocking, G.W., Jr., (ed.), *Observers Observed: Essays on Ethnographic Fieldwork*. Madison, Wis.: University of Wisconsin Press, 1983.

ビデオ
Dakowski, B., written and presented by, *Off the verandah*. Series: Pioneers of Social Anthropology, Strangers Abroad. Films for the Humanities, 1990.

文化＝生態系という統合領域へ
# 環境と進化

内堀基光

ジュリアン・スチュワード
『文化変化の理論』

## 一　環境と進化の問題

　自然環境のちがいが個々の人間社会のあり方に大なり小なり拘束を与えていることを否定する人類学者はいない。意見が異なるのは、その拘束力の程度がどのくらいのものであり、どのようなメカニズムで拘束がはたらくのか、また社会のどのような部分にはたらくのか、ということである。さらに根本的には、「自然」の環境とはいったい何を指しているかということも問題となる。これは、人の住む空間には純粋の「自然」などなく、それらしく見えるものもすべてなんらかのかたちで人間による改変を受けている可能性がある、という発想に関係してくる。環境をめぐる議論は、こうして、人間

の社会の成り立ちそのものに関わる、きわめて基本的な論点から出発することになる。

　社会内の人間関係を調整しているのは、そこの人びとに一定程度共有された世界と人間についての認識であり価値観である。これを文化的調整と呼んでおこう。これには、行為についての善悪の判断、名誉と不名誉の評価、社会的やりとりにおける公正の判定と損得の秤量(ひょうりょう)など、人間関係のあり方を直接規定するものだけでなく、それを間接的に規定する身の回りの世界をさまざまに区分する仕方、またその区分に応じて人間がどのような行動をとるのがふさわしいかの判断など、環境の認識のあり方に関するものが含まれる。

　文化的調整はけっして不変のものではない。環境が変われば、その認識のあり方もとうぜん変わり、それにしたがって人間関係のあり方、社会のかたちも変わってくる。逆に、社会のなかで生きる人間は、労働をつうじて自然に働きかけ、生活を取り巻く環境を変えていく。人間と環境は、巨視的に見れば、ゆるやかなシステムをなしているといえる。このシステムを人間＝環境系、あるいは、人間の文化的あり方と環境のなかでの人間の生活形態に注目して、文化＝生態系と呼ぶことがある。

　変化には短期的な変化と、長期的な変化がある。また変化には循環的な変化と一方向的な変化がある。可逆的な変化と不可逆的な変化がこれに交差する。あえて形式的に定義すれば、長期的で一方向的かつ不可逆の変化が進化である。だが、一方向的だからといって、単に1つだけの進化の道筋があるとは限らない。進化はさまざまな方向に枝分かれしていく。生物の進化とはそうしたものだし、人間の社会と文化の長期的変化も、その非循環的な不可逆性に目を向けるとき、進化と呼んでよい。

　人類の歴史を段階的に見ようとする考えは古くからあった。スペ

ンサーによる最適者の生存を軸とするいわゆる社会進化論は、ダーウィンが『種の起源』(第5版)でこの言葉を採用したため、生物の進化との類比で受けとられることになった。だが、スペンサー流社会進化論は実証に支えられたものではない。さまざまな発展段階的な歴史観は、西洋近代をその頂点とみなす文明の進歩という見方を共通の軸にしていた。なかでもモーガンの著作はとくに影響力が大きかった。これらの19世紀の思潮に対して、1930年代以降のアメリカ文化人類学における進化主義的傾向は、進歩という思想的枠組みのなかでではあるが、より実証的な基盤に立って、人類の社会と文化の長期的な進化を探る方向に向かった。初期にはL. ホワイトによる社会進化の数量的把握の試みがある。彼は文化を技術体系、社会体系、観念体系の3部門からなるものとした。そして技術体系のなかでもエネルギー使用量を重視し、文化進化の段階を測る指標を当該社会の1人あたりの年間エネルギー消費量だとした。そして、このエネルギー消費量を指標として、人類社会の生産様式と社会形態の進化の見取り図を描こうとしたのである。

## 二 スチュワードの多系進化論

　ここで紹介するジュリアン・スチュワードの立場は、人類全体の進化というよりも、個々の社会のあり方が自然環境との相互関係のもとでどのような変化の筋道をたどるかという、個別変化の理論を探ることにある。ホワイトの理論は人類社会全体としての進化を見通す視点から提出されたものであり、しばしば「普遍進化」と見なされる。これに対し、スチュワードはホワイトの考える古典的進化主義の単系進化には無理があるとし、それぞれの文化が受ける環境

や技術の影響の差異によって進化の道筋は変わってくるだろうと考えた。これを「多系進化」モデルと呼んでいる。それは個別変化の集積の結果として、方向的な長期変化を視野に入れた理論だからである。スチュワードにとっては、こうした長期変化が「ほかに適当な言葉がないので」進化という語で意味されるものである。以下、方法的な原則とその応用に分けて、スチュワードの議論をたどることにしよう。彼の議論を展開した諸論文は、ありがたいことに、すべて主著『文化変化の理論』に含まれている。

## 1　理論の原則

スチュワードが探ろうとするものは、人類文化の多様な発現形態に見られる規則性である。彼の言葉をそのまま引用すれば、「文化進化は、文化の規則性ないしは法則の探求であると大まかに定義することができる」ということであり、さらに「多系進化は、文化変化には重要な規則性が生じるという過程に基本的に論拠を置く方法論であり、文化の法則の決定に関心がある」。そしてその法則の発見は、「演繹的ではなく、帰納的に」行なわれなければならない。これらの言葉はたいへん分かりやすく思われる。だが、その基本的立場の背景についてはいくらかの説明が必要である。

文化の法則を探るということは、諸文化に共通するなんらかの要素、あるいは形式の存在を認めることである。それは、個々の文化の個性なり特殊性を否定することではない。こうした個性を否定しないということは、当時のアメリカ人類学会で支配的であった文化の相対主義への理解にもとづいており、その点で「普遍進化」あるいは「単系進化」とは一線を画している。だが、相対主義は文化についての全体論(holism)でもあり、文化外のものを想定せずに文化を語るきらいがある。

スチュワードが文化相対主義と袂を分かつのはこの点である。文化の個性を認めるという限定のもとで、諸文化に共通のものを規則として捉えることは、文化の外にある要因レベルを想定しなければならないからである。この説明因子を提供する異なる要因レベルには、いくつかのものが考えられる。例えば生物学のレベルがそれである。しかし、文化人類学者としてのスチュワードにとっては、文化の進化あるいは変化を説明しようとするかぎり、言及の対象となるのは、こうした種としての人類にとっての不変のレベルではなく、それ自体として変異に富む要因レベルでなければならない。それが自然環境あるいは生態学的環境と呼ばれる要因レベルなのである。

　スチュワードは、「地方的特色を無視し世界的な段階のみを取り扱うホワイト［中略］のような方法論は、我々が考えている目的には役に立たない」とはっきりと述べている。ここでいう「地方的特色」こそ、個々の文化の個性・特殊性をさすものである。スチュワードが目指すのは、それぞれの地方に現れる社会とその文化を、その地方の生態学的環境への適応というかたちで解き明かすことである。自然環境に対応するためにやむをえず、その生活形態を変化させるという。

　こうした適応をスチュワードは「文化生態的適応」と呼ぶ。これはいわゆる自然環境決定論ではない。同じような生態学的環境のもとでも、異なった技術水準により、異なった形態の社会と文化が成り立ちうるからである。またある技術が採用されるかどうかは、社会文化の形態にも依存する。言いかえれば、「文化生態的適応」とは環境への適応を基礎にした、技術、社会文化形態の複合であり、この複合のある側面が変化すれば、複合のあり方全体も変化する。重要なことは、こうした環境と技術、社会文化形態の複合の関係は、演繹的に決定されるようなものではなく、経験的・実証的な具体例

にもとづいて帰納的にのみ築かれるとしている点である。スチュワードはこの複合の変化しうるあり方を「社会文化統合のレベル」と呼んでいる。

　自然環境決定論ではないが、スチュワードのとる立場は、環境への適応が社会文化の形態の基礎にあることを強調する点で、原因と結果をするどく峻別している。これについて彼は、「因果的な意味で規則的に捉えることのできない変化は、進化と呼べない」、あるいは「進化の決定的な方法上論の特色は、独立の諸文化伝統にみられる回帰的因果関係の決定である」とはっきり宣言する。ここでいう回帰的因果関係とは、なんどもなんども繰り返し起きることが経験的に確かめられる環境条件と社会文化形態との相関関係のことである。そして、社会文化形態の変化が環境条件の特定の変化の結果として規則的に繰り返し認められる場合のみ、単なる変化ではなく、進化という概念をあてはめることができるとする。

　ところで、進化とはいえない変化とはなんだろうか。それはいわば偶然の変化である。スチュワードにとって、こうした偶然の変化は多くの場合不安定なものであって、長続きしないものととらえられている。だが、人間の社会はたがいに隣接する社会から影響を与えあってきた。新しい生産技術や宗教観念が外部から取り入れられることも多い。伝播と呼ばれる現象がそれである。伝播は「独立の諸文化伝統」に繰り返し現れる因果関係という、進化についての方法からはどう扱われるのか。スチュワードは、こうした伝播による変化も、1つの社会に取り入れられて安定した要素となるかぎり、環境への文化生態的適応の一環を積極的に担うことになるか、あるいはすくなくともそれを阻害しないと見る。前者であれば、こうしたことは繰り返し現れうる可能性が高く、したがって進化の枠組みのなかで考えることができる。後者であれば、それは中立的な変化

であり、進化とは無関係な付随的変化ということになる。

多系進化の理論は、社会文化の法則性・規則性を追究するにあたって、「平行」と呼ばれる現象に焦点を当てる。平行とは、同じような環境条件のもとで、同じような傾向と方向性をもった変化が起きることである。スチュワードは世界の諸社会文化間にいかなる平行の現象があり、それがどのように形成されるかということを、多系進化を確証するための方法的目的である、とすら言っている。その意味するところは、これによってこそ右に述べた回帰的因果関係を実証できる、ということである。

こうした実証の手続きに沿って、スチュワードは「20世紀の研究は、特殊な文化は次々と有意に分岐し、単系の諸段階は通らないという主張を圧倒的に支持する多量の証拠を集積してきた」と述べる。事実問題としては、「分岐」（1つの形態から多数の異なる形態に分化していくこと）は生物体の進化の場合には実証的な追究課題だが、文化の場合には、多様な展開そのものは相対主義以来の共通認識であって、進化的見方に特徴的なことではない。したがって、多系の文化進化の実証は、分岐というよりも平行の事象を「社会文化的統合」の各レベルごとに検証していくことになる。

2  理論の応用

スチュワードが『文化変化の理論』のなかで応用として例示した「社会文化的統合」は次のようになっている。

(1)大盆地ショショニ・インディアン、(2)父系バンド、(3)複合狩猟バンド、(4)リネージからクランへ、(5)キャリア・インディアン、(6)複合社会（初期文明）、(7)複雑な現代社会。

この例示は人間社会のタイプとして網羅的とは言えないが、スチュワードが彼の方法基準が広汎に適用しうると考えていたことを示

すには十分なものではある。とくに(7)で取りあげる現代社会はプエルトリコであり、社会内のいくつかのサブ集団ごとに分化する文化的特質を扱っている。進化的なスケールのものではないが、必要な変更を加えれば社会文化的統合の概念が現代社会にも適用しうることを目指したものといえる。(1)から(4)までは、社会編成の単位と生態学的環境の相関関係を例示するものであり、スチュワードの理論にとってはもっとも適合的なケースである。(5)は伝播による社会組織と位階のシステムが受容されるための生態学的条件を論じる。(6)では新大陸（メソアメリカ、アンデス）と旧大陸（メソポタミア、エジプト、中国）における文明発生のプロセスの各段階における平行を、生産技術、社会関係、権力構造、宗教観念などの項目ごとに比較し検証している。しかし(6)はテーマが大きいだけに、やや議論に粗いところがあり、また人類学というよりも歴史学・先史学の領域にふさわしい。したがって、以下では、より人類学的な微細な領域における多系進化を例証する(1)から(4)の議論を、いますこし追ってみることにする。

　ショショニ・インディアンは非常に小さな家族単位で生活している。彼らの住むアメリカ西部の山間盆地は乾燥していて標高も高いため、狩猟の対象になるような大型獣はほとんどいない。食料はネズミ類や昆虫などの小動物、松の実をはじめとする野生植物の採集によってかろうじて支えられていた。冬季には数十の家族が比較的近くに集まることもあったが、それ以外の食物採集の季節には小家族ごとに分散することによって、最大限効率的に食料を確保していたのである。家族レベルを超える政治的統合もなく、私有財は極少で、排他的な土地の領域（テリトリー）も存在しない。エスキモーや南米の狩猟採集民の一部にショショニと同じようなレベルの社会文化的統合が見られる。

父系バンド*も狩猟採集民に見られる統合のレベルであり、数十人から100人程度の集団(バンド)をなす。この場合は、群れをなさない定住的な中型から大型の獣が狩猟の対象となることが多い。こうした狩猟は主として男のしごととなるから、テリトリー内の狩猟場についての知識の保持の面からも、結婚後も男性がもとの集団にとどまることが有利となる。バンドが外婚的で父系にかたよることになるのは、この文化生態的適応の結果である。アフリカ熱帯林のピグミー系住民、ブッシュマン、東南アジア熱帯林の狩猟採集民がこのタイプの社会文化的統合を形づくっている。これに対して、群れをなす移動型の大型獣が狩猟の対象となる地域(北米中西部など)に住む狩猟採集民のあいだでは、協働的な狩猟活動の面からも食糧供給の面からも、より大きな社会文化的統合が形成されやすい。複合狩猟バンドは双系の親族あるいは非親族までふくめて数百人規模の政治的統合がなされ、多くの場合この集団内での内婚が行なわれる。

　父系バンドから単系の出自集団である単一リネージへの転化、およびその拡張された形態として複数リネージからなるクラン*(氏族)の出現は、狩猟における食糧供給の増大、園芸的農業の発生、テリトリーの規模の拡大などの要因による。だがスチュワードは、これらの出自集団の形成が生態学的適応から必然的に決定されるものではなく、歴史的な文化のダイナミクス(例えば他集団との競争関係)と関連づける必要があるとしている。このタイプの社会文化的統合が形態上かなりの変異をともなっていて、地方的な要因によるものが大きいと考えられるからである。

　スチュワードのあげた社会文化的統合の諸タイプは、進化の段階にそってならべられていて、一見すると単系進化の図式と変わらないように見える。しかし、彼は、ショショニに見られる家族単位の社会文化的統合に関して、これは人類のもっとも初期の原初的社会

環境と進化　　35

形態と見るべきではなく、むしろ「特殊で、回帰的ではない」発展系統である、と注意深く記している。このことから分かるように、スチュワードは個別の事例に関しては、社会進化論の大なたをふるうよりもずっと微細なメスを変化のプロセス分析に入れている。このことは社会と文化のミクロな記述と分析に力を注ぐ人類学にとっても、進化の視点がまったく相容れないものでないことを証しているといってよい。スチュワードにとって、進化の視点は、発展段階を設定することにあるというよりも、社会文化的統合を語るにあたって文化生態的適応を一貫して適用することにつきるのである。

## 三　進化的視点の再評価

スチュワードをはじめとし、その後は E. サーヴィスや M. フリードによって1960年代の進化主義的研究に受け継がれた人類社会についての進化的視点は、文化人類学のなかでは言うにやすく行ないがたい比較研究に、客観的で実証的な基礎を与えるものである。その点では、文化相対主義の対局に立つものといってよい。その基礎は自然環境とその利用、総じて人間の生態学的な活動におかれてきた。この意味では、共時的な研究を主とする生態人類学とも共通する関心をもっている。社会文化の進化という表現自体は、今ではかなり色あせて見えることはいたしかたない。しかし文化相対主義にもとづく研究が個別民族誌にかたよりがちなだけに、比較研究にはじめから開かれた視点は貴重である。

生物学的な進化論は今日新たな理論的洗練を加え、新たな実証的論拠とともにますます熱い議論の場となっている。だが社会文化についての進化の研究は、生物学的進化論のような学問的展開を遂げ

ることなく、文化人類学の表舞台から去っていってしまったように見える。それはなぜか。

そもそも社会文化の進化の概念は、生物学における進化の概念とは基礎づけがまったく異なるものである。生物学においては、進化は個体(遺伝形態)あるいは遺伝子という実体的基礎があるが、社会文化の進化はなんらかの人間集団における関係の形態という抽象のレベルではじまり、そこで終わっている。すなわち社会文化にあっては、進化という概念はその適用対象における下位の実体レベルを欠いている。この相違は、スチュワードも注意をうながしていたように、きわめて重要である。これが社会文化の進化について語ることを危ういものとしてきた主因である。

しかし、こうした危うさを避けようとして、社会と文化の変化を一般説明理論なしに、個別記述のみ、あるいは記述についての理論で語ることだけを適切だとするのは、過度に人文主義的な後退である。では、進化の概念の有効性を現在から将来にかけてどのように回復することができるか。これが問題となる。

そのためには、おそらくスチュワードの使う進化の概念からは離れる必要がある。もっと大胆に言えば、多系進化であれ単系進化であれ、あるいは普遍進化であれ、社会文化の進化を、文化人類学というみずから設定した檻から解き放たなければならない。それは、社会文化の枠内でのみ進化を論じるのではなく、進化概念の本来の有効領域である生物学との、困難ではあるが射程の長い連関を探る道につながってくる。

人間についての生物学的進化は文化という要因を避けてとおることはできない。道具を体系的に作り使い、火を馴化してきたことは、人類の身体形質の進化に決定的な影響をあたえた。ドブジャンスキーのような遺伝学者は早くから「身体外的進化 exosomatic evolution」という表現によってこれを概念化していた。あるいはこれほど直接的でなくとも、ある形態の社会文化における、例えば身体的な選好のあり方と遺伝子プールの相互作用については、C. レヴィ＝ストロースをはじめとして文化人類学者も関心を示している。W. ダーラムの近著によってこの相互作用(狭義での共進化 coevolution)についての統計的手法が導入され、これからの発展が期待される領域にもなっている。共進化においては、生物学的進化が社会文化の進化を考慮に入れなければならないのはもちろん、社会文化の変化した様態の安定化は、遺伝レベルでの固定化によって補助されることになる。個別例証の蓄積まではいまだ遠い道のりではあるが、この研究の領域は単なる理念としての段階は越えつつある。

　人間社会が究極的には自然のなかに存在する以上、そして人類による自然の改変が人間生活そのものの基盤を脅かすところまで進みつつある現在、人間＝環境系あるいは文化＝生態系という観点、および人類を含めてそこに生きる生物体の適応の概念は、これまでにまして重要なものとなろう。それは人間と自然の共生などという情緒的な議論ではなく、なにが人間の生存にとって不可欠であり、いかに自然が人間社会を基礎づけるか、あるいは人間の自然利用の営みはどこで破局的な極限に至るか、それを避ける方途は可能かという、人類の運命にかかわる本質的な議論になるはずのものである。

**参考文献**

青木保ほか編　『岩波講座文化人類学 2　環境の人類誌』　岩波書店，1997年．

池谷和信　『環境問題の人類学——自然資源へのヒューマンインパクト』　世界思想社，2003年．

黒田末寿　『人類進化再考——社会生成の考古学』　以文社，1999年．

スチュワード、ジュリアン　『文化変化の理論——多系進化の方法論』（米

山俊直，石田きぬ子訳） 弘文堂，1979年．

ダーウィン、チャールズ 『種の起源 上・下』（八杉龍一訳） 岩波書店，1990年．

ドーキンス、リチャード 『利己的な遺伝子』（日高敏隆ほか訳） 紀伊國屋書店，1991年．

西田正規・北村光二・山際寿一編 『人間性と起源と進化』 昭和堂，2003年．

モーガン、L.H. 『古代社会 上・下』（荒畑寒村訳） 角川書店，1954年．

リード、エドワード・S. 『アフォーダンスの心理学——生態心理学への道』（細田直哉，佐々木正人訳） 新曜社，2000年．

レヴィ=ストロース，C. 『はるかなる視線1』（三保元訳） みすず書房，1986年．

Dobzhansky, Theodosius, *Mankind Evolving: The Evolution of Human Species*. New Haven, London: Yale University Press, 1962.

Durham, William, *Coevolution: Genes, Culture, and Human Diversity*. Stan ford: Stanford University Press, 1991.

Fried, Morton, *The Evolution of Political Society: An Essay in Political Anthropology*. New York: Random House, 1967.

Johnson, Allen W. and T. Earle, *The Evolution of Human Societies: From Foraging Group to Agrarian State. 2nd Edition*. Stanford: Stanford University Press, 2000

Service, Elman, *Primitive Social Organization: An Evolutionary Perspective*. New York: Random House, 1962.

White, Leslie, *The Science of Culture: A Study of Man and Civilization*. New York: Farrar, Strauss and Co., 1949.

サーリンズの歴史は構造を超えたか
# 構造と歴史

渡辺公三

マーシャル・サーリンズ
『歴史の島々』

## 一 『歴史の島々』と歴史の文脈

### 1 人類学とさまざまな二元論

20世紀の文化人類学はさまざまな二元論によって思考を展開してきた。未開と文明、自然と文化、周縁と中心、冷たい社会と熱い社会、小伝統と大伝統、伝統と近代、神話と歴史、神話と科学、非理性と理性など。対となった第2の世界に属する人類学者が、対極をなす第1の世界に属する人びとを研究対象とするのが人類学だった。その意味で、これらの二元論はつきつめれば他者対自己の対比に行き着くものだった。

人類学者は慣れ親しんだ自分の世界を脱け出して見知らぬ他者の

世界に旅する。その試練でえた見聞を「民族誌」としてまとめる。もともとは否定的なニュアンスを帯びた第1の世界が、文明による堕落以前の本源的な人間のありかたとして再発見され価値観がひっくり返ることにもなる。2つの世界は不連続だと想定されているだけ、自分自身が移動することで双方の「交通」を実現する人類学者は、人生観が変わるような逆説的な経験をすることになる。

　20世紀後半の人類学をリードしたレヴィ＝ストロースによる「構造」の定義には、そうした逆説のエッセンスが凝縮されているともいえる。彼は、要素と要素の間の関係に注目することで、そこに隠れた構造を発見しようとする。関係が変化しても変わらないものが構造である。眼や鼻や口の関係が変わっても顔という構造は変わらない。しかも顔は人間の数と同じだけ多様なのだ。この多様性は歴史的変化とは違うものだ。構造の変わらない変化とは「変換」と呼ばれるものであり、「歴史」とは区別される。だからこそレヴィ＝ストロースは早い時機から変換ではない歴史とは何かということに注意を払い、さまざまな歴史像を描いて見せてきた。そのことには後にふれよう。

　サーリンズの著作『歴史の島々』の最終章は「構造と歴史」と題されている。『歴史の島々』は、有名なキャプテン・クックが、ハワイ島民に殺され不慮の死を遂げた事件をどう解釈するかという問題を軸として、太平洋地域の歴史と文化を論じている。ハワイ（ハワイイと表記すべきだが通例に従う）の人びとが、西欧との遭遇の結果として世界史に組みこまれてゆく過程が主な主題である。ハワイの人びとにおける神話の「構造」から「歴史」意識への転換がいかにして生じたかを主題としているという点で、対をなす2つの概念は切れ目なく連続するものと想定され、その分二元論の両極の対立は弱められ、両者の転換にも逆説と呼ぶべき緊張感はない。いずれ

構造と歴史　　41

にせよ、一見抽象的な人類学的二元論がどのようにして具体的な事実を触媒として展開されるかを示すかっこうの例であるとはいえる。ここでは『歴史の島々』がどう読めるか、それがレヴィ＝ストロースの「構造と歴史」への視点を批判的に検討した上でさらに深めたものであると言えるかどうかを手短に検討する。

## 2 二元論の構造から多極的な歴史へ

　才気に満ちて挑発的なサーリンズの本は、構造から歴史への転換がいかにして生じるか、というもともとの主題の枠には収りきらない、いくつかの批判を導き出すことになった。なかでも同業の人類学者のサークルを超えて注目を集めたのがスリランカ出身の人類学者オベーセーカラの『生き神になったキャプテン・クック』による批判とそれに応えたサーリンズの『ネイティヴはどう考えるのか』のやりとりであった。それは論争というよりは感情的な非難の応酬に近い。

　『ニューヨーク・リヴュー・オブ・ブックス』誌上で、人類学界大御所のギアツが2つの本を秤(はかり)にかけて判定を下している。「(2人の著者は)別々だったらできないようなしかたで、…他者を知るという微妙な仕事への批判的な方法論の問題」を共同で提起した、と持ち上げたうえで、構造主義のメッキはいただけないがと言いつつ、「より説得力を感じる」サーリンズに軍配をあげている。「他者を知るという微妙な仕事」というギアツの土俵そのものが、土着民の思考は連続しつつ変化するというサーリンズの主題設定に重なっている分、オベーセーカラのサーリンズ批判を低く評価するのもうなずける。しかし、ここでいったん人類学者たちのコップを抜け出して、この非難の応酬の嵐をより大きな歴史のなかに置き直すと、また別の文脈も見えてくる。そのことを端的に理解するために簡単な年表

| 『歴史の島々』とそれをめぐる論争他 | 「ハワイ併合」をめぐる動向(注) |
|---|---|
| 1978 サーリンズ「神となったクック船長」初出 | 1976 カホオラベ島保護グループによる同島返還要求運動 |
| | 1978 ハワイ語、州の公式言語に |
| 1981 サーリンズ『歴史的隠喩と神話的現実』(『歴史の島々』の原型となった小著) | 1980 ハワイ人委員会結成、「王朝転覆」への関心高まる |
| 1985 サーリンズ『歴史の島々』 | 1986 ハワイのネイティヴであるワイヘエ州知事に |
| | 1988 先住ハワイ人権利会議、王朝転覆への米国の謝罪、カホオラベ島返還要求へ |
| | 1990 ブッシュ大統領、カホオラベ島演習場使用停止決定 |
| 1992 オベーセーカラ『神となったクック船長』<br>サーリンズ『アナフル―ハワイ王国史の人類学』 | 1992 ハワイ人の主権回復運動高揚 |
| 1995 サーリンズ『土着民はどう考えるか』<br>「文化戦争」と題されたギアツの書評 | 1993 ホノルルで王朝転覆100周年記念式典、謝罪文書にクリントン大統領署名<br>　　　1990年代後半、ネイティヴ・アメリカンと対等なハワイ先住民権の承認を求める運動が推進される |
| 1997 オベーセーカラ『神となったクック船長』2版 | |

(注) 中山1992、中島1993、トラスク2002、矢口2002、猿谷2003、等を参考に作成。

を作ってみよう。「論争」の過程と同時代の、20世紀最後の20年ほどの、ハワイをめぐる動向である。

　20世紀も終わりに近づいたハワイの動向は、1世紀前のアメリカ人勢力によるハワイ王朝転覆(1893年)からアメリカ合衆国への「併合」(1898年)の歴史の見直しを求めるハワイ先住民運動の高揚によってリードされた。1970年代から1980年代にかけて成長した運動

は、冷戦体制の崩壊と世界的な「民族」の浮上とともに山場を迎えていたともいえる。アメリカ海軍を中心とした軍事施設として収奪された先住民の土地(その筆頭に1887年に独占使用が決まった真珠湾がある)を回復しようという運動もそうした高揚の一翼を担っていた。サーリンズの本の刊行と「論争」の背景には、論争のなかでは直接言及されていない先住民意識の同時代的な高まりがあったのである。それは世界の多極化をいっそう強く意識させる、国連の「先住民の10年(1994〜2004年)」ともシンクロナイズしていた。ギアツがサーリンズを評した言葉で「(彼はオーベセーカラほどには) 混乱した現在の、混乱をもたらす騒音に害されていない」と述べている「混乱」や「騒音」が、こうした先住民運動の高揚をほのめかしていると考えるのはあながち間違いではないだろう。

## 二　構造から歴史へ

### 1　人類学者はどう考えるのか

　弱められた二元論の構造の裏に、多極化する世界の現実が広がっていた。当時はまだ一極的なグローバリゼーションの進行ははっきりと予感されてはいなかった。『歴史の島々』に、二極から多極へそして一極へという20世紀末から21世紀初頭への世界の動きを重ねて読むことは不可能ではない。また、クック来訪という西欧との初の接触に引き続いて1795年にカメハメハ1世が王国統一を実現した18世紀末に、太平洋に達した「フロンティア」の波に呑みこまれた結果としてアメリカ帝国への「ハワイ併合」が行なわれた19世紀末、そして20世紀末の先住民運動と人類学の動向という3つの世紀末を重ねて読むこともできる。

響き合うこれら3つの世紀末の起点であり、『歴史の島々』の中心的なモチーフであるキャプテン・クックの死という出来事をサーリンズ自身は次のように要約している。

　…1778年1月にカウアイ島を訪れたのがクックの最初の訪問で、それはちょうど伝統的な新年祭（マカヒキ）の行なわれる月にあたっていた。彼は同じ年の終わり、マカヒキ儀礼の再び始まる直前に諸島に戻ってきた。マウイ島の北岸の海中に到着してから、クックはロノ神の恒例の行列に定められたのと同じ時計回りの方向にハワイ島のまわりを大きく航海し、ロノ神がその巡行を始めて終わる場所ケアラケクア湾の寺院に上陸したのである。このイギリス人船長は1779年2月初旬の、マカヒキ儀礼が最終的に終了する日とほとんど同じ日に出帆した。しかしカヒキ（タヒチの別称）行きの途中でレゾリューション号のマストが折れ、クックは人びとが予期せず理解もできない帰還をするという儀礼上の過ちを犯した。大航海者は今や、カテゴリーの枠外…に身を置き、数日のうちに本当に死んでしまった。

　ロノ神と同一視されたクックは、偶然の結果、儀礼の最後に王によって生贄として屠らればらばらに解体され人びとに分配されるロノ神の役割を最後まで演じ切る破目になってしまったということになる。1779年2月14日のハワイ島で、ロノ神の供犠という神話の構造がクックの殺害という歴史的事件によって現実のものとなった。つまり、神話は歴史の歯車に巻きこまれ、「構造」から「歴史」意識への転換がなされたのである。

　この転換を生んだ歴史的な行為が、神や船長や王や司祭という、いわばエリートたちによって演じられたことは特徴的である。『歴史の島々』の大半の章がハワイと太平洋地域の、一般住民（平民）とエリートの社会的地位の違いの社会文化的な意味を明らかにし、王

や首長の政治的行為の象徴意味論のフレームワークを設定すること
にあてられているのもそうした理由からである。

## 2　構造と歴史の統合の図式

　ハワイの土着民は1人のイギリス人船長を神と取り違えるなどと
いう愚行をほんとうに犯したのか。クックが冷酷に殺害されたのは
クックが植民地主義者の先駆けらしい暴力的で独善的な行動(その
系譜はプロスペローに溯り、『闇の奥』のクルツに継承されるという)
をハワイ人に対して揮ったことへの報復ではないか。生き神として
遇されるというのはアステカ帝国やインカ帝国を征服したスペイン
人コンキスタドール以来、土着民から神と見なされていると信じ込
むようになった西欧人自身の自己陶酔的創作神話であり、サーリン
ズはそれを反復しているにすぎない。これが西欧人に自己点検を迫
るオーベセーカラの反問であり、批判である。

　ここではオベーセーカラとサーリンズの主張に黒白をつけるので
はなく、『歴史の島々』におけるサーリンズの議論が、自ら主張す
るとおり構造主義的歴史研究として成功しているかどうかという点
に絞って検討したい。そのためにはサーリンズのいう構造主義が何
を意味するのか、構造から歴史への移行とはどういうことなのかを
見なければならない。その要点がまさに「構造と歴史」の章に示さ
れている。

　それは思いのほかシンプルな主張である。クックがロノ神と同一
視された背景には、ロノ神対平民、王対平民という社会的序列の違
いに対する人びとの強い意識と、そして王と首長階級が外来の権威
(権威の発信地が神話的なタヒチから現実の欧米にシフトするきっか
けを作ったのがクックだった)を自分たちの共同体のなかに取り込
むうえでの強い熱意があった。こうしたものの考え方はクック以後の

いわば「歴史時代」にもそのまま引き継がれたと指摘される。ハワイ統一を達成したカメハメハ1世以降の王族たちが西欧の豪華な品物の数々を自らの権力を証明し誇示するものとして大量に買いつけ、民衆の必要品が輸入されないという貿易の構造を作り出した理由もそこにあり、また、序列関係に密接に関連した儀礼的タブーも継承され歴史状況のなかで変化したという。

　こうしたハワイ固有の条件を指適したうえで、サーリンズは「構造」と「歴史」を統合する論理をきわめて一般的なレベルで立てる。それは要約すれば次のような論理である。人類は社会生活を営みながら生活に形を与える文化カテゴリーを常に再生産し続けている。ところが、20世紀初頭に言語学の革命をもたらしたソシュールが明らかにしたとおり文化カテゴリーは歴史的・恣意的に構成されている。そしてそれは常に一般的なカテゴリーとして構成され、そのカテゴリーに分類される現実の事物との間には不均衡を含んでいるのである。人びとは生活のなかで行なうさまざまな活動を文化カテゴリーに分類する際は、自分自身の利害関心に合わせたり、世界の変化に合わせたりして、カテゴリーの意味をずらす。文化カテゴリーつまり「構造」は常にずれと変化を含んでいるのである。そればかりでなく人間は本来、考えうるあらゆる二元論(不変と変化、構造と歴史、構造と出来事、共時と通時など)を「現在」のなかで統合することで初めて生きることができるのである。


## 三　歴史から構造へ

### 1　野生の思考と変換の論理

　サーリンズの言うとおり、人は生きるために「現在」においてあ

らゆる二元論を統合できるのだとすれば、サーリンズ自身が自己と他者を統合し「ネイティヴはどう考えるか」を土着民に代わって説明することができるという立場に立つことも理解できないことではない。しかし、先住民運動の担い手たちがサーリンズの言う「ネイティヴ」に自分の姿を認めることができるかとストレートに問うことができる。それにしても、人類学者がネイティヴに「代わって説明する」ことなど本当にできるのだろうか。

　サーリンズにとって構造と歴史の連続性が前提となっていることは、サーリンズが他者と自己の二元論という思考の枠組みとほとんど無縁であるように見えることと表裏一体となっていると私は考える。そのことはサーリンズの学問的出発点である進化論的マルクス主義が、他者と自己の二元論をその理論の成立の前提として必要としなかったということに由来すると思われる。また第2章「時が変われば倣いも変わる——歴史の人類学」(初出1982年)の末尾には「構造主義的歴史人類学」の可能性を探求したと主張するサルトルの『方法の問題』の1節が引用され、自分の仕事がまさにその探求を実現したのだと宣言されている。

　サルトルへの言及が気の利いたジョークでないとすれば、サーリンズの「構造」がレヴィ＝ストロースの構造主義をどこまで汲みとったものか疑問が湧いてくるのを抑えることはむずかしい。なぜなら「ネイティヴはどう考えるか」を別の仕方で真剣に考えたレヴィ＝ストロースの『野生の思考』(1962年)が『方法の問題』を序論とするサルトルの『弁証法的理性批判』(1960年)を痛烈に批判していることは周知のとおりだからである。サーリンズからレヴィ＝ストロースに立ち戻って、後者の構造主義と前者の「構造」とを比較し検証してみよう。

　構造から歴史への転換が成立する条件は、きわめて一般的なレベ

ルで文化カテゴリーの「意味」と「指示」の機能(後者には人間の行為が対象世界に関与する「実践」のレベルも包含される)の「ずれ」あるいは「揺れ」ともいうべきものに求められ、サーリンズはその理論的根拠をソシュールにまでさかのぼって求めていることを先に見た。一方、レヴィ＝ストロースは、ソシュールの言語論を批判して深めたヤコブソンが提唱した構造言語学の成果から学んで構造人類学を生み出した。そして『野生の思考』では、言語一般とほとんど見分けのつかないサーリンズ流の文化カテゴリー一般ではなく、植物や動物の自然種という、より限定された具体的な「カテゴリー」を主題に据えている「野生の思考」とは、人間が歴史の産物というよりは自然の産物であり、幾分かは動物や植物のように生きていると考える思考なのだ。「種操作媒体」と呼ばれるこの思考の手段がカテゴリーと「個物」のレベルを融通無碍(ゆうずうむげ)に媒介し、人間の「実践」レベルでの意味の揺れの幅を構造に吸収しうる柔軟性すなわち「変換」の可能性をそなえたものであることを『野生の思考』は論証している。「種操作媒体」が結婚や食事に関わる規則や仕来たりなど、日常生活での行為という「実践」レベルに関与する時、西欧の人びとはトーテミズムと呼んで「未開」社会研究の重要な主題と見なした。しかしこうした「実践」は「野生の思考」が活動するさまざまな領域のほんの一部を占めるに過ぎない。

　種操作媒体が持つとされる集合と個物の媒介機能、思考と実践の媒介機能こそ、こうした2つの媒介作用をサルトルが『弁証法的理性批判』で主張した歴史的理性の「全体化作用」によって実現することを必要としない思考が成立する条件となっている。こうした思考が「出来事を構造に吸収し」うることと、それがそれでもなお歴史のなかにあることとは区別して考えなければならない。こうした思考の可能性こそ、成立宗教でも、科学でも、大文字の歴史でもな

構造と歴史　　49

い「他者の思考」としてレヴィ=ストロースが構築したものであった。

2　多様な歴史

こうした形でレヴィ=ストロースの「構造」をサーリンズの「歴史」に対置することが正当であるとしても、いくつかの補足説明が必要であろう。まず1つには、『野生の思考』が他者と自己の二元論への1つの回答であるという点である。またもう1点は、レヴィ=ストロース自身が1950年代以来、「構造」の対極としての歴史の理念の多様なありかたを、いわば手を替え品を替え論じていることである。

刊行直後の対談で『野生の思考』で目指したものが何であったかを語りながら、レヴィ=ストロースは「私が『野生の思考』といっているものは『他者』のものを『私たち』のものに翻訳したりまたその逆を行なうことを可能にするのに欠くことのできない公理や前提、理解のための条件の総体を意味している」と述べている。それは著者がまだ自然のなかに生まれたばかりで歴史の重荷を知らぬ「新石器時代人」という呼び方で表現した「他者」と「私たち」の思考を相互に翻訳可能なものとする一般的な変換システムの模索だった。1950年代のレヴィ=ストロースの探求は、こうした媒介を、神話、宗教、双分制*などの再検討を通じて、その核心にある、生命の形態の多様性すなわち「種」に触発された思考システムを解明することに費やされたと考えられる。そしてその作業と並行して歴史の見方がさまざまな角度から探求されている。

レヴィ=ストロースの歴史についての考察は『構造人類学』の第1章として収録された「歴史学と民族学」（初出は1949年）、第6章「民族学におけるアルカイスムの概念」（1952年）、『人種と歴史』

(1952年)にたどられ、サルトル流の西欧中心的な歴史哲学への反論を提示した『野生の思考』(1962年)を頂点として、ライフワークである『神話論理』(1964年〜71年)では歴史ではない変化としての神話の「変換」の論理に関心は集中されている。それでもなお、この作品が完成され一息ついた時期の談話「人類学・歴史・イデオロギー」(1975年)では自らの歴史観を再確認し、最近の『ブラジルへの郷愁』(1996年)の序論でも再び確認している。その歴史観は批判的な論者によって、レヴィ=ストロースの歴史観としてしばしば言及される歴史なき「冷たい社会」と歴史ある「熱い社会」の二分法というシンプルなものではまったくない。

レヴィ=ストロースの多彩な歴史像が含む論点を絞るのは難しいが、歴史意識と歴史過程を明確に区別し、両者が一致しないことに鋭い注意を向けることに特徴がある。それは歴史意識が歴史過程に一致することをある種の幸福と見なすことを拒否する強い意志の表明と受け取ることができよう(サルトルに継承されたマルクス主義においてはプロレタリアという主体における両者の「一致」が人類の解放の条件とされる)。例えば「歴史学と民族学」から引用される有名な1節「マルクスの有名な定式―人間は歴史をつくる、けれども歴史をつくっていることを知らない―は、前半の言葉で歴史学を正当化し、後半の言葉で民族学を正当化している」においても「無意識の歴史過程」の存在が民族学(人類学)成立の要件とされている。

サーリンズの主張する構造から歴史への移行という見方にも弱められた形ではあれ歴史意識と歴史過程の一致への信仰が生き続けている、と私は考える。そして少なくとも現在の状況において、多極化する歴史にとってこうした「一致」への信仰はもはや足かせにしかならない、ということはおそらくレヴィ=ストロースの構造の観念から直接に引出すことのできる1つの結論だと思われる。

**参考文献**

サーリンズ,マーシャル 『歴史の島々』(山本真鳥訳) 法政大学出版局,1993年.

猿谷要 『ハワイ王朝最後の女王』 文春新書,2003年.

トラスク,ハウナニ=ケイ 『大地にしがみつけ』(松原弘次訳) 春風社,2002年.

中嶋弓子 『ハワイ・さまよえる楽園』 東京書籍,1993年.

宮崎宏和 「オセアニア歴史人類学研究の最前線」『社会人類学年報20』弘文堂,1994年.

——— 「歴史と構造(サーリンズ対オベーセーカラ論争)」『文化人類学文献事典』 弘文堂,2004年.

矢口祐人 『ハワイの歴史と文化』 中公新書,2002年.

山中速人 『ハワイ』 岩波新書,1992年.

レヴィ=ストロース,C. 『構造人類学』(荒川幾男ほか訳) みすず書房,1972年.

——— 『人種と歴史』(荒川幾男訳) みすず書房,1972年.

——— 『野生の思考』(大橋保夫訳) みすず書房,1976年.

渡辺公三 『レヴィ=ストロース―構造』(現代思想の冒険者たち Select) 講談社,2003年.

Geertz, Cliford, "Culture War," *The New York Review of Books*. Nov. 30, New York: New York Review of Books, 1995.

Obeyesekere, Gananath, *The Apotheosis of Captain Cook*. Princeton, N. J.: Princeton Univ. Press, 1992.

Sahlins, Marshall, *Islands of History*. Chicago: Univ. of Chicago Press, 1985.

——— *How «Natives» Think*. Chicago: Univ. of Chicago Press, 1995.

民族誌映画を活用する
# 方法としての映像

大森康宏

フランシス・フラハーティ
『極北のナヌーク』の1シーン
写真提供：フィルムアート社

ジガ・ヴェルトフ
『カメラを持つ男』の1シーン

## 一　文化人類学と映画

　フィールドワークを中心とした文化人類学の発達が映画の誕生と同時期にスタートしたことは歴史上あまり注目されていない。近代的なフィールドワークの発端は19世紀後期より始まっており、ドイツ人フランツ・ボアズのカナダ北極圏バッフィン島のイヌイットの長期調査から発展していった。これを機会に文化人類学者（当時は民族学者といっていた）はそれまでの安楽椅子の研究者から立ち上がり、異なる民族のところにおもむき、生活をともにして研究することとなった。

　初期のフィールドワークのなかで最も科学的な調査とされるのが、

1898年イギリスのケンブリッジ大学のトレス海峡調査団であった。この隊は動物学者アルフレッド・コート・ハッドンによって組織され、さまざまな分野の専門家が共同で調査し、この海峡の先住民族文化を解明しようと資料を収集した。この調査隊の特色は、今日の文化人類学研究に引き継がれているウィリアム・アレス・リヴァースの親族関係の研究に用いる「系譜図」が始めて作成されたのと、ハッドンの映画を用いた民族誌の記録であった。また音楽の記録も実施された。

　動く映像を用いた民族の記録という点で言えば、トマス・エジソンが発明したキネトスコープという「のぞき式の動画」による、1894年のアメリカのスー族に関する2本の映像があった。しかしスクリーンに上映して多くの人が見る民族誌的な映画とは言えず、現代の我々の知る映画として完成するには、1895年のリュミエール兄弟の発明した撮影カメラと映写機の出現を待つこととなった。

　それ以後、異なる文化を持つ人びとの様子を撮った映画は世界中を駆け巡るのである。しかし学問的な研究目的を持ってカメラにおさめられたのは、ハッドンのトレス海峡調査に関する映像記録であった。その後に、オーストラリアのメルボルン大学のウォルター・B. スペンサーは1899年にロンドンでハッドンに面会したとき、映画制作を提案され1900年ころからアボリジニについて1000m以上のフィルムを撮影した。またハッドンは1903年にオーストリアのウイーン大学教授ルドルフ・ペッヒに映画の可能性を教示した。その結果ペッヒは、1904年にニューギニアのパプア人についての映像を記録し、1907年から1909年にかけてアフリカのカラハリ地域のブッシュマンとして知られるサンの人びとの生活記録を撮影した。現在これらの映像フィルムは、当時の保存状態も悪かったため、80%以上が消失してしまった。

こうした初期の民族誌映画の取り組みは、撮影機の小型化が進むまで、つまり第二次世界大戦ののちまで大型の撮影機との格闘であった。この時代に民族誌映画に取り組むもののなかで、人類学者たちがスチールカメラより軽いビデオカメラで撮影し制作するようになった現代においても、この映画制作の基本的考え方を教えてくれる2人の映画制作者がいた。

　古典的ともされる2人の映画制作者、すなわちアメリカ人のロバート・フラハーティとロシア人のジガ・ヴェルトフをあげることができる。2人とも文化人類学者とも、社会学者とも交渉を持たなかったが、撮影方法と編集方法など制作上重要なメッセージを残している。

## 二　現代の民族誌映画に息づく2人の映像作家
　　　——フラハーティとヴェルトフ

### 1　鉱山技師のカメラマン——フラハーティ

　フラハーティは鉱物資源を求めて荒野を探査する鉱山技師であった。1914年と15年の2度にわたってカナダのマッケンジー卿の鉄道建設探検に参加してエスキモー（現在のイヌイット）の生活を数時間分にわたってフィルムに収めた。31歳にして制作した映画は、試写会で意外な反響を呼び、映画制作が彼の生涯の仕事となるきっかけとなった。だが1916年にタバコの火の不始末から火災を起こしフィルムを全焼してしまう。こののち第一次大戦にはばまれて映画制作が中断されたが、1920年再びイヌイットの撮影を一からやりなおした。

　彼は前回の撮影の反省を踏まえて、16ヶ月におよぶ長期滞在を決

行し、撮影したフィルムをその場で現像してイヌイットの人びとに映写しながら、現地の人びとと相互理解を深め映画とは何かを考え制作にあたった。モノを撮るのでなく人間を撮ることに集中した結果、出来上がった作品が見るものに自然に話しかけてくるように撮影すべきであると考えた。したがって場面の寄せ集めや単なる記録ではなく、イヌイットの全面的な協力と共同作業が求められた。フラハーティ自身も撮影者である前に、1人の生活者として彼らの世界に積極的に参加することによって詳細な観察を実行した。その結果、映像を通じて本物らしく見えるにはどのように互いに協力したらよいかを話し合った。さまざまなアングルから撮影されたフィルムは、編集によって劇映画のようなできばえとなり、見るものの感性に訴える映像でありながら、真実味のある記録性の高い映画となった。

こうして民族学にかかわる映画の制作とは気がつかずに、今日の文化人類学の研究を実施していた。長期滞在期間による、生活のさまざまな様子が画面に上映されると、観客があたかも撮られる人と同じ社会的経験ができる画面を撮影したのである。このことは撮影者が撮られる人の技能と感受性を見る人に伝えるために一体化させるイヌイットとの共同制作というものであった。現在の人類学者の多くが先行研究から導かれた仮説に即して現地調査するのとは異なり、撮影の成果をその場でフィードバックすることで繰り返し検証して仮説を見出すことの先駆けを実行していたことになる。

映画『極北のナヌーク』は、イヌイットのハンターとして知られたナヌークを主役として、彼の家族との日常生活を中心とした微笑ましい映画となっている。氷に穴をあけてアザラシを採ったり、セイウチの狩猟や住まいのイグルーを作る様子が撮られている。外界から持ち込まれた蓄音機やひまし油に反応する彼らの様子は、心の

温かさとユーモアをかもし出している。特にイグルーの内部の場面は現代の人が不思議に思うほど、明るく撮られている。よく考えれば、照明も無くして撮影されたはずもなく、イグルーを半分に切って、太陽の光の下で撮影されたことが判る。かなりの演出だが、フラハーティの映画は、スクリーンに上映したとき本物に見える記録映画というところにこだわった。彼がアメリカに戻ったとき、「我らが民族」を意味するイヌイットの人びとの行動様式を全世界の人びとが見ることになると予見した。

こうして制作された『極北のナヌーク』は1922年ニューヨークで封切られたちまち評判となった。(この年記念碑的な民族誌、マリノフスキーの『西太平洋の遠洋航海者』が刊行された)登場する主人公のナヌークの笑顔は世界中の人びとの心に焼きついた。1926年には太平洋の南海の島の生活を描いた『モアナ』を完成し、1934年には荒波にもまれて生活するイギリスのアラン島の様子を描いた『アラン島の人びと』を世に出した。

フラハーティの映画制作の考え方は、人間すべてに共通する集団の様相と個人の行動様式を表現しており、限りない人間の力を持って自然の巨大な威力に立ち向かい、それを乗り越える人間の西欧文明論的発想が評価された。日本やアジアの人びとのように自然と協調し自然の流れにそって生きることを描いたものではなかった。

民族誌映画の創出という視点から考えると、フラハーティは、画面に文化を上手に構成したことになる。そのためには、長期参与観察と、フィードバックを必要とした。また登場する主人公は、フラハーティの個性だけでなく文化をも理解し、主人公の属する集団に撮影者の文化を理解させ、共にカメラの前に現れた。

## 2　報道カメラマン──ヴェルトフ

　映像報道記者から出発したジガ・ヴェルトフ(本名：デニス・A.カウフマン)は、1896年に帝政ロシアで生まれ、第一次大戦中にロシア未来派の詩人たちの魅力に取り付かれた。ソ連政府樹立とともに1917年モスクワ映画委員会の一員となり、ニュース映画『映画週報』の編集長となった。しかし彼の主な仕事は、ロシア革命を鎮圧する外国の干渉と内戦が記録されたフィルムの編集であった。それは断片的なフィルムで、意味をつけるため彼は構成と映像編集に忙殺された。そして撮影済みのフィルムを編集して1919年に長編映画『革命記念日』を完成させた。こうして身に着けた編集の感覚を生かして1922年から『真実の映画(キノ・プラウダ)』という映画週報を配給した。ここでは事実が映像として残るカメラの眼とも言うべき映像の写し方に技を凝らした。撮れるものなら上下左右動きのあるものを中心として、突然の撮影など今までにない視覚からの映像制作を試みた。世界を映画で知覚する、「映画の眼」を提唱した。そして1926年現実を映像の断片でつづった『世界の6分の1』を完成させた。1929年にはソ連の日常生活を万華鏡(まんげきょう)のように表現した『カメラを持つ男』を制作した。現実の映像が作る非現実のフィクション映画となっている。

　ジャン・ルーシュは、今日の民族誌映画あるいは社会学映画にかかわるすべての制作上の問題を含んでいるのは、ソヴィエトの前衛映画制作者、ヴェルトフの数々の映画であるとしている。彼の撮影の出発点は、さまざまな視覚現象を正確にとらえるために、肉眼よりも完全なカメラ、すなわち「映画の眼(キノ・グラーツ)」を利用することであった。なぜならば映画の眼であるカメラは質・量ともに人間の眼よりもすぐれた正確な描写をフィルムに残すと考え、この眼を「真実の映画(キノ・プラウダ)」であるとした。

ヴェルトフの考えはプドフキンのように、モンタージュ理論による創造された事象を撮影・編集したりして意味あるものにするのでなく、現実を正確に撮るカメラ、つまり映画の眼がモンタージュ理論に先行するとした。偶然に生じる出来事をカメラによって撮るのであり、人間が意識的に作りあげたシナリオという構成概念にしたがった映画製作を否定したのである。それは映画芸術の意義と可能性を、素直に現実のあるがままの姿を撮影したフィルムのなかに見出そうと考えていたからである。つまり2度と繰り返されることのないカメラの前の事実に芸術性があるということである。のちの人はそれを撮ることの一回性から「奇跡」とみなしたのである。

　こうしたヴェルトフの考えにもとづく「真実の映画」の考えは、他のモンタージュ理論と比較して、完全に現実を記録した映画資料のみを編集して時代のさきがけとなる芸術作品を制作することを貫き通した。これは当時のモンタージュ理論の盛んな時代にあっては、理解されがたい映画と見なされた。また、当時の記録映画では、制作者の社会批判なり、思想なりを主張するのが一般的であったため、人間の現実生活を観客に見せて、すべての映画の価値判断を見る人にまかせるヴェルトフの表現はあまり評価されなかった。

　一般に撮影前のシナリオの段階でモンタージュ理論を用いたが、ヴェルトフの撮影に先立つ理論は、カメラのアングルに対する構想程度のものであり、撮影はあくまでも任意にそして、時には突発的であった。この理論は、のちのドキュメンタリー映画の基本的な考え方となって発達し、ルーシュのシネマ・ヴェリテ（真実の映画）へと導かれてゆくのである。

　ヴェルトフの作品『カメラを持つ男』のなかでは、カメラがとらえたさまざまな現実の姿を見せながら、じつはモンタージュによるまったく別の映像の組み合わせを見せている。それをどのように理

解するかは、観客が問いかけられる形式になっている。ヴェルトフは編集した映画を観客に見せる時、もとの現実映像の意味を伝えるのではなく、むしろそれを否定して、新しい思考を見る者に与えることを試みている。

彼のモンタージュ理論は、「観察進行中」、「観察ののち」、「撮影中」、「撮影後」、「一瞥の時」、「最終決定」などの各モンタージュから成り立っている。なかでも、「撮影中」のモンタージュは、現実の事象を撮影する場合の、モンタージュ理論にそった一瞬のカメラの扱いにかかわる撮影者自身の心がまえをさしている。つまり純粋な眼で対象を見て、撮影方針を考え、カメラを現実に適応させ、撮影不足を補充し、一瞬のうちに事象の関連を見きわめ、そしてカットのまとめをすることがヴェルトフのモンタージュ理論の基本とするところであった。

これらの考え方は、フィールドでの研究撮影者にとって常に心がけるべき撮影技法である。怖気づかず、かといって現地の礼儀作法を忘れず撮影するには、フラハーティの相互信頼をきずく長期滞在による参与観察と、ヴェルトフの頭のなかの編集構成が生かされるのである。

しかし、彼の理論には矛盾がある。それは、事実を撮影することで記録を完成させるだけに留まらず、「撮影後」のモンタージュによって、新しい画面構成をしたために、連続した各ショットの時間的配列はくずれ、事実からは遠く離れる結果を招いた。したがってヴェルトフは事実の忠実なカメラ・ワークと、フィクション化するためのモンタージュを同時に追及していたのである。

1960年に発表されたフランスの文化人類学者・映画制作者、ジャン・ルーシュと社会学者エドガ・モランの『ある夏の記録』という映画のなかで、フラハーティとヴェルトフの方法が結合している。

2人はロシアの記録映画制作者ヴェルトフの手法である、現実生活者(被写体)に突然カメラを向けて、撮影者が撮られる者に話しかける「映画の眼」の方法を採用した。それはヴェルトフの撮影前の頭のなかで繰り返される編集作業によって構成された結果出てきた突然のカメラへの人の反応を記録したのである。

一方では、フラハーティの採用した、撮影される側の人びとに撮ったフィルムを上映して見せるフィードバックの方法と、最初の観客である撮られる人とともに討論する参加観察法を用いた。これは数年に及ぶ長期観察にもとづくフラハーティの必然的な撮影方法であった。この方法は、後にルーシュが提唱した「参加するカメラ」の方法であった。

また撮影にあたっては社会問題や不正に関して制作者の考えを明確にするため、完全傍観者的な観察映画であるダイレクト・シネマと異なり、撮影される側の人びとと一緒に考えるように撮影者も画面に登場した。これは挑発的な行為のように考えられたが、現実生活のなかで撮られる人びとと対話をすることで気がつかない情報を集めることにあった。

この映画理論が後に民族誌映画をはじめ、多くの映画制作に影響を与えた「シネマ・ヴェリテ（真実の映画）」である。これによって人類学・民族学の研究撮影者と撮られる側の人びととの相互演出と共同制作になる民族誌映画を完成し、映画による共同研究を実現することとなった。

こうした民族誌映画は、個人の行動様式がすべて彼の住む社会・文化によって規定されているのか否か、されているならばどのように規定されているのか、というような問題への人類学の反省として見るべき映画映像の出現であった。それは、人間の個人として頭に描くイメージと、社会・文化によって作られるイメージとの葛藤の

映像表現でもあったからである。

　映画の目を持つカメラ、つまり撮影者の都合に合わせて撮影することをしないカメラの眼を持つと表現したように、機械の眼は撮影者も記憶にない事象や周辺の出来事のすべてを記録してしまうことを今日の研究撮影者に教えている。したがって映像は短時間に複雑な描写を提供してくれることになる。それは時として何十ページにもおよぶ多くの情報を提供してくれる。中心となる被写体の連続した動きは、言語のように語ることはなく、ただ見せるだけで、何であるかという意味を語りはしない。しかし、他の事象との関連によって意味する力を持ち、見る者にさまざまな情報を与えてくれるのである。

　その一方では、映画の画面に出てこない部分、つまりファインダーでのぞいて見なかった場面は、まったく価値を持たず忘れられてしまう。その見えない場面はしばしばナレーションによって説明されることになるが、時には、劇映画のように被写体をアレンジして虚構の部分を構成することがある。

## 三　民族誌映画の現在

　フラハーティもヴェルトフも現実をフィルムに収める点では同じであった。しかし撮影前に考えたことは相違していた。前者はフィルム上に現実を撮るのか迷い、結果的にある程度の相互理解による演出を認めた。これは相互の信頼と友情から自然に出てくる撮られる側の行為と表情であった。そして後者のありのままの様子を突然カメラに収める撮影方法は、相手に話しかける前にカメラの眼で正確に相手の反応を撮影することになった。当時としては両者の本質

的問題はまったく気づかれていなかった。1960年代になってやっと異なる民族を相手にカメラを回し始めると、たちまち映画の画面を通じてみる撮影研究者と撮られる側の問題として浮かび上がってきた。

　今日でも、多くの研究者が撮影された映像は撮られる側の人びとの本当の姿を映していないのではないかと疑いを持っている。それでは自然な姿とは、ヴェルトフの突然のカメラではなく、隠し撮りによって実行されるのであろうか。そうではなく研究者自身のその場にいること自体が問題であり、彼の立ち居振る舞いが相手の行動を決めていることに気づくべきであろう。とすれば見知らぬ相手とのカメラによるファースト・コンタクト、「初めての出会い」が重要である。

　いったい映像人類学者とは見知らぬ人にとって何者であるのか。同じ人間であると考えれば、フラハーティもヴェルトフもその出会いは、研究者でもなく単にカメラを持った人間として相手に接したことが重要な点である。また撮影に際して、単独または夫婦で対応していることは、重要である。文化人類学の映像制作では研究者だけが、いつ、どこで、何が起こるか、など知っているのであるから、カメラを作動させる機会から、どのように撮影するかまでの演出の仕方を心得ていると思われる。

　文化人類学研究の基本は、現地での長期滞在による観察であり、それによって構想を練り、研究の焦点を見つけたり、相互理解を深めることなど時間がかかる。したがって研究者がカメラを持ってある儀礼の一瞬を撮るために2ヶ月以上も待つこともある。フラハーティのイヌイットとの出会いは、映像のなかで真実の触れ合いとして反映している。これから映像を用いて文化人類学あるいは人類学研究を試みるものは、たとえ技術的には不十分であっても撮影する

ものと、されるものとの真実の触れ合いが必要であることは、何事にも代えがたい。

　最後に忘れてはならないのは、人の手によってカメラで撮られた映像は真実ではないことである。文章で書かれたものも真実ではないのと同じだと言える。しかし、言語でつづられた文章は抽象的なモノゴトを上手に説明できる。一方映像は視覚を通じて具体的なモノゴトを一瞬にして理解させることができる。ジャン・ルーシュに言わせれば「現代の映像は真実らしくないものが真実に見える」のである。リュミエールの映画は過去の事実だが、1世紀をへて見ると、劇映画のように見えるのが映像なのである。

### 参考文献

大森康宏　「映像人類学」祖父江孝男編　現代のエスプリ別冊『現代の文化人類学』第2号，至文堂，1982年．

――――　「映像としての文化――民族誌映画をめぐって」梶原景昭ほか編『文化という課題　岩波講座文化人類学』13巻，岩波書店，1998年．

――――　「映像人類学　人はじめ」『映像人類学の冒険』せりか書房，1999年．

――――　『進化する映像』CD-ROM付，財団法人千里文化財団，2000年．

大森康宏編　『映像文化』二〇世紀における諸民族文化の伝統と変容2，ドメス出版，2000年．

サドゥール，G.　『世界映画』（丸尾定訳）　みすず書房，1994年．

ツェーラム，C.　『映画の考古学』（月尾嘉男訳）　フィルムアート社，1977年．

フラハーティ，H. フランシス　『ある映画作家の旅』（小川紳介訳）　みすず書房，1994年．

ローサ，ポール　『ドキュメンタリィ映画』（厚木たか訳）　未来社，1976年．

人類学者の描く自画像
# 課題としての日本

中村　淳

柳田國男
『遠野物語』

大林太良
『日本神話の起源』

中根千枝
『タテ社会の人間関係』

　「自画像を描く」ということについて考えてみよう。普通の肖像画を描く場合と何が異なってくるだろうか？

　まず最初に気づくことは、「自分の顔をみるために、鏡か何かが必要となる」ということだろう。自分で自分の顔を見ることはできないから、顔をいったん鏡にでも映して、それを基に自画像を描くことになる。

　それから、少し気づきにくいことだが、描く対象が他ならぬ自分自身の顔であるがゆえに、「どこまで客観的に描けるか」が他人の顔を描く場合とかなり異なってくる、ということがある。もとより、肖像画は写真ではないから、描き手によるデフォルメが可能である。もっと美しく、もっと若々しく、あるいはもっと理知的に描くこと

で、描かれた相手にとってより「理想的な」肖像画となるだろう。しかしそうしたデフォルメを、自分自身の顔に対して行なう場合のさじ加減は、果たしてどういうことになるのだろうか。

　1つめの問題点を「可視化」の問題、2つめを「客観視」の問題とすると、これらは自文化に関する語りについても当てはまることがわかる。自分たち自身(主体)の内部にあって重なり合っている自文化の問題について、それをいかにして客体化し目に見える問題として扱うのか。さらに、客体化した自文化をどこまで客観的に分析できるのか。ここでは3つの「古典」をとりあげ、そこでいかなる(日本)文化の自画像が描かれたのか、時代背景を参照しつつ検討してみたい。

## 一　自文化の「可視化」——柳田國男『遠野物語』1910年

### 1　近代と近代以前の接点

　日本民俗学の祖として知られる柳田國男が農政官僚時代の1908〜09年にかけて、岩手県旧西閉伊郡土淵村(現遠野市土淵町)出身で当時早稲田大学師範部聴講生であった佐々木喜善から彼の伝え覚えた昔話や伝承を聞き書きし、それを文語体にまとめて出版したのが『遠野物語』である。

　やや下った1920年の国勢調査においても日本の総人口のちょうど5割が農業世帯に属していたこと、そしてその多くが従前の通り土地と結びつけられて暮らしていたことを考えあわせると、佐々木が柳田に語ったような物語群は、各地域ごとのバリエーションこそあれ、実は当時の日本の過半数の人びとにとってあたりまえのように語られ共有されていたと推測される。

では、そこで語られていたのはどのような物語であり、どのような世界観であったのか。『遠野物語』では神隠しや座敷童子(ざしきわらし)、河童(かっぱ)、幽霊、天狗、狐などが身近な生活のなかに現われてくる。第82話を引用してみよう。

　「八二　これは田尻丸吉と云ふ人が自ら遭(あ)ひたることなり。少年の頃ある夜常居(じょうい)より立ちて便所に行かんとして茶の間に入りしに、座敷との境に人立てり。幽かに泛(かす)としてはあれど、衣類の縞も眼鼻もよく見え、髪をば垂れたり。恐ろしけれどそこへ手を延ばして探りしに、板戸にがたと突き当り、戸のさんにも触りたり。されど我(わが)手は見えずして、其(その)上に影のやうに重なりて人の形あり。その顔の所へ手を遣(や)れば又手の上に顔見ゆ。常居に帰りて人々に話し、行灯(あんどん)を持ち行きて見たれば、既に何物も在(あ)らざりき。此(こ)人は近代的の人にて恰俐(れいり)なる人なり。又虚言を為(な)す人にも非(あら)ず。」

　夜中に用を足そうとして幽霊を見てしまった田尻丸吉を「近代的の人」、「虚言を為す人にも非ず」と評していることを裏返せば、幽霊をはじめとする『遠野物語』の世界観は「近代以前」の世界観であり、そのなかのいきものが近代においても相変わらず息づいていたのが、佐々木の知る明治の遠野であり、日本の過半数であったのである。

## 2　可視化された＝鏡のなかの自文化としての『遠野物語』

　近代と近代以前との接点であり媒介者である佐々木喜善を通じて、柳田は近代明治日本のなかにまだしっかりと息づいている近代以前を写し取っていった。その柳田は近代の側において、『遠野物語』という作品を「外国に在る人々に呈」(献辞)し、「願はくは之を語りて平地人を戦慄せしめよ」(序文)と述べる。「平地人(≒都市に住む人びと)」や「外国に在る人」が、「近代以前」をそのまま抱え

課題としての日本　　67

る遠野の世界観をどのように受け取るかを踏まえた上でそのように述べる柳田は、遠野に対しても都市民に対しても「身近な他者」としての眼をもって臨んでいたと考えられる。自らを遠野からも都市民からも「ずらす」ことで、双方についての客観的観察・理解を可能にした＝「可視化」した柳田による遠野の――ひいては当時の過半数の日本の――「自画像」が『遠野物語』であったといえるだろう。


## 二　全体のなかに位置づける
### ――大林太良『日本神話の起源』1961年

### 1　「神話」の位置づけ

　大林太良の『日本神話の起源』は、1961年に角川新書として刊行された。気鋭の若手歴史民族学者であった大林は、日本神話の系統論について幅広く集めた民族誌資料の記述を駆使しつつ論じ、それが日本列島をとりまく北・西・南方各方面からの多様な文化的要素の複合体からなることを示した。その具体的な紹介の前に、ここでは当時の日本社会において「日本神話」がどのような位置づけをされていたのかについて触れておきたい。

　『古事記』、『日本書紀』に代表される日本神話は、8世紀初頭に大規模な編纂事業が行なわれて、天皇制に基づく国家統合の拠りどころと位置づけられた。さらに明治近代に入り、再文脈化されて、改めて近代国民国家統合の手段として用いられた。すなわち、学校教育をはじめとする国民生活のさまざまな場面で、国民教化のための神聖不可侵な道具の1つとして利用されたのである。しかし、第2次大戦敗戦によって日本神話の神聖性は地に墜ち、逆に軽視・排

斥の対象とされるまでにいたった。このような皇室や国家との結びつけによる戦前の過度の賛美や、その裏返しとしての戦後の粗末な扱いという、いわば政治的な流れは、日本神話それ自体がもつ情報的価値を押し流してしまうものだった。社会的な文脈に目が曇り、そうした情報的価値に気づかない(気づけない)のは、冒頭の自画像の例に沿うならば、「客観視」ができずデフォルメのさじ加減に失敗してしまったことを意味するだろう。

　ここで「日本神話」という対象を「客観視」しなおして、それが持っている情報的価値を読みとるために大林が行なったのは、世界の各文化における神話やそれに準ずる民間説話などの言いつたえと同一のレベルに日本神話を置きなおして、「全体の中で比べながらそれぞれの要素を突き合わせてみる」という作業であった。次に、大林の具体的な検証作業をみてみよう。

## 2　イザナギ・イザナミによる国生み神話

　いわゆる「国生み神話」は大まかに、(1)イザナギ・イザナミの二神が命を承けてアメノウキハシからアメノヌボコで海中をかきまわし、その滴からオノコロジマが形成される、(2)オノコロジマに降り立った二神は、アメノミハシラの周りをめぐったあとに国を生むために男女の交わりを行なう、(3)何度か失敗を経た後に国土であるオホヤシマを次々と生む、という3つの場面を持つ。

　これについて、大林による「アメノヌボコで海中をかきまわしてその滴からオノコロジマをつくる」というモチーフ分析は次のようである。まず、(A)北アジアから北アメリカに分布する、鳥などの潜水による土の持ち帰りというモチーフ(潜水モチーフ)と、(B)ポリネシアに分布する、神による島の釣り上げというモチーフ(島釣りモチーフ)との間で比較検討を行なう。そして動物の登場という「狩

猟民的世界観」に裏づけられる(A)よりも、神による連続した島の創生のほか、神の言葉の関与、ヒルコモチーフ、御柱廻りモチーフの点でも日本神話と共通する要素のある(B)を重視しつつも、琉球神話・アイヌ神話をも参照しながら、次に述べるようなやや複雑なプロセスを推定する。すなわち、いずれも北方ユーラシア起源の2つのモチーフが、ひとつは中国本土から東南アジアへ南下し、島嶼部経由で日本へ(A)、もう一つはなんらかの形で北欧的(ユーラシア最西部)要素と関連しつつ、中国南部を経て日本へ(B)、という2つのルートをへて合流した、とみるのである。ここで検討されるのは、ブリヤート・モンゴル族、北方ユーラシアから北米の諸民族、東ブラジルのカインガング族・グァラニ族、台湾のアミ族・サイセット族・タイヤル族、北ボルネオ、スマトラのトバ・バタク族、セレベスのミナハッサ、トンガ・タナロア、中部インドからアッサムの南アジア語族、ポリネシアのマルケサス・ソサエティ・ニュージーランド・トンガ・パウモツ・サモア・マンガレヴァ各島、メラネシアのアドミラルティ群島、ミクロネシアのパラウ島・マーシャル群島、アイヌの原始混沌神話、琉球の国生み神話、出雲の国牽き神話、中国の民間伝承、北欧神話である。

さらにその他のモチーフについての検討も加えながら、大林は国生み神話について、(1)男女二神が命を承けて天降り国を生むがはじめは失敗するモチーフは、東南アジアからポリネシア中西部の特に前者に類する、(2)神が水中から島を釣り上げるモチーフは、ポリネシアに似るが、一部北欧とも関係する、(3)神が原初海洋を棒でかき回して国土や神を生み出すモチーフは、内陸アジア・アルタイ系遊牧民と関連する、という3つの構成要素を指摘する。このように、日本神話は南方・北方を含めさまざまな系統の要素が組み合わさって成立しているということが、膨大な民族誌資料の緻密な検討から

導き出されるのである。

## 3 『日本神話の起源』という「画法」

　大林のスタンス(自画像でたとえるなら「画法」)は、たとえば蝶がずらりと並んだ標本箱を上から眺めながら、日本神話という名の蝶を特徴づける要素を羽や触角の形、色、大きさなどの点から他と比較しつつ記述する、というのに似ている。「羽が白いから似ている」というような単純なレベルではなく、全ての蝶に精通した上で、非常に慎重に、即断を戒めつつ、系統立ててゆく。そして「蝶全体のなかで、これこれの蝶とこういった特徴をそれぞれ共有するのが、この蝶＝日本神話なのだ」と結論づけるのである。

　大林が日本神話の系統論的研究から明らかにしたかったのは、究極的には日本民族文化の系統論、つまり日本民族文化はどこからどういう経路でどういった要素が持ち込まれ、またどのように混ざりあっていったのか、ということであった。その点で「日本人のルーツ、日本人のアイデンティティ」といった現代において関心を集める問題と大きく重なってくるだろう。そして、ともすれば「羽が白いから」レベルで納得してしまいがちな安易さに歯止めをかけるためにも、大林のとった「世界全体のなかで比べながら、1つ1つの要素を突き合わせて検証する」というスタンスに学ぶところは大きいのである。

課題としての日本

## 三　構造を通した比較
　　——中根千枝『タテ社会の人間関係』1967年

### 1　高度経済成長と「日本文化論」

　高度経済成長期の只中(ただなか)の1967年、『タテ社会の人間関係』が社会人類学者である中根千枝によって著された(この著作のもととなる論文はこれに先立って1964年に発表されている)。

　『遠野物語』の1910年が、近代以前から近代へと、日本国内において両者が並存しながら徐々に切り換わろうとしていた時期であったように、『タテ社会の人間関係』が書かれた1960年代半ばは「戦前」から「戦後現代」へと移り変わる時期であったと位置づけられる。おおむね1965年頃にいわゆる「サラリーマン」人口が5割を超えたことに象徴されるように、日本は農村部の「ムラ社会」から都市部の「サラリーマン社会」へと変貌を遂げつつあった。一見すれば人と人とのつながりの密接なムラ社会から、それが稀薄なサラリーマン社会へと大転換したように思われるところ、実は両者の基盤となる社会構造(social structure)は変化していない、と中根はとらえる。

　中根の議論の本来の中心は、この社会構造をめぐるものであり、日本社会とインド(ヒンドゥー)社会とを比較の両極に置いてその検討を進めるものであった。しかし、当時の日本社会においては、そうではなく、「日本文化論」の新たな(そして魅力的な)視座を提供するものと受け取られ、議論のなかのひとつのキー概念であった「タテ社会」だけが一人歩きするかっこうでもてはやされる結果となってしまったきらいはある。

2 場／資格、タテ／ヨコ

さて、中根が設定した分析概念について触れてみよう。2つの対となる概念が提示される。1組は「場 frame」と「資格 attribute」、もう1組は「タテ vertical」と「ヨコ horizontal」である。具体的には「産業界を例にとれば、旋盤工というのは資格であり、P会社の社員というのは場による設定である」とし、対概念の前者同士（＝場とタテ）の組み合わせが図抜けて卓越するのが日本社会、後者同士（＝資格とヨコ）が卓越するのがインド社会、そして中国やヨーロッパはどちらかというと後者同士が卓越する社会に近い、とする。

資格に基づく集団内部の関係は上下のないヨコの(horizontal)個々人のつながりとなり、その資格の同質性によって結びつきが維持される。個々人は自身のネットワークを切り拡げることで複数の資格を持ちうるし、したがって複数の集団に同時に所属が可能となる。一方、場に基づく集団については、資格の異なる、本質的には同質性を伴わない成員同士を結びつけるために、直接接触に基づく(tangible)感情的な(emotional)一体感の醸成（一面においては強要）とそれを支えるためのタテ(vertical)原理に基づく内部小集団を必要とする。個々人はまずその所属する場への全面的かつ単一志向的な(unilateral)帰属意識を要求され、必然的に単一の集団にしか所属することはできない。

「ヨコ社会」、「タテ社会」の内部構造についてみると、まずヨコ社会は同じ資格を持つもの同士の円環連鎖的構造をとり、一方タテ社会は頂点から枝分かれ的に広がる樹状構造をとる。ヨコ社会におけるリーダーシップはそれが等しい資格に基づくがゆえに置換可能であるのに対し、タテ社会においてはリーダーの喪失は集団自体の崩壊につながる置換困難なものとなる。

課題としての日本　73

以上のような分析概念と枠組を提示しながら、日本の会社組織のあり方、イエ制度のあり方、あるいは付和雷同性、公私の区別のあいまいさ、論理性の欠如などを解析してゆくのだが、中根は「タテ社会」自体が悪であると考えているわけではないことは注意しておかなければならない(「ヨコ社会」的要素が増えてもっとバランスがとれた方がよい、とは考えているが)。しかしながら先に述べたように、「タテ社会」という言葉が一人歩きして、中根の定義とは異なる形で「タテ社会＝上下社会＝封建的であるから改めるべきだ」とか「日本社会はタテ社会ではない」とか「タテ社会は実はすばらしいものだ」などと論じられたことに、中根自身は冷ややかな視線を浴びせている。

## 3　『タテ社会の人間関係』の「画法」

　中根のスタンスも、大林と並んで他との「比較」に基づくものである。その比較の対象が、当時日本において当然視されていた西洋・欧米ではなく、自らのフィールドであるインド社会である点、そして比較の方法として、イギリス社会人類学の「社会構造」に基づくモデルを利用した点も重要である。が、何よりも重要なのは次の2点である。すなわち、自身による英語版の出版によって外部に広く紹介され知れ渡っている点、そして一方で、内部においても「タテ社会」が学術用語から離れて(誤解を含みつつも)一般名詞化するほどに普及している――『広辞苑』にも(「上下の序列が重視される社会」(第五版)という、中根からみればおそらくやや不本意な表現で)掲載されている――点である。日本の社会人類学(文化人類学)の成果として、自他ともに広く受け容れられる「文化の〈自画像〉」とみなすことに異論はないであろう。

## 四　新たな私たちの〈自画像〉をめざして

『遠野物語』から100年、『日本神話の起源』、『タテ社会の人間関係』からも40年以上が経とうとする今日、わたしたちの身の回りの文化・社会は当時とはまた異なる様相を映しているはずである。したがって、現時点では柳田や大林・中根の描いた「文化の〈自画像〉」とはまた異なる〈自画像〉が描けるはずだし、描かれなければならないだろう。

さて、ここで取り上げた3編でそれぞれの時代背景にふれたのには実はわけがある。いずれも、当時の「常識」をいったん棚上げした上で、彼／彼女らは視点をずらそうとしたことがみえてこないだろうか。近代化の陰に脈々と息づく前近代／神話への客観的な評価／ムラ社会とサラリーマン社会の連続性、などはいずれも当時の「常識」からははずれている。そしてその上で彼／彼女らは、独自に磨き上げたフレームワークをつかって、「文化の〈自画像〉」を描き出していった。

とするならば、現時点における「日本文化の常識」はなんであり、それを突き崩しながらどのような〈自画像〉を描くことができるのだろうか。1つのやり方として、中根以降特に隆盛を極めた「日本文化論」とよばれる一連の議論によって、わたしたちのなかに無意識に築かれた一連の「常識・共通理解」の批判的検討が挙げられると思われる。たとえば「日本人のこころ」、「和の精神」、「ふるさととしての日本」、「伝統的な日本文化」といった言葉は、その内実をつきつめればきわめてあやふやな部分を多く含むにもかかわらず、現在とくに問題視されることもなく、それどころか常に無条件にすばらしいものとして、語られ再生産され続けている。しかしそれら

のほとんどは、文化人類学における「伝統の創造 the invention of tradition」の議論にみるとおり、現在に至るいずれかの時点で創られたものであるといえよう。したがって、そうした「常識・共通理解」の因って来るところ、あるいはそれらの形成過程について、注意深く検討しなおしてみる、といったことは、「日本の」「文化人類学」に与えられた1つの大きな課題であると考えられる。

このように「日本文化をめぐる常識の再検討」を行なうことは、「内なる文化の客体化」の第1歩であり、新たな〈自画像〉を描くためのラフ・スケッチとなるはずである。

**参考文献**
青木保　『「日本文化論」の変容——戦後日本の文化とアイデンティティー』　中央公論社，1990年．
大林太良　『日本神話の起源』（角川新書151）　角川書店，1961年．
―――　『神話の系譜——日本神話の源流を探る』　青土社，1986年．
桑原武夫　「『遠野物語』から」後藤総一郎(編)『人と思想　柳田国男』，三一書房，1972年．
後藤総一郎(監修)・遠野常民大学(編)　『注釈　遠野物語』　筑摩書房，1997年．
中根千枝　「日本的社会構造の発見——単一社会（ユニラテラル・ソサエティ）の理論」『中央公論』5月号　中央公論新社，1964年．
―――　『タテ社会の人間関係——単一社会の理論』（講談社現代新書105）　講談社，1967年．
―――　『タテ社会の力学』（講談社現代新書500）　講談社，1978年．
松村武雄　『日本神話の実相』　培風館，1947年．
柳田國男　「遠野物語」『定本柳田國男集　第四巻』　筑摩書房，1963年．
Nakane, Chie, *Japanese Society*. London: Weidenfeld and Nicolson, 1970.

## 展望台

　第1部の冒頭で、古典的な書物や理論を通じて何が見えてくるだろうかと書いたが、実は文化人類学の展望台から晴天下の絶景が見えることはない。もしくっきりとした眺望が整然と眼下に広がっているとしたら、それは人類学的ではない。人類学とはさまざまな思考や理論や価値や事例が居心地悪くせめぎ合う、調和とはほど遠い不安定な場なのである。

　いつも霧のなか、と言ったら言い過ぎになるだろうが、いつも足場が悪いことは確かである。ただ、そこから見ていれば、ところどころ霧や雲の晴れたとき人類学の外では見えないものが見える。

　足場の悪いところに自らを置く行為としてのフィールドワークが人類学の核心であることについて、小泉がマリノフスキーを通じて書いている。「開発と国際協力の民族誌」と「紛争と対立の民族誌」が何より重要になる、という指摘は、これからこのことを考えていくための出発点にすぎない。

　文章を媒介とする民族誌に対し、映像を媒介とする民族誌の歴史と現状について大森が説明している。テクノロジーの進展（とくに小型カメラとDVD）により一気に可能性が開けた「映像による民族誌」は、カメラが単なる「客観的な記録の手段」ではなく「現実の構築の方法」であるとき、とりわけ人類学的となる。

　このように個別の現実に密着しようとする個別主義の一方で、大きく一般化しようとする普遍主義が人類学にはある。代表的なのが、内堀が論じる進化主義と渡辺が論じる構造主義である。前者は社会文化の進化に環境適応という要因を考え、さらにそれを生物学的な進化へと結びつけようとする。後者は「構造の変換」と「歴史」の関係についてサーリンズを題材とし、ハワイの政治史に関連させながらレヴィ＝ストロースの歴史理論に光をあてようとする。

　遠心的に個別を求めても求心的に普遍を求めても、結局それは自画像の問題である。中村が指摘するように、日本文化論は自文化の自画像を描き直そうとする。人類学は自分自身を考え、いつも常識を問い直そうとする。だから足場が悪いのである。

［小泉潤二］

# 第2部

# 人類は可能か

―― 多様な人間たち

　同じく10歳の男の子であっても、同じく40歳の女性であっても、その人が経験する日常生活の内容も抱くことのできる希望も、文化が異なると全く異なる。また、同じ社会の成員でありながら肌が黒いか明るいかによって人生の内容が全く異なる場合もある。人間が自らをさまざまに分類し、その分類にどのような意味と役割を与えたかによってこうした違いが生じる。一方、差異や多様性を超えて、人類普遍の性別や加齢についての認識も見出せる。

いま再び問う
# 人種

竹沢泰子

ルース・ベネディクト
『人種主義』

## 一　人種と人類学

　世紀転換期に20世紀が人種間対立の時代であると予言したアメリカの黒人知識人 W.E.B デュボイスの言葉はあまりに有名だ。だが21世紀に入った今も、世界の至るところで人種主義や人種間対立が我々を脅かしており、現代社会における深刻な問題である。それを投影するかのように欧米の文化人類学では、人種や人種主義は現在もっとも大きな関心を集めている研究領域の1つとなっている。特にアメリカの文化人類学においては、それは文化人類学のまさしく原点ともいえる問題であった。言い換えれば、人種や人種主義の問題に真正面から切り込むことなく、文化や民族を語ることはありえ

なかったのだ。しかし文化人類学が近年人種や人種主義の問題に再び熱い関心を注ぐに至るまでには、かなりの時間を要し、迂回路をとらなければならなかった。

　生物学的概念である「人種」にたいして、「民族」は文化的概念である——こういった説が学界にも社会にも流通しているのが現状である。その背景には、ボアズ学派の人種および人種主義にたいする論議が大きく影響している。人種概念の有効性に人類学において影響力ある形で疑問を呈したのは、F. ボアズが初めてであった。また「人種」という用語自体を廃止し「エスニック・グループ」に統一するべきである、と最初に訴えたのは、ボアズの弟子であったアシュリー・モンタギューである。その後、ボアズの弟子たちを中心に、1950年代、1960年代と、人種の代替語として「エスニック・グループ」を用いるべきである、という論議が高まった。しかし現実には、人種主義はもとより、生物学的な意味での人種という言葉も概念も社会からなくならなかった。それどころか、心理学者など一部の隣接領域の研究者が、人種間の差異は遺伝的に決定づけられたものである、と論じて、大きな反響をよんだ。文化人類学が人種を否定し、文化やエスニシティを強調すればするほど、人種や人種主義の問題から遠ざかり、その間に人種は科学的裏づけのある概念であるとの誤った認識が社会の一部で広まってしまったのである。

　こうした事態への学界の反省は、1990年代から現在に至るまでのアメリカ人類学において顕著に見られる。人種研究は今やもっとも盛んな文化人類学のテーマとなっているし、アメリカ人類学会自体もさまざまな人種や人種主義に関する公式声明を発表している。実際のところ、この約10年余学会がもっとも力を入れて取り組んできた課題だといっても言い過ぎではないだろう。というのも、人種主義などの現代の社会問題といかに学問としてとりくみ、社会や時代

の要請に応えられるかが、人類学の学問としての存亡に関わるほど問われているからである。

このような現代の文化人類学に課せられた問題を考えるうえで、社会的に大きな影響を与えた人種や人種主義に関する古典を再吟味することは、無意味ではないはずだ。

ここでは、人種主義の問題に正面から挑んだ古典として、邦訳が近年刊行された、ルース・ベネディクトによる『人種主義』をとりあげてみたい。この古典を通して現代社会のリアルな人種主義・人種主義の問題に人類学がどう向き合っているかを知る１つの事例として、アメリカ人類学会の人種とのとりくみを概観する。

## 二　ルース・ベネディクト『人種主義　その批判的考察』

ベネディクトは、1930年代後半まで目立った政治的活動をすることがなかったといわれる。しかしヨーロッパにおけるナチズムの人種主義が深刻化し、その状況がアメリカにも広く伝えられるようになると、ベネディクトも積極的に関与するようになった。そこには彼女が師事したボアズの反人種主義への強い遺志を受け継ごうとするベネディクトの思いがあったのだろう。ボアズは、1933年からドイツにおける思想の自由を訴え、ドイツからアメリカが人種主義や反ユダヤ主義の影響を受けることのないよう、反ナチズムのさまざまな運動に参加したり協力したりし、ナチス・ドイツにたいして全面的に反対する態度を表明していた。ボアズの著書は、ヒトラーが人種主義戦争を正当化するために他のナチズム批判の書物とともに、焼き捨てられた。

ベネディクトの『人種主義』は、ナチズムの人種主義によるユダ

ヤ人迫害を何よりも念頭において書かれた本だったが、アメリカの新移民にたいする人種差別や黒人差別にも言及されている。本書は、第1部人種、第2部人種主義、の2部構成となっているが、生物学的概念としての人種、および人種主義の両方を学問的に検証する本は、当時はまだきわめて稀だった。第1部は生物学的な概念としての人種を批判的に検討したものである。むろん遺伝学がまださほど発達していなかった当時、人種に生物学的実体がないという今日の見解をベネディクトは知る由もない。しかし当時の時代背景を考慮すれば、人種概念に関してきわめて斬新な見解を示していたといえる。第2章の「自己分類のための努力」では、肌の色、毛髪の色と形状、身長、頭示数(=頭の最大幅×100÷頭の最大長)など、人種的特質として解剖学的に重要な意味をもつ身体形質を6つとりあげ、それらをもととした人種分類がいかに曖昧であり、かつ信憑性の薄いものであるか、具体的な事例を連ねて論じている。例えば他の形質では同じ人種とされるアメリカ・インディアンのなかでも、もっとも頭示数の高い集団ともっとも低い集団がある。1つの人種とされるカテゴリーのなかでも、そのなかでの多様性がきわめて大きいこと、またそれぞれの身体形質は他の身体形質と必ずしも関連性があるわけではなく、これらの身体形質の組み合わせで分類された1つの人種に完全に当てはまる人びとというのは、レツィスが身体形質の組み合わせにおいて典型的な国民だとしたスウェーデンでさえ、1割にしか満たないというのだ(ただし、これも今日的な遺伝学の観点からいえば疑わしい)。また第4章「民族の移動と混同」においては、民族の移動や混交が進んでいる現代、人種や民族に分類すること自体が無意味だとも論じている。「誰が優秀であるか」と題した第6章では、人種間に知能の優劣があるとする知能指数研究者らの議論を槍玉にあげている。北部の黒人と南部の白人を調査して

みると、北部の黒人の方が南部の白人よりも知能指数の平均が高かったという予想外の調査結果などを引用して、人種間の差と思われるものも、実は南部と北部の差という地域差、環境差によるものであると論破するのである。

このようなベネディクトの人種に関する議論は、現在における人間の生物学的分類の無意味さを説く議論や、白人と黒人の間の知能指数に遺伝的な差があるとする議論にたいする批判と重なり合う。本質的にまったく同じ矛盾をついていることにむしろ驚かされるのだ。

しかし本書の醍醐味は、むしろ第2部の人種主義をめぐる議論にあるといえる。第7章「人種主義の『自然史』」は、壮大な歴史観にもとづいて、人種主義的な思考は、あくまでも19世紀以降、つまり進化論や形態人類学の登場以降の産物であると断言している。この章のなかで、彼女は次のように人種主義を定義している。

「人種主義は、本質的に自分が『最良の民』の一員だ、ということを述べるための1つの手段である。自分がそうだと思い込もうとするとき、人種主義は今までに発見されたもののなかで、もっとも満足できる言いまわしなのである。」

この定義が、人種主義を究極的には個人の心理の問題であると捉えている点に、我々は注目すべきである。人種主義の根底を支配しているものは何かという問題にたいしてよく論じられるのは、それが集団間の利害闘争であるとか、集団やコミュニティという集合体として社会的に表出したときに生まれる嫌悪感や恐怖であるとか、特定の集団を排除したり、劣位におくとする制度的差別であるという論である。しかしベネディクトは、そうではなく、人間個々人が「自分が生きていく上でのさまざまな行ないについてのやっかいな質問をすべて退け、『劣等』集団から彼らに向けられた功績や倫理

基準についての、これまたやっかいな主張を無意味に化してしまう」ものとして説明しているのである。この解釈は、現実社会においていかに人種主義が組織化されリアルな形をなしていくかという問題には目を向けるものではない。しかし他方、一見他者であるさまざまな「人種」の知能的劣性、モラルの低さ、野蛮で品格に欠ける行為とみなされるものが、実は我々誰もがもつ心理の裏返しであると指摘している点では、意味深い。すなわち自分が抱く欲求や野心がうまく満たされないとき、それでも優越感、いいかえれば安心感を最低限の保証として揺るぎなく供給するものだということである。これは、文化とパーソナリティ研究を主眼にすえていたベネディクトの研究関心からすれば、なんら不思議なことではない。

アメリカについては、南欧・東欧からの移民やアジアからの移民を制限した1920年代の移民法という政治性と人種主義との関係性を描き出している。「アメリカの人種主義の書物にはすべて直接の政治目的があった。それは移民法の改訂である」という指摘は、的を射ている。特にコロンビア大学を中心とするボアズ学派と同じニューヨークに存在していた優生学信奉者たちの「ゴールトン協会」の間で人類学をめぐる勢力争いが、1920年代末まで続いていた。ボアズの弟子たちが頭角を現しはじめ、また大恐慌にみまわれ、ほとんど誰しもが何らかの意味で貧困や窮乏生活を経験するという事態が生じると、ゴールトン協会は影響力を失った。ベネディクトは、ゴールトン協会の中心人物のひとりであったM. グラントが1916年に著し、社会的に大きな影響を与えた『偉大なる人種の滅亡』について言及している。この本は、19世紀末から20世紀初頭にかけての南欧・東欧からの移民の急増によって表に現れることとなった人種主義をさらに煽（あお）る内容であった。ただしもっともらしい「科学的な」人種学の分類を用いて、たくみに分類やカテゴリーの名前に変形を

加えている。そして南欧や東欧からの移民がいかに劣性で社会的に悪や弊害をもたらす恐ろしい存在であるかと論じたてるものだったのだ。ゴールトン協会は、南欧や東欧、またアジアからの移民の大幅な制限や禁止を目的とした1924年移民法の通過に多大な影響をもたらしたことが知られている。ベネディクトが、政治的目的のあったアメリカにおける人種主義の書物の例として、この書物を挙げているのは、上記のような背景があってのことである。

「ではなぜ人種偏見か？」と題した終章の8章では、ヨーロッパの反ユダヤ主義を大きくとりあげている。近代において人種主義的な迫害が宗教的な迫害にとってかわったが、「ヨーロッパの反ユダヤ主義を調べれば調べるほど、その紛争が人種的なものに見えなくなってくる。それは市民権の不平等という古くからの問題なのである」と、時代を超えたユダヤ人迫害の根本的問題を指摘する。続けて彼女はいう。反ユダヤ主義への処方箋は、「すべての人に完全な市民権を拡大することと、すべての職業分野において成功できる十全な帰化権を与えること」であると。

ベネディクトは、人種と人種主義の関係について、人種自体が悪をもたらすのではなく、人種が階級に転じたときに紛争が生じると考えた。そのため非特権者と(安心した生活をおくり迫害する必然性が生じないように)特権者の双方に民主主義的機会を与えることが人種主義の惨劇を防ぐ手段であると訴えている。

このように本書は、この分野の他の書物と異なり、人種と人種主義を明確に差異化し、国内も含めた人種主義プロパガンダ(政治的意図をもつ宣伝)の問題に白羽の矢を立てた点で、斬新であった。ちなみに、本書をもとにして1943年にベネディクトは同僚のジーン・ウエルトフィッシュとともに『人類の諸人種』というパンフレットを出版した。ゲルマン民族の優越性を否定し、世界の諸人種の

共存を訴えるために、マンガ入りでわかりやすく書かれた啓蒙書的読み物である。ユダヤ人やアジア人にたいする偏見を主にとりあげていたが、黒人差別についても論じていた。しかし発売直後、保守的な会長自身により、米軍慰問協会(USO)によるパンフレットの配布にストップがかけられ、さらに一部の南部の議員らによって、「共産主義のプロパガンダ」というレッテルを貼られることとなった。さまざまな誹謗や中傷にもかかわらず、『人類の諸人種』は、結果的に100万部以上売れ、ベネディクトは自らが信念としていた社会の広範囲におよぶ知識の普及を達成することができた。ベネディクトの一連の人種主義に関する仕事は、戦後人種や人種主義が社会的に大きく見直されるための、1つの重要な土台を築いたのだった。

## 三　近年のアメリカ人類学会の人種とのとりくみ

　1990年代以降今日にいたって、アメリカ人類学では人種概念や人種主義へのとりくみが積極的に進められている。その中心舞台はアメリカ人類学会である。1991年年次大会では「ナショナリズム、エスニシティ、人種と人種主義」が大会のテーマに据えられた。1990年代中頃になると、「『人種』と知能に関する声明」(1994年)、「人種・民族に基づく憎悪・差別を助長する『科学的研究結果』の誤用についての声明」(1995年)、「OMB ディレクティブ15への［連邦政府の統計、報告のための人種・民族の基準についての］回答」(1997年)、「『人種』についての声明」(1998年) など、積極的に人種と人種主義に対して学会としてのスタンスを明確に公表するようになった。

「『人種』と知能に関する声明」（1994年）では、「アメリカ人類学会は、知能が人種によって生物学的に決定されるという最近の一般大衆の議論を極めて憂慮する」という書き出しで、「（知能であろうが他の特性であろうが）差異を説明する方法として、種を生物学的に定義づけた『人種』に分化することは無意味で非科学的であることは証明済みである」として、再度すべての人間の機会均等を守るよう促している。また「人種・民族に基づく憎悪・差別を助長する『科学的研究結果』の誤用についての声明」（1995年）では、世界諸地域で見受けられる人種主義、民族浄化などでしばしば科学的研究結果を引用しているが、「そのような研究結果など存在しない」のであり、「世界中の科学者のコミュニティはそのような［人種主義的］主張がなされれば、いかなる時でもいかなる場であろうともそのような主張に積極的に抗議するよう呼びかける」として強い態度を表明した。

アメリカ人類学会がこのような一連の声明を発表するには、わけがあった。科学を称して出版されたきわめて人種主義的な書物が、社会的に大きな影響を与えたのである。黒人は全ての人種のなかで知的能力がもっとも低く、性欲の抑圧力にもっとも欠け、もっとも犯罪を犯しやすく、もっとも利他的で、モンゴロイドはこれらのすべての特性においてその対極にあり、コーカソイドはその中間であると論じたカナダの心理学者、J.P. ラシュトンの一連の出版物と、1994年にベストセラーになった、白人と黒人の知能指数の差は生物学的に決定づけられていて、アファーマティブ・アクションをはじめもろもろの社会政策は無意味であると論じたハーンステインとマレーによる『ベル曲線』である。これらの書物の出版とその多大な社会的影響力に加えて、もう１つ引き金となった「事件」があった。

アメリカ科学推進学会が1989年の年次大会において、渦中の人物、

ラシュトンを学会の正式な講演者として招待したことである。聴衆のなかにいた自然人類学者がアメリカ自然人類学会にその問題を提起し、学会としてこの問題をいかに処理すべきか考えざるをえない局面を迎えた。自然人類学者が科学的人種主義に対して正式な立場を表明するべき時が来たというのが、当時の一部の自然人類学者の見解であった、そして人種に関する声明が、1996年12月の学会誌に掲載されたのである。アメリカ人類学会が「『人種』についての声明」を1998年に発表したのは、このような経緯があってのことである。

　アメリカ人類学会が、人種をめぐる問題に力を入れていることは、ほかにもうかがえる。学会ニュースレター『アンソロポロジー・ニュースレター』では、1997年10月から1998年5月まで、年間特集テーマで「『人種と呼ぶべきか?』〜ヒトの多様性にかんする人類学」をとりあげた。また『アメリカン・アンソロポロジスト』誌の記念すべき第100巻で(1998年)企画された「現代問題のフォーラム」特集で第1回のテーマに選ばれたのが「人種と人種主義」であった。「アメリカの人種主義によって再現している問題、人種研究に人類学が関与してきた歴史、今日の人種に関する一般社会においてや政治的な議論から人類学が取り残されている事実」が考慮されてのことである。

　現在、2006年に公開予定の「人種とヒトの多様性について理解を深めよう」と題する社会啓蒙プロジェクトに向けてさまざまな準備が進められている。人種主義・人種差別撲滅に教育がいかに重要であるか、人類学の知をそのような教育に有効に活かしていくべきではないか、という見地からである。このように、人種・人種主義に関しての公共言説の変革に学問としての人類学が積極的にかかわっていこうとする姿勢がうかがえる。

## 四　現代の人種主義

　現代社会を生きる我々は、さまざまな人種主義・人種差別の問題に直面している。新移民にたいする排斥や差別は、いまや、ヨーロッパのみならず、日本も含めてグローバル化の進行した世界のさまざま地域で大きな社会問題となっている。ヨーロッパでは、これらの移民にたいする差別は、「新人種主義」あるいは「文化的人種主義」と呼ばれている。

　もはやナチズムをすぐに想起させるような身体形質の差異にもとづくあからさまな差別発言や行為を見いだすことは稀である。しかしそれは器を変えただけであり、人種主義の根本的本質までも変わったとみるのは誤りであろう。人種主義は「文化」という表現技法を使って洗練されただけなのだから。文化的差異を標識とすることにより、一見輪郭が緩やかになったように見えるが、都市の貧困居住区での生活を余儀なくされ、現実的にはその境界がきわめて固定的であることが指摘されている。

　アメリカにおける黒人差別は、奴隷制廃止後100年以上経過し、公民権が保証されて40年近くの歳月が流れても、さして根本的に改善されていない。いや貧富の格差は白人と黒人の間でますます広がっている。知能指数論争は、相変わらず続き、変わったことといえば、統計の数式がやっかいになったことくらいだ。

　2001年9.11にアメリカで起きた同時多発テロ事件の直前に南アフリカで開催された国連反人種主義・人種差別撤廃世界会議では、過去の奴隷制・大西洋間奴隷貿易に対する補償問題とならんで、イスラエルのパレスティナ人にたいするシオニズム*が最大の争点になっ

た。またロマ（「ジプシー」）、先住民族、ユダヤ人、移住労働者らへの差別もとりあげられた。

そして日本。黒人差別やユダヤ人差別だけが、人種差別でないことを確認したい。在日朝鮮人、被差別部落出身者、外国人労働者などが日常的にあるいは制度的に経験している差別を想起すれば明らかである。

このような社会問題にいかに人類学がとりくむかが、緊急の課題となっている。人類学者がそのような社会問題を意識しつつ研究成果にもとづいて発言する姿勢は、ボアズやベネディクトから学ぶところも多いにちがいない。

**参考文献**

竹沢泰子編　『人種概念の普遍性を問う』　人文書院，2005年．

ダーバン2001編　「反人種主義・差別撤廃世界会議と日本」『部落解放』5月号，解放出版社，2002年．

ベネディクト，ルース　『人種主義——その批判的考察』　名古屋大学出版会，1997年．

Boas, Franz, *The Mind of Primitive Man*. New York: Macmillan, 1911.

——— "Changes in the Bodily Form of Descendants of Immigrants," *American Anthropologist* n. s.,14,. 1912.

進化する民族誌
# 先住民

窪田幸子

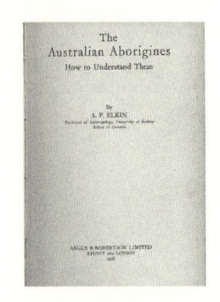

アドルフ・エルキン
『オーストラリア・アボリジニ』

　オーストラリアの先住民であるアボリジニの人びとについての文化人類学的研究の蓄積は厚い。19世紀末から20世紀にかけての時期に、当時消え行く民族と考えられていたアボリジニについて、絶滅してしまう前に調査の蓄積が必要であるという認識から熱心な調査と研究がはじまった。そもそも、アボリジニは人類の最も古い人種の１つであるという誤った認識があり、人間進化の道筋を知る科学的な目的のためにもアボリジニの調査が必要であると考えられていた。オーストラリアでは1925年にシドニー大学に人類学部が設立され、このころからアボリジニ社会の調査は熱心に、組織的な計画のもとに行なわれるようになった。戦後のオーストラリアにおいてもこうした傾向は拡大を見せた。シドニー大学以外の大学にも人類学

部が次々と設立され、特に社会人類学、言語人類学、形質人類学などの調査研究が蓄積されていったのである。

　アボリジニついての最も初期の代表的な民族誌としては、1899年に出版されたスペンサーとギレンによる『中央オーストラリアの原住部族』があるが、より社会的に影響が大きかった著作と考えられるのは、1938年にその初版が出版された、A.P. エルキンによる『オーストラリアの先住民』であろう。これは、オーストラリアの人類学的調査に大きな影響力をもっていたシドニー大学で、当時文化人類学の主任教授であったエルキンによる、アボリジニついての古典的な著作であり、アボリジニついての実践的な知識を得る目的で広く読まれ、アボリジニ理解に非常に大きな影響力をもった。また、この著作は、第6版まで改訂を重ねたのだが、そこでみることのできる記述の変化は、アボリジニをめぐるオーストラリアにおける政治的環境の変化を如実に反映している。そして、それだけではなく、オーストラリアにおける人類学的営みそのものの変化を追うことも可能である。現代のオーストラリアの人類学的研究の特徴は、実践的な色合いが濃いことである。多くの研究がこれまでの蓄積を生かしつつ現代的なアボリジニをめぐる社会問題に答えようとしている。教育、住環境、健康などをテーマとした研究が目立つのはそのためであり、さらに90年代以降は、市民権、土地権をテーマとした研究が増加した。アボリジニの民族誌から、オーストラリア社会の変化と人類学と先住民の関係を考えてみることにしよう。そして、現代のオーストラリアにおける人類学研究の特徴を古典から考えてみることにしたい。

# 一　オーストラリア・アボリジニと人類学

　エルキンがこの本を最初に出版した1938年から最後の改訂版が出された1979年までの間に、アボリジニの人びとをめぐる状況はどのように変化してきたのだろうか。まず、その整理を行なってみることにしよう。

　1788年にはじまる白人の入植以来、この大陸の先住民であるアボリジニの人びとは大きな変化を経験してきた。入植当時から、アボリジニと入植者の間の衝突はつづき、特に1800年代なかばになって、入植者がその生活域を広げていくにつれ、その激しさは増していった。家畜を殺されたり、作物を荒らされたりした農場や牧場経営者たちは、アボリジニに対して懲罰遠征を行ない、暴力によって平定をはかった。アボリジニに接触した入植者たちは、アボリジニは野蛮すぎて文明化することは不可能だとし、こうした行動を正当化した。このような無知にもとづく入植者の差別的で暴力的な態度は、北部では1930年代まで続いた。当時は、文明に出会い、死にゆく石器時代の人びとの、「死の床の枕を穏やかなものにしよう Smooth the Dying Pillow」という言い回しが合理的なものとして広まっていたのである。

　しかし、次第に人びとは入植地でアボリジニに対して行なわれている非道な残虐行為や混血のアボリジニや、生き残ったアボリジニの悲惨な状況が現実のものであることに気づくことになる。そして、アボリジニに対して慈善的な扱いが必要だと考えられるようになった。まずここで、人類学は一定の役割を果たすことになる。1870年ごろから人類学者がアボリジニについての調査を熱心に行ない、アボリジニ社会の親族組織や宗教のシステムは大変に興味深いものであることを明らかにしていった。このような人類学的知識はアボリ

ジニに対する対策を変化させる力となった。こうして、保護政策が1860年から1911年にかけて、それぞれの州でつぎつぎに実行に移された。

　1930年前後になると、オーストラリアは自国の領土内にいる「原始的な人びと」への国際的責任を自認するようになり、アボリジニの立場についての関心は高まっていった。このような流れに人類学も呼応する。1923年の太平洋科学会議の推薦によって、1925年にシドニー大学にオーストラリア最初の人類学部が設立され、翌年から組織的に教育、調査が開始された。その調査は大部分がオーストラリア国内でのアボリジニを対象としたものであった。オーストラリア国立調査審議会は潤沢な調査費用を提供し、組織的な調査を可能にした。調査から戻った人類学者たちは、アボリジニの人間性、知性の高さを世に伝えた。エルキンの著作はこのような社会的文脈のなかで出版された。人類学者のアボリジニ文化についての発言は、新聞や講演などを通じて、一般に広まり、世論の動向に影響を与え、アボリジニの文明化をめざした同化政策がとられるようになる。1937年には、混血アボリジニを主流白人社会に同化させていく一方で、純潔のアボリジニを絶滅から救うために、自由な開拓を禁じた広大な保護区が設定されることになった。

　1940年代になるとアボリジニの問題は、しだいに全国的な事柄として扱われる場面が増え、国際的な視線もさらに強く意識されるようになった。この時期、人類学部が、シドニー大学以外の大学に設立されていった。1949年にはオーストラリア国立大学、1956年に西オーストラリア大学、1963年にモナシュ大学、1957年にクイーンズランド大学にそれぞれ人類学部が設立された。また、人類学者たちがアボリジニのおかれている状況の改善には、専門の研究所が必要であると訴えた結果、アボリジニ文化・社会の多様な側面の調査、

研究、出版のための組織として、1962年に、オーストラリア先住民研究所がキャンベラに設立された。こうしてアボリジニに関する多方面にわたる調査の蓄積が重ねられることになった。

　政治の場面では、アボリジニの利益を守るために、連邦によるアボリジニについての政策決定が求められるようになっていった。1967年の国民投票によって、アボリジニは国勢調査に加えられることになり、このことによって、彼らが連邦の正式成員であることを認められたことになったとともに、アボリジニにかかわる法律については、連邦がその決定権を持つことが定められ、アボリジニはオーストラリア国家の市民として扱われることとなったのである。

　このように見てくると、人類学はアボリジニをとりまく社会的状況の変化に密接に絡み合っており、アボリジニについての理解を広げることに貢献してきただけでなく、彼らの社会的な立場を変化させるような世論に影響を与えてきたといえるのである。

## 二　白人系オーストラリア人のための初版

　1938年に出版された初版の序文で、エルキンはこの本が対象とする読者は白人系オーストラリア人であるとし、アボリジニをよりよく理解することを助ける目的で書いたと述べている。「この本は、我々のアボリジニに対する態度、扱い、彼らのための仕事の助けとなるような理解に貢献するもの」であるとし、一般大衆、アボリジニにかかわって働く行政官やミッショナリー、そして大学の学生と研究者を、具体的な読者として想定している。当時のオーストラリアにおいては、アボリジニは劣った人種であり、進化のもっとも遅れた位置にあるという理解が一般にされていた。それに対して、ア

ボリジニは独自の複雑な社会組織をもち、豊かな精神世界を持つ存在であること、それを白人が理解することが大切であることを訴え、人びとを啓蒙しようとする著作であった。

先にもふれたように、この本は幾度も重刷され、広範な読者によって読まれ、アボリジニついての白人系オーストラリア人の理解に影響を与えた。序論では、複雑なアボリジニの文化的世界をあきらかにしようとしているために、表面的、記述的な内容にはとどまらないことを断った上で、アボリジニの理解には、彼らの社会組織、法律、儀礼、哲学を十分理解することが必要と強調している。

初版は10章からなっていた。第1章は「アボリジニとその生活様式」で、アボリジニの形質的特徴とオーストラリアへの移動経路について、および彼らの自然の知識と物質文化、狩猟技術について序論的に述べられている。第2章以降が本論である。前半は社会組織に記述が割かれている。第2章の「大地とアボリジニ」で部族組織について叙述したのをはじめとして、第3章「家族とその他の社会関係」、第4章「社会集団」、第5章「我々を惑わせる親族と婚姻の慣習」という4つの章をついやして、アボリジニの複雑な社会組織について詳細に述べている。後半のテーマは神話的世界観である。第6章「トーテミズム――人間、自然と過去」、第7章「儀礼生活と加入儀礼」、第8章「アボリジニの哲学、儀礼、信仰」、第9章「メディソン・マンと魔術」、そして第10章「死とその後」という4つの章で、アボリジニの信仰と世界観、儀礼などの記述を通じ、アボリジニの独特の世界観を明らかにしている。

この構成は、当時のオーストラリアの典型的な民族誌の傾向を反映したものといえる。アボリジニの人類学的研究は、特にその初期、ラドクリフ＝ブラウンの影響もあって、構造機能主義人類学*の傾向が非常に強かった。ラドクリフ＝ブラウンはシドニー大学の人類学

部で初代主任教授(1926〜31年)であり、エルキンの前任者である。彼の実証的な構造機能主義は親族組織の研究に重点を置くものであることは有名である。特にアボリジニ社会では多様な親族組織が見出され、いずれもがそれぞれ複雑な規則をもっていた。そのため婚姻規則、出自規則、家族形態、居住形態、地域年齢集団の組織、親族姻族にかかわる習慣などの、社会組織にかかわる事柄が注目され、広範に調査研究が行なわれたのであった。

　社会組織とともに注目されたのは、アボリジニに独自な彼らの哲学ともよべるような神話的世界観であった。アボリジニは独自の世界観にもとづいた、豊かな神話世界、儀礼生活を展開する。そもそも、彼らの宗教は、人間の宗教生活の原初的形態を表すものとして重視され、トーテミズム、儀礼の内容についての研究が行なわれた。こうした興味から彼らの超自然的で魔術的な病気治療などの実践、死後の世界についての観念なども調べられた。その独自性ゆえに、彼らの自然とのつながりについての概念、儀礼生活の内容などについても、広範に調査研究が積み重ねられてきたと言える。

　これ以外の研究分野としては、自然人類学的興味に基づく研究も多かった。アボリジニがこの大陸にやってきた移動経路、彼らの人種的系統など、考古学的な興味に基づく研究も注目された。それらの研究全体に共通しているのは、その基底に、「アボリジニは人類のもっとも古い人種なのか？」という問いがあったことである。これらの調査が広範に重ねられた分野に比べて、狩猟採集民族であり、独特の自然環境のなかで生活を送ってきたアボリジニであったにもかかわらず、彼らの物質文化や生態的実践などについての調査はあまりなく、当時の民族誌のいずれをみても、これらの点については、前書き的にだけ触れられている程度である場合がほとんどである。このように総体として、エルキンの『オーストラリア・アボリジ

ニ』は、20世紀前半のオーストラリアのアボリジニ研究のあり方を典型的に反映したものであったといえる。

エルキンは、1927〜28年に西オーストラリア北部、キンバリー地域で12ヶ月間、1930年にはオーストラリア内陸部でやはり12ヶ月間のフィールドワークを行なっており、これらの調査データを基礎としてこの本は書かれている。それに加えて、広範な文献調査を行ない、オーストラリア全体のアボリジニについて叙述しているのである。つまり、この本は600部族あるアボリジニの特定の一部族についての民族誌なのではなく、オーストラリアの先住民全体の文化的特徴についてまとめて述べたものなのである。オーストラリアにおいては、こうした著作は決して珍しいものではなかった。同じ時代であってもワーナーの著作のように特定の部族についてのみ書かれたものがある一方で、先に触れたスペンサーとギレンのものも中央砂漠の複数の部族のことをまとめてのべているし、バーント、マドックの著作も同様である。こうした全体をまとめた形でのアボリジニについての著作は、アボリジニ文化を統一性のあるものとする前提が共有されているのであり、その意味でもこの著作は、当時のオーストラリアでは平均的な民族誌の形をとっていたといえる。


## 三　新たな読者、アボリジニ

エルキンのこの古典的な仕事は、1954年に第3版が出される。この時、主にアボリジニの芸術にかかわる2つの章が加えられた。儀礼にかかわって行なわれるアボリジニの芸術的表現は、しだいにアボリジニ文化の特徴的なものとして広く注目されるようになっていったのだが、エルキンはいち早く、アボリジニの絵画、彫刻などの

芸術的表現および、音楽と踊りの多様性に注目し、その内容と儀礼とのかかわりをあきらかにしている。

この版で加えられたもう1つの章は、「前進中のアボリジニ」と題された最終章であった。これは、市民権というゴールに向けて「前進中」のアボリジニを意味したタイトルであったことを、彼は第6版で述べている。この章では、白人が入植してきて以来のアボリジニとの接触を概観し、対アボリジニ政策の変化とそれに対するアボリジニの対応の変化を歴史的に検証している。この章はその後、改訂の度ごとに時代の変化にあわせ、書き加えられたり書き換えられたりしている。そして、最終の改訂となった1979年の第6版では、それまでの40年から50年間のあいだにアボリジニをめぐって起きてきた変化がいかに大きいものであったのかを述べ、1979年の段階でも彼らは前進しているが、その進展はめざましく、アボリジニが独立した市民として権利を享受する入り口に立っているとのべている。

この章が書き加えられ、その叙述が後の版ごとに変化していることにも現れているように、この著作は1950年代から新たな読者としてアボリジニの人びとを含めるようになり、その社会的状況を反映して、改版が重ねられたのである。エルキンは、特に白人との接触の歴史のなかで、「文化的遺産の基本的なものを失い、文化的伝統から切り離された混血をふくめたアボリジニの人びと」を読者として想定している。彼らが自分たちの文化についての自信を取り戻し、現実の問題に立ち向かう基礎を得ることを目的として、積極的にこの本を利用することを期待するとしているのである。第5版と第6版の序論では、特にこの版を、自己のアイデンティティとオーストラリアの市民権を模索するアボリジニの人びとにささげると述べている。

こうして読者としてアボリジニの人びとを対象としたことは、こ

の本の各章の構成や書き方にも変化を及ぼしている。かつての第1章は2つに分けられ、アボリジニの人種的特徴と移動についての章と、自然利用技術についての章が独立し、内容は豊かになった。第3章から第6章までの4つの章は、社会組織についてであり、基本的に変化はない。その後に続く精神生活にかかわる章も基本的には同じものが使われているが、構成と内容には若干変化がある。第7章のトーテミズムに続く第8章「儀礼生活と加入儀礼」には、あらたに女性の儀礼生活についての記述が加えられた。そして、「メディスンマンと魔術」、「死とその後」の章の前に、先に述べたように第10章に「芸術と儀礼」、第11章に「音楽と儀礼」が入り、最終章の「前進するアボリジニ」でまとめられている。

　特に第8章の変化は、オーストラリアの人類学の変化を的確に反映したものといえる。1970年代、オーストラリアではフェミニズム人類学が興隆し、アボリジニの女性についての記述が大きく書き換えられた。なかでも、女性の儀礼や精神生活についてのかかわりについての認識は大きく塗り替えられた。エルキンは、シドニー大学教授として、当時女子学生たちにさかんに女性のことを調べるよう薦めていた。このような社会状況を反映して叙述の変化があったと考えられ、オーストラリア人類学の動向を伝えるものとして注目できる。このように見るとエルキンの著作の改訂は、社会や人類学の動向に敏感に反応して行なわれてきたことがわかるのである。


## 四　現在の人類学と先住民

　1980年代以降、アボリジニをとりまく状況はさらに大きく変化した。それは、基本的には彼らの権益を大きく広げるような変化であ

ったといってよい。1988年は、オーストラリアへの最初の移民船到来から200年の記念の年にあたった。多彩な祝賀行事が行なわれる一方で、建国の歴史の汚点としてのアボリジニの問題に全国的な関心も集まった。1992年から2001年にかけて「和解委員会」が組織され、アボリジニと主流社会との関係を正し、国家としての新たな未来を切り開こうとする動きもあった。このような社会的な状況のなかでアボリジニをとりまくオーストラリア社会の環境は大きく変化してきたのである。

こうした変化は一方で、国際社会での動きと連動していることが指摘できる。1980年代から、国連では世界の先住民の権利擁護のための委員会が動いていた。そして1993年は国際世界先住民年、1994年から2004年を国際世界の先住民10年として、国際的な場面で先住民への差別的扱いの撤回、土地権をはじめとする先住権の擁護を目指して、多様な活動が展開されてきた。この時期に起きたことは、「先住民」という新たな民族枠組みを現実のものとして国際社会が共有することだったといえるだろう。オーストラリアも確かにこの動きに影響を受けてきたと言ってよい。

アボリジニにとっては先住民としての土地権への訴えがもっとも大きな主張の1つであった。1960年代から土地権訴訟が繰り返されてきたが、1992年には、最高裁判所はアボリジニの先住権を始めて認める判決を出した。1993年に先住権原法が制定され、土地審判所が整備された。アボリジニの人びとは先住権認定を受け、補償を受け取る可能性を持つことになったのである。

1980年代以降のオーストラリアにおける人類学は、このような動向を反映して動いてきた。社会組織、神話的世界観の研究蓄積の厚さを基礎としながらも、特に1990年代からは市民権、土地権、先住権にかかわる研究が増加した。人類学者の多くは、アボリジニのグ

ループが申請する先住権申請の裁判のための調査を行ない、証人としてかかわるようになった。キャンベラにある国立の先住民研究所には、先住権原調査部局が設立された。ここでは、先住権の申請のための調査や、それにかかわる問題を扱っている。アボリジニの土地権、先住権にかかわる調査は、社会問題に実質的な貢献をもたらしうるテーマであり、アボリジニの権利擁護にもつながる。特にポ*ストコロニアル批判にさらされている人類学において、こうした側面が注目されたことは当然ともいえるだろう。

さらに現在、アボリジニの研究では、先住民的知識にかかわる問題が新たに1つの大きなテーマとなってきている。開発や自然環境保護のなかで、アボリジニの言語、環境、歴史などの伝統的知識を生かす方法や、国立公園運営におけるアボリジニの知識の生かし方など、現実社会の状況に対応した研究が注目されている。それと同時に、彼らの伝統的な知識についての著作権など、彼らの権利保護の問題も議論されている。これらもまた、国際的な場面で先住民をめぐって注目されている問題でもある。

最初に述べたようにオーストラリアの人類学は、応用人類学的傾*向が顕著である。そして現在の人類学研究の動向にもそれは明確に見られる。しかし古典といえる民族誌にみられた変化と現在の人類学を概観してみると、それはけっして特に新しい動向とばかりはいえないことが明らかにできたと思う。オーストラリアの人類学は、その初期から社会に密着し、アボリジニの置かれた状況の変化に敏感に対応し、同時にその変化に影響をあたえてきた。現在の人類学的営みは、古典における人類学の応用的実践を踏まえて成立してきたものといえるだろう。現実社会への応用的な対応は、オーストラリア人類学の歴史のなかでつちかわれた「伝統」と呼ぶことができるのである。

**参考文献**

窪田幸子 「この土地は私のものではない、この土地は私そのもの——オーストラリア先住民の権利回復の背景」山本・須藤・吉田編『JCAS連携研究成果報告6 オセアニアの国家統合と地域主義』 国立民族学博物館地域研究企画交流センター，2003年．

Bell, D., *Daughter of the Dreaming*. Melbourne and Sydney: McPhee Gribbleand George Allen and Unwin, 1983.

Berndt, R.M. and C. Berndt, *The World of the First Australians*. Canberra: Aboriginal Studies Press, 1999(1964).

Cheater, C., "The Myth of the Universal Woman," *Olive Pink Society Bulletin*. 10(1), Olive Pink Soceity, 1998.

Elkin, A.P., *The Australian Aborigines*. 2nd ed., Sydney & London: Angus & Robertson Publishers, 1943(1938).

―――― *The Australian Aborigines*. 6th ed., Sydney & London: Angus & Robertson Publishers, 1981(1979).

Fisson, L. and A.W. Howitt, *Kamilaroi and Kurnai: Group Marriage and Relationship and Marriage by Elopement*. Melbourne: George Robinson, 1880.

Maddock, K., *The Australian Aborigines*. Sydney: Rigby, 1971.

Spencer, B. and F.J. Gillen, *The Native Tribes of Central Australia*. New York: Dover, 1968(1899).

ジェンダーのしかけ
# 女性

山本真鳥

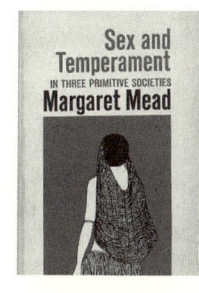

マーガレット・ミード
『3つの未開社会における性と性格』

マーガレット・ミード
『男性と女性』

　アメリカ人類学の父フランツ・ボアズに師事し、創成期に活躍したマーガレット・ミードは、1926年からサモアやメラネシア各地、およびバリ島などで調査を行なった。専門書から啓蒙書まで多数の出版、一般雑誌への連載など幅広い著作活動で知られる。文化相対主義は研究の前提であり、人間性の普遍と差異を探る手段として未開社会の研究を位置づけていた。「文化とパーソナリティ」学派に属し、心理学的手法を重視した。

　ミードは「ジェンダー」の語を用いなかったが、ジェンダーの概念に相当する問題には早くから興味を持っていた。有名な『男性と女性』の前に書いた『3つの未開社会における性と性格』(1935年)は、ミードが1931年から33年の間に調査した、ニューギニア島セピ

ック川流域のモンドグモール、チャンブリ、アラペシュの3つの社会で、我々が男女の違いによるとする性格(性向)の相違が普遍的かどうかを検証した著作である。その後、戦後の1949年、彼女のすべてのフィールド(上記社会に加え、サモア、マヌス、イアトムル、バリ)の経験から『男性と女性』を執筆した。

この章では、ミードのこの2つの著作を検討し、ジェンダー研究の分野でのミードの先見性と限界を検討する。

## 一 「ジェンダー」という用語

「セックス」が生殖にかかわる生物学的な性や性別の意味で用いられるのに対して、「ジェンダー」は文化的、社会的、心理的性差として用いられる。身体の構造上の違いがセックスであるのに対し、ジェンダーは社会が規定している性差であり、社会規範として存在するものであるとされる。

ジェンダーという語はもともと、言語学上名詞や動詞の性の差異を示す語として、さらにそれが転じてセックスの婉曲語として用いられていた。性差の意味をもつ語の「ジェンダー」としては、一般にはアン・オークリーの『セックス、ジェンダー、社会』(1972年)が初出であるとされているが、ジョン・マネーなど臨床心理学の人びとはそれ以前から仲間内で用いていた。この語はたちまち全世界で一般に用いられるようになり、現在この語なしに男女の問題を組み立てて論じることは不可能なぐらい一般化されている。

ミードは、オークリーの遙か以前に書いたその主著のなかでジェンダーという語を用いることはなかった。伝記の著者バナーは、1931年にニューギニアでミードはシドニーから来た女性記者に「ジ

ェンダー意識」という語を教えられたが、グレゴリー・ベイトソン（当時同じセピック川流域のイアトムル社会の調査を行なっていた人類学者。この後ミードの夫となった）が「曖昧な概念である」と批判したために使用しなかったという。彼女は、一貫して「性役割（セックス・ロール）」「性の性格（セックス・パーソナリティ）」などを用いている。今となっては「セックス」は生物学的意味に特化しているが、ミードの時代にはもっと広い意味をもっていただろう。

## 二 『3つの未開社会における性と性格』
### ——素朴なジェンダー比較論

　この書は、ニューギニア島セピック川流域の3つの社会を取り上げ、我々の社会で男女の違いとされるような性格(性向)の相違が普遍的であるかどうかを検証している。1931年より2年間、ミードは当時の夫であるレオ・フォーチュンとこの地で調査を行なった。セピック川はマラリア蚊のはびこる地帯でワニもいる。この地域には部族を異にするパパア人の集団が無数に存在していた。

　モンドグモール社会は、当時人口数千人。首狩りの慣習をもち、過去には食人も行なっていたらしい。複雑な親族体系により一家族が異なる親族集団に帰属するため、夫婦仲が悪く互いに攻撃的。母親が子供を大事に育てず、いわゆる母性愛は希薄。半農半猟で、女性と少年がサゴでんぷん採取と漁労。男たちは戦闘に明け暮れる。飢えと直面する厳しい生活。男女ともに攻撃的で、合衆国では男性らしいとされる性格を男女ともにそなえている。

　アラペシュ社会は焼畑農耕を行なう。食糧不足が生活につきまとう。男女ともに温和で協力的、穏やかで好感のもてる性格。サゴで

んぷん採取と漁労を行なう。一夫多妻婚。平和愛好、暴力嫌い、競争のない社会。穏やかな性格はこの社会では男女ともに賞賛され、アラペシュ人は男女ともに、合衆国では女性的と考えられる性格であるという。

チャンブリ社会は人口500人程度で、チャンブリ湖内の小島の3つの集落に住む。男性は仮面づくりや儀礼、踊りに明け暮れ、自らを飾り立てている。飾り気のない女性たちは主に漁労と蚊帳を編む作業に従事。女性が交易を行ない、主たる食料獲得者。男性は責任感が薄く、情緒的に女性に依存。一方女性は支配的、公平、起業家精神に富む。父系制、一夫多妻婚であるが、女性が力をもつ。ミードはこの社会では男女の役割分担が合衆国社会と反対で、男性が女性らしく、女性が男性らしいとする。

この書の結論は、我々が近年のジェンダー研究で到達したものと似ている。すなわち、男らしさ、女らしさというのは文化により異なるということだ。ニューギニアの3つの未開社会のうち、モンドグモールは合衆国では男性的とされる性格を男女ともに備え、アラペシュは女性的とされる性格を男女ともに備え、チャンブリでは合衆国での男性的性格と女性的性格が逆さまとなっている。今日的な言い方をするならば、性格のなかの男性らしさ、女性らしさ、というのは文化的に構築されたもので、人類に普遍的なものではないということになる。しかし、この3つのバリエーションはあまりに図式的な証明ではあるまいか。実は当時からも、これがあまりにミードに都合よく導き出された結論であることを指摘する人びとが数多くいた。『3つの未開社会における性と性格』の1950年版の序文には、そこが人類学らしい研究なのであるといった弁明が記されている。

さて、「らしさ」の問題は、通文化研究に委ねられたときにとて

も難しいものとなる。というのは、調査者の所属する社会の「らしさ」が、調査者が判断する「らしさ」に反映してくるので、当該社会内の規範に照らした「らしさ」を十分に検証しきれないからである。

　この書は、大変大胆な仮説を論証した書で、このミードの議論を好ましいと考える人びとはこれを歓迎した。そうした受け入れられ方自体、大変人類学的である。対象は近づくのがきわめて難しい数百から数千人程度のごく小さいコミュニティであり、調査した人類学者しか知らない。人類学者が提示した「事実」をほとんどの読者は受け入れるしかない。珍しい民族として文明社会に紹介された「彼ら」も、人類学者が何を書いたか読むことができないので、それを否定することもない。ミード以外に誰も観察のできない事象によって「論証」された「事実」は、その結論を好ましいと思う別の著者によってあちこちに引用される。彼女自身が著名になり権威となることで、その傾向はますます助長された。

　サモア人のセクシュアリティに関するミードの記述の信用度は、1980年代に欧米の学会で大きな問題となるが、そのときには、発刊当時英語の本を読むと想定していなかったサモア人自身が『サモアの思春期』を読み、反論するようになってから久しい時間が経過していた。しかし、さらに小さなコミュニティであるこれら「3つの未開社会」は、彼ら自身の反論も現在に至るまで出てきていない。

　デボラ・ゲワーツは1974〜75年にチャンブリ社会の調査を行なうが、その結果から彼女はミードのこの著名な著書とは異なる結論を導き出している。彼女はミードの結論を鼻から否定せずに、ミードの結論は歴史的な経緯などから無理がないと述べつつ、実際のジェンダー関係は女性優位ではないと明言した。またナンシー・マクドウェルはミードとフォーチュンのフィールドノートや二次資料を

駆使して、ミードが想定した「モンドグモール社会の家族を二分する親族構造」は彼女の読み違いであったことを証明している。

## 三 『男性と女性』——「らしさ」から「役割分担」へ

　14年後に執筆された『男性と女性』は、ミードの先の業績『3つの未開社会における性と性格』の延長上にあると考えられがちであるが、必ずしもそうではない。全体は4部からなり、序説を除けば「肉体のありかた」と「社会の諸問題」、「現代アメリカにおける両性」で構成されている。「肉体のありかた」では一見セックスに分析が集中しているように見えるが、むしろ、「らしさ」を現地社会の基準に基づいて考えようとする努力が感じられる。

　『男性と女性』の「性と気質」の章は、個別社会での「男らしさ」「女らしさ」が外部の人間にどう見えようとその社会内部での基準というものがあることを強調している。そして身体的条件が「らしさ」の基準のなかに含まれるものの、その基準が幅をもっていて各社会にある程度の許容性があると述べている。ここには、前作で展開された3つの未開社会の「らしさ」の問題は陰を潜める。その他の章でも、ミードはいわゆる主観的な「らしさ」や「性格」よりも、男女の役割分担の分析を行なっている。その点で、前作とは大きな開きがある。役割分担は、「性格」と違って比較的客観的に検証が可能である。また、役割分担に立ち入ると、両性ともに男らしいとか、両性ともに女らしいといった議論は陰を潜める。男女間の役割分担は最も基本的な社会内の分業として、いずれの社会にも存在しているのである。

　一方で、ミードは人間の生物学的側面にも注視している。このこ

とを反映して、ミードは女性と出産の切っても切れぬ関係をその著書のなかで次のように記している。

「妊娠と出産は、死そのものと同じほど強固な生命の条件である。女の一生のリズムと調子を合わせるのは、生命そのものと調子を合わせることである。人為、人工的で、おそらくすぐれて美しい文明の命令に従うよりも、からだの命令に従うことによって調子を合わせることである。」

妊娠・出産を通して母になることが女性にとりきわめて自然に生じるのに対して、父となることは社会的な発明であるとミードは述べている。女性の人生は妊娠・出産に重点が置かれているが、男性についてカーブは逆である。女性が母親となるのに疑問の余地がないのに対して、男性が父親であるというのは社会的発明であるとミードは考える。だから「男性は自分が男性であることを再び断言し、再び企画し、再び定義しなおさなければならない」。

そして、以下の議論が導かれる。

「すべてこれまでの人類社会では、男性の、業績をあげる必要性がみとめられてきた。男は料理もし、糸もつむぎ、人形に着物をきせ、はちどりを狩りしてもよい、けれどもそうした行動が男にとって妥当な職業であるときに、それを全社会は、男女ともに、重要な職業ときめる。もし同じ職業が女のすることであれば、それは重要性が少ないとされる。人間の多くの社会で、男性の性的役割(sex-role)の確実性は、女性が実行することを許されないような、ある種の行為を行なう権利と能力にむすびつけられている。事実、彼らの男性たることは、女性を何かの分野に入ることや、何かのわざを果たすことから妨害することによって保障されねばならないのである。すなわち、すべての女たちのもつ特権をしのぐ特権が必要なのである。」

このように男性ジェンダーの社会内での優位性を示す箇所は前作には見られなかった。これは一見フェミニストとして後退のようでもあるが、その実、男性優位の由来に関する近年のフェミニスト人類学での議論のさきがけともいうべき言及を行なっているのである。

　ミードは「らしさ」ではなく「役割」に焦点を絞った結果、自分の主観的な価値ではなく、当該社会のものの見方に照らす、本来ならば人類学者すべてに課せられた課題に忠実な手法に立ち戻ることができた。女性たちに食糧生産を委ね、お面をつくり、儀礼や踊りに熱をあげるチャンブリの男性たちを、おそらくミードは「男らしくもない情けないやつら」と思ったに違いない。前作の行間からはそのような雰囲気を十二分に感じ取ることができる。しかし文明社会から来た人類学者にどのように映ずるかは実は問題ではなく、当該社会の価値体系のなかでどう受け止められるかを知る必要がある。そこに立ち戻ったとき、ミードの観察はフェミニズム的見地からは一見「後退」したかのように見えつつも、人類学としてしかるべき形を整えたといえよう。すなわちチャンブリ社会では、男性のお面作りや儀礼はそれなしに社会が成り立たない重要な役割だったのである。

　さらにこの書の目的は現代社会で男女の問題をどう扱っていくべきかという指針を示すことであり、前作に比べ遙かに社会工学的主張をもって書かれている。最終章「現代アメリカにおける両性」の主張は、「それぞれの性のすべきことを定めた役割分担は、未開社会ばかりでなくアメリカにも社会に深く根ざしたモラルとなり、役割分担に基づく教育が行なわれている。しかし、それによって能力を閉ざしてしまってはいけない。現在、女性は仕事をもって男性と同じように生きるか、結婚して子どもを産み家庭に閉じこめられるかのどちらかの選択肢しかないが、それはおかしい。子どもを産ん

で女性としてのライフコースを進みながら仕事もできるような世の中を作るべきである」ということになる。

　ミードは男女の特性の違いを認めており、その特性を互いに生かすことを推奨する一方で、過度のステレオタイプ化により女性の可能性が阻まれることに警告した。当時アメリカ女性には、結婚せず男性のように職業につく道が存在したが、結婚し子供を持つという選択とは両立させることができなかった。そしてまた、職業についた婦人も決して高い地位は約束されていないとミードは述べている。

　ミードの先輩であるルース・ベネディクトは、子どものないまま長らく夫と別居して研究を続けていたが、その間コロンビア大学でほぼ無給に近い地位におかれていた。また、ミード自身も、南太平洋のような遠隔地に調査に行くことを師ボアズが許したのは、健康上の理由から子どもをあきらめたためであるという。セピック流域から帰国後、危険を顧みず出産するが、そのときミードは既に著名な人類学者となっていた。当時では例外的な存在であるといえよう。この主張は働く現代のフェミニストにすれば当たり前だが、当時は大変斬新な主張であった。


## 四　ジェンダーの非対称性

「らしさ」をとりあげて論じた『3つの未開社会における性と性格』は、当時からあまりに都合のよい結果であると批判があり、その一部は50年後に実証的に誤りであるという検証結果が出ている。「らしさ」の議論では、絶対的ものさしとしてアメリカの男女がとりあげられているために、調査者の主観が入りやすい。おそらくミードが自分の議論に都合のよい結果をでっちあげたというわけでは

あるまい。主観に照らしてそのような結果が出たとしても驚くには当たらない。ミード自身、男性と同じように研究し同じように調査してきた女性でありながら、現代から見ればある種保守的なモラルをもっていた。『男性と女性』には「世界じゅうでわかっている人間社会のどこにおいても、若い男性が成長して、社会の完全な一員になるためにしなければならないことのひとつは、女とその女の子どもを食べさせることである」という箇所がある。いくつかの保留をしつつも、男性が女と子どもを養うというテーマはこの本のなかで繰り返されている。

　訳者あとがきには、田中寿美子(訳者)に「ああ、あなたがマッカーサーの指導するデモクラシー(このことばにとくに力をいれた)の産物の日本官僚ですか？　婦人の地位の向上なんてあまりさわいで、日本の家族制度のもつ安定性をこわすのは感心しませんね」と語ったそうだ。結婚と離婚を3回繰り返した人とは思えない発言であるが、『男性と女性』では、家庭の大事さが幾度も強調されている。しかしそうした矛盾は、フェミニズム以前の時代を生きたフェミニストとして無理もないものだった。

　さて、ミードが『男性と女性』で示した、男性に割り当てられた性役割は、それが何であれ社会のなかでは評価される仕事・業績となる、という命題は、今日の人類学におけるジェンダー研究が、「ジェンダーの非対称性」という名で再び見出した問題でもある。男女の間の権力の配分の不均衡はさまざまな規模の社会に一般的に見出されている。その由来や原因について70年代以降フェミニスト人類学は議論を重ねてきた。先駆者ミードは、男性の陰謀であるといわんばかりのボーヴォワールほどの明言(『第二の性』)を避け、女性の妊娠・出産に対して男性のあげるべき業績を対置したのみである。このテーマに関しては、シェリ・オートナーの「男は文化で、

女は自然か？」といった議論や、ミシェル・ロザルドの女性の活動が家内的(ドメスティックな)領分であるのに対し男性のそれが公的(パブリックな)領分に向かうといった観察がフェミニスト人類学の文脈で70年代には盛んに議論された。

オートナーは、女性の身体的条件そのものというよりは身体的条件に由来するさまざまな女性特有の行動様式から、女性が自然に近いものとして認識されるゆえんを示す。あくまでも自然に近いからではなく、自然に近いと認識されている、というのがオートナーの議論である。一方ロザルドは、女性が出産・育児を担うためにその活動が家内的領域に限られるのに対し、男性の活動は家族をこえた政治活動にも向かうという指摘をしている。

ジェンダーの非対称性は、ジェンダー役割に関してだけでなく、母系制*という出自システム*が世界中でマイナーな存在であることにもあらわれている。母系制のパラドクスという語が示すように、母系システムが女性の親族集団内での権力に結びつかないことはジェンダーの議論が始まる以前から明らかにされていたことである。

家内的対公的の分類基準は曖昧であるという指摘もあるが、家族間、親族集団間の利害調整の場面を公的とするならば、そうした場面に女性が出て行くことが少ないことを前提として、女性はこれまで表に出ないで力を及ぼしてきたと考える人類学者もいる。いわゆる「舞台裏の権力」として、女性は夫や息子等を通じて糸を引いているというのだ。公的手段で権力を振うことはできないが、非公式の手段で力を及ぼしている、というわけだ。いずれにしても「ジェンダーの非対称性」をどう考えるべきかについては、さらに議論が必要である。

しかしドグマチックな「ジェンダーの非対称性」の問題に深入りしないまでも、ともかくも女性を研究することによって大きく人類

女性　115

学は変わってきた。1970年代後半に至るまで、女性はほとんど研究対象とはならず、＊インフォーマントにもならなかった。その結果、社会は常に男性の目から語られてきたという反省がなされている。今日女性に焦点を当てた調査や、女性の視点を生かした研究が進んできて、社会像には修正が加えられつつある。

**参考文献**

アードナー，エドウィン，シェリ・オートナー他 『男が文化で、女は自然か？』(山崎カヲル監訳) 晶文社，1987年．

上野千鶴子 『女は世界を救えるか』 勁草書房，1986年．

窪田幸子 「文化人類学とジェンダー研究」山本真鳥編『性と文化』 法政大学出版局，2004年．

須藤健一 『母系社会の構造——サンゴ礁の島々の民族誌』 紀伊國屋書店，1989年．

ミード，マーガレット 『男性と女性』(上・下)，(田中寿美子，加藤秀俊訳) 創元社，1961．

——— 『女として人類学者として——マーガレット・ミード自伝』(和智綏子訳) 平凡社，1975年．

山本真鳥 「反植民地主義のセクシュアリティ——サモアにおけるフリーマン対ミード論争」『社会人類学年報』 20巻，1994年．

Banner, Lois, *Intertwined Lives: Margaret Mead, Ruth Benedict, and Their Circle*. New York: Alfred A. Knopf, 2003.

Gewertz, Deborah, "A Historical Reconsideration of Female Dominance among the Chambri of Papua New Guinea," *American Ethnologist*, 8(1)

McDowell, Nancy, *The Mundugumor: from the Field Notes of Margaret Mead and Reo Fortune*. Washington, D.C.: Smithsonian Institution Press, 1991.

Mead, Margaret, *Sex and Temperament in Three Primitive Societies*. New York: Morrow, 1935.

Oakley, Ann, *Sex, Gender and Society*. New York: Harper, 1972.

文化は個人をどう成型していくのか
# 子どもと若者

箕浦康子

マーガレット・ミード
『サモアの思春期』

## 一　子どもの文化人類学研究の出発点

　文化は個人をどう成型していくのかを問うことのなかから、子どもや若者を研究対象とする機運が文化人類学のなかに生まれ、後に「文化とパーソナリティ」学派と呼ばれるサブフィールドが、アメリカ人類学のなかに成立してきた。そうした研究のさきがけとなったのが、マーガレット・ミードの『サモアの思春期』である。彼女が、1925年にサモアに出かけたのは、思春期には心身の発達のバランスが崩れ、疾風怒濤の時期を迎えると西欧ではいわれてきたが、これはどの程度人類に普遍的な現象かを調べる必要があると師のボアズが考えたからであった。アメリカ文化人類学の父といわれるボ

アズは、1910年頃より、文化のダイナミックスや文化の統一性、個人と社会の相互作用の問題を強調し始めていた。このボアズの考えを受けて、文化がその成員にどのような影響を与えるかを精力的に研究したのが、彼の弟子であるベネディクトとミードである。

ミードは、8歳から20歳までの50人の娘との面接やサモアの社会生活全般についてのフィールドワークから、サモア諸島では思春期の情緒的ストレスは最小のもので、自由で開放的なセックスを楽しんでおり、思春期はもっとも平穏な人生の時期で、疾風怒濤の時代ではないと報告した。ミードは、サモア社会を他の社会でよく見られるような思春期の疾風怒濤がない否定事例として記述することで、「氏か育ちか」の論争において、「氏」である生物学的素因に対する社会文化的刺激という「育ち」の優位性を主張するのに決定的な貢献をした。思春期の成長を葛藤の少ないものにしているのは、サモア社会全体を覆っている気楽さ(ease)であった。例えば、性格の相違は気楽に住居を変えうる社会システムがあること、また、性関係も気楽なものとして受け入れる文化的メンタリティを人びとが共有していることなど、「人間性のうち粗野で不穏な側面を、心地よく無害なものに変えるきわめて好ましいやり方」があるのがサモアの社会とミードは描写した。サモアの社会とそこでの思春期の研究から、いままで不可避として語られてきた思春期の疾風怒濤は、生物学的に規定された必然というより、欧米社会の文化的要因によって作り出されたものと結論し、社会文化システムを変えれば、情緒的ストレスの生起を軽減できるという立場で啓蒙活動をした。

ベネディクトは、人間の行動はほとんどが文化的に条件づけられたもので、いかなる文化においても、人間行動のあらゆる可能な形式のなかから、ある部分が望ましいものとして助長され、他のものは抑制されると考えた。ある特定文化のなかで育つうちに、個々人

は自分の文化が良きものとしている部分を受け入れる。この選択的文化化のプロセスは、ミードやベネディクトの時代より今日まで、子ども期への文化人類学的接近の中心的課題として継承されている。しかしながら、ある文化の支配的な価値に着目して、文化を「大きく書かれたパーソナリティ」と見なし、個々人が自分の文化の写し(replica)を社会化の過程で獲得するというベネディクトらの考えは、同一文化内に見られる個人差への考慮がないと批判された。また、サピアは、1932年に発表した論文で、個々人が自文化の人びととの交渉を通じて自己の内に取り込んだ意味の世界と、個人の外にある文化は、同一でも相似でもないことをつとに指摘しており、文化のレプリカを育ちの過程で身につけるというミードらの考えには同調しなかった。

「文化とパーソナリティ」学派といわれる多くの人類学者は、第二次世界大戦中、アメリカ政府の政策要請に応えて、歴史学・社会学・政治学・心理学の専門家らと一緒に「国民性研究」プロジェクトに参加し、自国民・同盟国・敵国の研究に従事した。ベネディクトの『菊と刀』はこの時の産物である。政策要請に応じた研究への関与は、人類学者が近代社会に関心を向ける契機となったが、複雑な近代国家の諸問題を個人の心理レベルに還元・単純化しがちといった非難を受けた。

しかしながら、1960年代には個人と社会の相互関係を研究する分野は、パーソナリティへの関心固着状態から脱し、認知発達・学習と教育などの心理過程全般に関心を拡げ、心理人類学へと変貌を遂げた。成立当初から「文化とパーソナリティ」分野は、精神分析学の影響を深く受けていたが、1960年代のアメリカで行動主義と結びつき、精神分析的行動主義といわれる一連の研究を生み出し、その1つであるホワイティングの『6つの文化』は、今では古典の位置

を占める。この研究は、心理学の研究手法を採用し『社会化研究のためのフィールドガイド』でデータ収集方法を厳密に定めそれに沿ってフィールドワーカーを訓練し、データをコンピュータで統計的に分析したという意味では、ミードらの研究手法とは一線を画すものであった。

## 二　隣接領域との協働のなかで——多様な視点の展開

　ミードの仕事は、何回かの学際的(複数の研究領域間を横断する)討論を通じて、隣接領域、特に発達心理学に大きな影響を与えるようになっていった。その延長線上で、「子どもの成長」は文化的に構築されるという考えが生まれた。そうした考えを心理学者に広めたのが、1979年に『アメリカン・サイコロジスト』誌に掲載された「The American Child and Other Cultural Inventions」という論文とケッセルとシーゲルの2人が編んだ単行本『The Child and Other Cultural Inventions』の刊行であった。2000年には、ハークネス他が、『Variability in the Social Construction of the Child』を『New Directions for Child and Adolescent Development』の1冊として刊行、2003年にはアメリカ人類学会発行の Ethos 誌は、The Cultural Construction of Childhood という特集を組んだことからも、「文化的構築物としての子ども期」という視点は、今も強いことが分かる。子育てと文化の関係は古くからの文化人類学の研究テーマであったが、最近では心理学や教育学、小児科学と相互浸透し一大学際領域となっている。

　ミードと同時代の1920年代から30年代にかけて、共産政権下のソ連で、ヴィゴツキーが発達や認知活動に社会状況や歴史的文脈が影

響することを全く独立に発表していたが、その仕事が英語圏に知られるようになったのは、著作が英訳されてからであった。ミードは、欧米の否定事例としてサモアの思春期を描いたが、ヴィゴツキーはさらに進んで、遺伝的な生物学的要因と社会文化的資源の相互依存関係を明らかにしようとした。ヴィゴツキーは、子どもの発達は、それを支える社会資源と相互依存関係にあり大人側がもっとも有効に関われるタイミング・ゾーン「発達の最近接領域」があると提唱し、親や教師は子どもが自由に動ける範囲を決めたり、行為の禁止や促進をどこでどのようにやるかを決めることで、文化的に望ましい行動の成型に貢献するとし、ミードらのように「文化のレプリカ」を子どもが取り込むとは考えなかった。ヴィゴツキーは、子どもの育ちを支える社会資源、育つ場のセッティングが文化によって違うことが発達の違いを生むと考えた。

1980年代中頃からは、人間発達におよぼす社会文化的文脈をどのように捉えるかに研究の焦点が移り、スーパーとハークネスの developmental niche という考えは広く受け入れられた。育ちの場 (developmental niche)は、「養育の物理的・社会的セッティング」、「親のエスノセオリー」、「子どもの扱いの実際」の3つの複合体とした。これはヴィゴツキーの育ちを支える社会資源をより精緻化した分析枠組であった。「養育の物理的・社会的セッティング」とは、子どもがどのような制度的枠組、どんな物理的・社会的環境で育っているかを見ることであり、「親のエスノセオリー」とは、子どもや家族、親としての自分自身をどう考えるかといった観念の体系である。育ちの環境にはマクロな社会文化システム(当該社会の技術水準を含む)と親のエスノセオリーが反映することは、ゲーム機や携帯電話を子どもに持たすかどうかを最近の日本の親は判断しなければならないが、1985年以前にはそのような問題はなかったことか

らも了解されるであろう。「子どもの扱いの実際」は、例えば、おむつをいつはずすかとか、離乳食には何を食べさせるかといった子育ての慣習のことである。それらは、文化実践の一形態であり、どう子どもを扱うのがよいかに関する親のエスノセオリーによって影響されていた。

文化実践とは、文化的意味の受け渡しが行なわれる場での人びとの観察可能な行為である。ミラーとグッドナウによれば「文化実践」という用語は、(1)日常生活でルーティン的に生じている意味行為で、(2)集団成員に広く共有され、(3)物事がどのように行なわれるべきかについての規範的期待を伴った行動をいう。「トイレで排泄する」とか「学校へいく」といった文化実践をやるなかで、そこに畳み込まれている文化的意味がその人の内部に取り込まれ、アイデンティティの一部となる。文化実践、すなわち、子どもがどのような文脈でどんな経験を積んでいるかの研究は、子どもの文化人類学研究の中核である。

## 三　学校教育——選択的文化化による心の習慣の形成

あらゆる可能な形式のなかからある部分が望ましいものとして選択的に強化されることで、子どもは自分が育つ文化に沿った行動や感情表出のスタイルを身につけていく。ミードやベネディクトらが提唱した選択的文化化に類似の概念に水路づけ(canalization)という用語がある。人間のもつ諸欲求は、ある文化特有の特殊具体的な方法で満足される結果、ますます特殊具体的なものになる傾向を、マーフィーは、欲求の水路づけと名づけた。しつけとか教育は、欲求を水路づけるのみならずコミュニケーション・パターンや認知の

スタイル、感情表現の仕方などをも形づける。これを文化的成型という。学校教育において、文化的成型がどのようになされているのか、研究例を紹介する。

『納得の構造』を著した渡辺雅子は、名古屋市郊外の2校とニューヨーク市郊外の3校で合計8学級をフィールドとして選び、作文指導や歴史教育を中心に授業を観察した。何がどのような順番で語られているかを切り口とした分析から、思考表現のスタイルに関しては、日本の「時系列」表現に対してアメリカでは「因果律」による叙述が強調されていること、また、教育によって高められるべき能力として、日本では「共感」が、アメリカでは「分析力」が強調されていることを見出した。日本の歴史教育では、問題を取り巻く状況の1つ1つを共感の手法を用いて時系列で確認しつつ、徐々に共通の理解を内面化させる授業展開が多い。アメリカの小学校の歴史の授業では、教師は、「なぜ？」という質問を頻発にすることで、ある出来事を結果と定めて、その原因を時間を遡って求めて、「なぜならば because」という後ろ向きの因果律を使って過去を語っていた。

日本では、結果だけでなく、さまざまな立場の人びとがどのように感じたか「状況と過程」を理解することの大事さが強調される。教師は「普通の人間ならこう考えるだろうとか、こう行動するだろう」といったレトリックをよく使い、そうした教師の言葉に晒されるうちに、子どもは、状況に応じた適切な感性と表現行動の知識を内面化する。しかし、共感を理解の手段とする日本の指導法は、すべての児童をある特定の方向へ無意識に誘導してしまう危険もあり、それに気づいている教師は、児童の社会化を方向づける国語や歴史の授業では、疑問を投げかけたまま終わることがよく観察されたと渡辺は報告している。共通の理解を内面化させることを狙う日本の

教育法は、規範に沿った行動をとらせるような均一化への圧力が働きがちで、児童の創造力・探求心・批判力の形成が抑制されがちである。子どもたちは、みんな同じ意見を言うと日本の教師は嘆くが、共感を育てることを基本とするかぎり、それは免れえない。しかしながら、それゆえに、日本の学校では教師がいなくても、日直の子どもだけで教室の秩序を維持することができる。

横浜の小学校教諭からヴァージニア州の、G小学校日本語イマージョン学級の教師になった佐々の手記の箕浦による分析からも、日米の小学校文化の違いが浮き彫りになった。日本では子どもの行動をコントロールする最もよい方法は、子どもに考えさせて理解させることで、罰によるしつけをできるだけ避けてきた。アメリカの小学校のしつけ方略は、非常に違っていた。アメリカでは、学年はじめに、「宿題を忘れたとか締切までに課題を出さなかった場合は、昼休みに遊ばずに、自習室に行く」、「暴力をふるった場合は、校長室に行く」などのルールを決めておき、教師は、ルールを一貫して公平に運用し、情状酌量はしないで、罰を加える。このしつけ方略の根底には、「自分の行為の結果については、きちんと責任をとらせる」という考えがあり、教師は子どもの行動を監視し、強い権威をもって判定に従わせる。アメリカの小学校5年生には、日本流の言い聞かせ、すなわち共感によるしつけでは、教室の秩序を保つことが難しかった。しかし、日本人の佐々は、罰によるしつけには最後まで馴染めなかったという。

アメリカの教育が目指しているのは、因果律で語れるような分析力を身につけさせる事で、それは作文指導にも現れていたと渡辺は言う。5年生の国語の教科書には、12種類の文章様式——物語、詩、手紙、説明文、説得文、写真エッセイ、レポート、インタビュー、広告、本の紹介、自伝、戯曲——が提示されている。特に、小学校

6年生全員が受ける全州統一の作文能力試験がエッセイとクリエイティブ・ライティングの2つの形式で実施されるために、書く技術のトレーニングが強調されている。エッセイとは、提案、説得、論述を主たる目的とする作文形式で、最初の段落で、主題を提示するトピック・センテンスを書き議論の方向性を決め、次に、最初の主張を3つ以上の事実で裏付け、最後に、最初とは違う言い回しで、主張を繰り返し結論とするという思考表現のスタイルである。作文指導では、この定型化した書く技術が繰り返し教え込まれていた。

　エッセイは、学力を測る物差しと考えられており、評価基準は教師のみならず子どもとも共有されて、作文が3部構成になっているかどうか、トピックセンテンスを支える論証がきちんとなされているかが授業では検討されていたと渡辺は述べている。こうした作文指導でも、まず結論、もしくは主張を述べて、「なぜなら……」と後続の文で説明する逆向きのスタイルが推奨されていた。

　日本の国語の教科書にも説明文と物語文が収録されているが、2つのジャンルの書き方の技法を教えることはなく、内容の読解に重点をおいた指導をする。教師が良いと評価するのは、生き生きとした気持ちを表現した作文で、そのためには、感動する心や心の目を養う体験をまず児童がする必要があると考える。アメリカの教師が、書くための技術を子どもに身につけさせることに苦心しているのに対して、日本の教師は、思ったままを書くこと、自由にイメージを膨らませることを奨励し、ものを書く児童の姿勢に共感的に寄り添い、励ましはするが、評価もせず、技術的な指導もしないことを渡辺は観察している。

　国語の授業、歴史の授業に着目して日米の教師の教え方を比べると、初等教育段階ですでに選択的にどのような能力を強化するか、文化化のされ方に差があった。小学校時代に形成されたこうした心

の習慣は、成人後の我々の思考表現の基本となっていることが多い。

## 四　調査対象の表象化をめぐって
### ——フリーマンの『サモアの思春期』批判

　ミードの処女作『サモアの思春期』は、1928年に出版されるやいなや大きな注目をあび、多くの言語に翻訳され、その調査結果は数多くの教科書で紹介され、世界中の何百万の人びとに影響を与えた。このアメリカ人類学の記念碑的著作に対して批判的検討を加えたフリーマンの著書は、1983年に出版され、これまた大きな衝撃を引き起こした。なぜなら、フリーマンは、ミードの調査は、「杜撰な現地調査にもとづく一種の楽園物語であり、『科学』の名において広まった『21世紀最大の神話』にすぎない、と著者自身の追跡調査によって『反証』した」からである。この論争は、文化人類学という学問に対する根本的な問題提起を含んでいた。

　第1に、フリーマンは、ミードの描いたサモアの社会像の科学的妥当性について疑いの目を向けている。彼は、ミードのサモアの社会生活全般の描写そのものに多くの基本的誤りがあるのみならず、サモアの思春期に関するミードの認識にも誤りがあると、まず、証拠として16歳前後の逸脱行動の多発は、サモアもイングランドも変わらないと統計資料をもとに指摘し、サモアの思春期をストレスフリーであるとするミードの主張は事実に反するとした。また、サモアの思春期は、「制度化された婚前交渉に関するもっとも有名な事例」とされているが、情報提供者たちの悪戯にミードがはめられたのであって、サモア人の現実の生活とはかけ離れた事実認識の誤りと指摘し、サモアの人びとは、サモア人についての誤った認識がミ

ードによって広められたことに困惑していると述べている。

　研究対象をどう描くかという表象の問題は、クリフォードとマーカスの『文化を書く』が出版されて以来、文化人類学の主要課題となった。フィールドワーカーの視点を離れて、科学的に妥当な「事実」というものが存在するのかという根本的な疑問があり、観察者と対象者との相互交渉過程で事実は構築されるという見方が主流になってきた。フリーマンは、客観的事実があるという立場でミードの事実誤認を執拗(しつよう)に指摘しているが、現在は、客観的事実なるものの存在に疑問が投げかけられていることをまず第1に指摘しておきたい。

　第2にフリーマンのミード批判は、研究者の自己(我々)と研究対象である他者(彼ら)という非対称的構造のもとで、他者を対象化し、対象化したものを民族誌として描くことに内包されている問題をえぐり出していた。ポストコロニアリズムやポストモダン理論の展開に伴って、人類学者の研究対象であった社会が自らを表象(represent)する権利を主張し始め、「自己(＝調査者)」と「他者(＝被調査者)」の関係の非対称性が批判されるようになった。その背景には、米山リサが指摘している「『他者』について調査し記述するという行為そのものが、知を構成し分配するという権力の関与する作業」であるという認識があった。サモア出身の知識人自身が、ミードの著作を読み、サモア人のエトスを「温厚」で「あらゆる点で激しさを欠いている」、「自分の信念のために苦しんだり、特別の目的のために死を賭けて闘う者など誰もいない」というミードのサモア文化の表象の仕方を批判するようになった。ミードの1920年代の著作は、他者を表象するという行為に対してナイーブであり、半世紀以上経ってからそのナイーブさが問題視されるようになったのである。これは、研究成果がどう受容され、評価されるかは、その時代の当該

学問での支配的なパラダイム*や時代のエトスと深い関わりがあることを示している。

「文化」を書くことは、他者を理解し描くという文化人類学の本来的な営みでもある。「他者を表象する」ことに伴う上記の問題にどう対処していけばよいのであろうか。その1つの工夫がトービンらが開発した多声法(multi-voices method)である。客観的な事実を記述することが不可能であり、人類学者が記述したことは1つの再構成された現実であるのなら、どう表象しているか、どう解釈したかを、調査地の人びとにフィードバックして、調査対象者の解釈を語ってもらう、また、類似の立場の他の社会の人びとが同一の事象をどう解釈したかも合わせて記述する。多声法は、従来の民族誌が研究者の見方(one voice)のみが、あたかも正しい見方であるかのごとく語られていたのに対して、多くの声、なかんずく調査対象者の声を民族誌に取り込むことで、自己と他者との非対称性を回復させる試みであった。

ミードが『サモアの思春期』を書いた時代と21世紀初頭の大きな違いは、民族誌には、必然的に書き手の世界が投影されざるを得ないこと、また、他者の生成(the process of othering)を含んでいることに人類学者が自覚的になったことといえる。

**参考文献**

フリーマン, D. 『マーガレット・ミードとサモア』(木村洋二訳) みすず書房, 1995年.

ミード, M. 『サモアの思春期』(畑中幸子, 山本真鳥訳) 蒼樹書房, 1976年.

——— 『女として人類学者として——マーガレット・ミード自伝』(和智纓子訳) 平凡社, 1975年.

箕浦康子 「文化とパーソナリティ論(心理人類学)」綾部恒雄編『文化人

類学15の理論』 中央公論社, 1984年.
——— 『文化のなかの子ども』東京大学出版会, 1990年.
——— 「越境者と学校文化」『こどもと教育の社会学』 第12巻, 岩波書店, 1996年.

米山リサ 「文化という罪――『多文化主義』の問題点と人類学的知」 青木保, 内堀基光ほか編 『岩波講座 文化人類学 第13巻――文化という課題』 岩波書店, 1998年.

渡辺雅子 『納得の構造:日米初等教育に見る思考表現のスタイル』 東洋館出版社, 2004年.

Murphy, G., *Personality: A Biosocial Approach to Origins and Structure*. New York: Harper, 1947.

Sapir, E., *Culture, Language and Personality: Selected Essays edited by D.G. Mandelbaum*. Berkeley: University of California Press, 1949.

Super, C. and S. Harkness, "The Developmental Niche: A Conceptualization at the Interface of Child and Culture," *International Journal of Behavioral Development* 9, 1986.

Tobin, J.J., D.Y.H. Wu, and D.H. Davidson, *Preschool in Three Cultures: Japan, China and the United States*. New Haven: Yale University Press, 1989.

Vygotsky, L.S., *Mind in Society: The Development of Higher Psychological Processes*. edited by M. Cole, V. John-Steiner, S. Scribner, and E. Soubermann, Cambridge, MA: Harvard University Press, 1978.

少子高齢化社会の展開

# 老人

波平恵美子

アルノルト・ファン・ヘネップ
　『通過儀礼』

## 一　「少子高齢化社会」という表現が含む意味とその検討

　2005年現在、日本社会の状況が論じられる時必ず指摘されるのが「世界に類を見ないほど短期間に到達した少子高齢化」ということである。税制、年金制度、老人医療や介護のための保険制度の整備、労働人口や産業構造の近未来予測そして子どもを取巻く環境、教育制度が論じられる時には必ず検討すべき要素としてこの状況が繰返し強調される。

　しかし、現在の日本を特徴づけるとされ、繰返され強調されるこの現象は、単に人口学的問題を指摘し強調するに留まらず、「老齢者の割合の増大は社会の活力を減じ一方で社会負担の増大をもたらす。

つまり、老人の存在は社会の重荷である」という直接表現されてはいないものの、その意味内容を明確に伝えることになるメッセージが繰返され強調されているとも考えられ、結果として、老人の社会的地位の低下、老人自らの自己評価を下げること、さらには「加齢」そのものを否定することになる。

ところで、「極めて短期間に到達した少子高齢化社会」は日本に限らず今後世界に数多く出現すると予測されており、決して日本だけの特徴ではない。したがって、正確には日本はいち早く他の国々に先んじてこうした特徴を出現させたに過ぎない。今後、少なくとも四半世紀にわたって続くであろう少子高齢化に伴う状況への日本の対応のあり方は、いずれ出現するであろう他の多くの「極めて短期間に到達した少子高齢化社会」に1つのモデルを与えることになる。1970年代、日本は多くの発展途上国にとって、短期間に近代化と高度産業化を実現した社会・国家のモデルとされた。日本はその結果として少子高齢化に到達したのであるが、日本のそれへの対応は、再び日本が1つのモデルとなる可能性をもたらす。

高齢化社会に対応する環境をどのように整えるかの問題は、結局のところ、当該社会が「老いること」をどのようにとらえ文化のなかに位置づけるかによって決まる。現在の人口統計では65歳以上の人びとを「高齢者」ないしは「老人」とみなしている。老齢者の人口割合を統計上小さくしようとすれば、老齢者のカテゴリーを65歳以上から75歳以上あるいは80歳以上にするだけでよい。「老人」を、平均寿命が60歳代であった時代のように65歳以上とするのではなく人口の10％以下を占める年齢で、あるいは5％以下を占める年齢でラインを引きそれ以上の高齢者を該当者とすればよい。

そうした提案には次のような反論がなされる。つまり「高齢化社会の問題はそうした統計上の問題だけではない。疾病や障害や障害

老人　131

とは言えないまでも機能低下がそれより若い世代、年齢層の人びとに比べると著しくなるのが65歳以上であり、個人差はあったとしてもヒトという種の生物学的条件として備わっているものである。医療費や介護の負担の増大は高齢化社会に必然的にもたらされるものである」と。しかし、それに対して次のような反論も可能である。つまり、「65歳以上の人びとの有病率の高さは受診率の高さと併行しており、このことは、現状では65歳以下の就業人口の割合が高く、多忙な生活を送るなかでむしろ身体の不調を感じることが少ないか、感じていても受診することが少ない結果として受診率、受療率、有病率が低いと言えるのであり、65歳以上の有病率の高さはヒトとしての生物学的条件によるのではなく社会制度上の条件による」と。確かに、病気治療の開始は多くの場合本人の自覚、それに伴う受診行動による。65歳以上になると急速に病弱になるのではなく、受診・受療の行動が活発になることも１つの要因と考えられる。また、現代医学・医療の内容の再検討も必要である。「異常」とされ治療が開始される基準の再検討や治療とその効果の客観的評価技術の確立によってより合理的で治療コストの低いしかもより効果の高い治療法の研究が進められるべきであろう。老人医療費の増大を抑止することを目的として医療水準を低下させるのではなく、老齢者の身体状況に応じたより効果的な医療の開発をめざすことが早急に求められる。「高齢者の割合の増加は社会に深刻な問題をもたらす」という先入観が、高齢化社会のマイナス面を拾い上げるデータの収集に走らせ、高齢化社会がもたらしているのかもしれないプラスの現象や結果を把握することを怠っていることはないか検討を要する。

## 二 「老齢期」も1つの通過期であるという認識

「老人になること」は個人にとって誕生以降の時間経過の結果であり「老齢期」はあくまでも人生の連続のなかで到達した一時期である。一般的には、死により近い時期であるが、老齢期の内容が個々人において異なることは見失われ、社会的現象を偏った見方でのみとらえることになり、また、ある時期以降は個人差は最小限のものとし、高齢者のカテゴリーに入れられる人びとには「高齢者」のカテゴリー以外の属性はないかのように扱われる。「団塊の世代があと数年すると高齢者となるので高齢化問題は一層深刻になる」という、行政や高齢化社会を研究対象とする人びとの指摘は、高齢化社会が抱えるかもしれない問題解決のための展望をかえって見失わせる可能性を持つ。なぜなら、高齢者個人が抱える問題の総和として、高齢化社会の問題が生じるのであり、65歳以上の人口をマス(塊)として扱う結果、個人のありようが、ひいては個人の総和を適正に見る視点が育たない。今後数年間に次々と「高齢者」となる団塊の世代の人びとが、誕生以来現在まで送ってきた人生の内容を、家族や学校や職場における人間関係や活動内容、そして、老齢期にすでに入っている上の世代の人びとをどのように見ており、「老人であること」にどのような評価を持っているかを、個人に視点を据えて考察する必要がある。その際1つのヒントを与えるものが「通過儀礼」の観念である。

アルノルト・ファン・ヘネップ(アーノルド・ヴァン・ジェネップ)の『通過儀礼』はそのタイトルが一般名称になるほど広く知られ、1909年のフランスにおける初版からすでに1世紀近くが過ぎているにもかかわらず、その書名や概要は世間に広く知れわたっている名著であり、文化人類学や民族学における古典である。ただし、

『通過儀礼』は多くの議論を含んでおり、必ずしも現在一般名詞として使われている「通過儀礼」と一致するものではない。ファン・ヘネップによる議論全体からすれば、一般名詞としての「通過儀礼」はむしろ「人生儀礼」という表現の方が適しいのかもしれない。しかし、「通過儀礼」が多くの人に知られているのは、社会が異なり時代が移っても、人の一生とはいくつもの閾、関門、区切り、範疇を超えることにより成立するという普遍的な認識をよく示すものであり、「人生儀礼」よりも豊かな内容を持つからであろう。

　老人であること、老齢期に入ることの問題を個人のレベルと集団や社会のレベルの双方を視野に入れて検討するうえでファン・ヘネップの『通過儀礼』からは以下に論じるように多くのヒントを得る事ができる。

## 三　『通過儀礼』の理論とその今日的有効性

『通過儀礼』には、「門扉としきい、歓待、養子縁組、妊娠と出産、誕生、幼年期、思春期、イニシエーション、叙任式、載冠式、婚礼と結婚、葬送、季節などの諸儀式の体系的研究」という長い副題が付せられている。「養子縁組」以下「葬送」までは「人生儀礼」に対応するが「門扉としきい」、「季節など」は対応しない。人生儀礼のみならず門扉やしきいを越えたり領分を越え別の領域へ移動する場合や季節の変わり目に行なわれる儀礼も同じ構造を持つと指摘し分析したことが、本書が現在も読み継がれ引用され理論的発展が試みられる理由である。ファン・ヘネップの議論はおよそ次のようなものである。

　儀礼はその内容の多様さにもかかわらず、同じ構造を持つという。

つまり儀礼の下位レベルとして「分離儀礼」、「移行儀礼」、「統合儀礼」を含む。ただし、すべての儀礼がこの3つの下位儀礼を同程度に均等に展開するのではなくまた同程度に複雑なものでもない。例えば葬式においては分離儀礼が、結婚式においては統合儀礼が、妊娠、結婚、イニシエーションにおいては移行儀礼が重要な役割を果たす。さらにまた、それぞれの下位儀礼が内部において下位儀礼としての分離、移行、統合の儀礼を含む二重構造になっていることもあり複雑なかたちをとることもある。

こうした構造とは別に、儀礼ではそれぞれの目的や意味が強調される。例えば、結婚式は豊饒（ほうじょう）の意味を持つ儀礼、誕生の儀礼は保護と予言の意味を持つ儀礼を含み、それらが分離、移行、統合の儀礼と併列したり独立したりする関係で行なわれ、時にはあまりに複雑なので、ある特定の細部が保護的な意味を持つものなのか分離の意味を持つものなのか分けられないこともある。さらに浄化の意味を持つ儀礼は複雑で入り組んでいる。それは浄化儀礼が両義性を帯びるからであり、浄化を目的とした儀礼は穢（けが）れた特質を取除くための儀礼であると同時に清浄な特質を与えるための儀礼であるかもしれない。以上の儀礼の構造分析に加えて、こうした儀礼の多様性を、ファン・ヘネップは「神聖」の両義性との関係で論じようとする。

「神聖性」それは絶対的な価値ではなく相対的であり、文脈が異なれば同じもの同じ状況が清浄にも不浄にもなる。例えば妊娠した女性は、近い親族を除いた部族内の他の女性にとっては神聖な存在となる。一方、すべての子どもや成人男子そして他の女性たちは、彼女が神聖であるのに対して世俗的であるという。

ファン・ヘネップの儀礼の構造についての分析（分離・移合・統合）に比べると、神聖性、禁忌（タブー）、浄・不浄およびその両義性、神聖性と浄・不浄との関係などについての議論は明確さを欠き、

老人　135

決して整理されたものではない。むしろ混乱しているとさえいえる。しかし、こうした議論の混乱や論理の一貫性の無さのなかに、後に、エドマンド・リーチ、メアリー・ダグラス、ヴィクター・ターナーなどの文化人類学者、ミルチャ・エリアーデなどの宗教学者によって理論が展開されることになる多くのヒントやアイディアが散りばめられているのである。

## 四　境界理論への萌芽と学問的貢献

　あるカテゴリーと別のカテゴリーの中間部分あるいは曖昧部分は禁忌(タブー)の対象となり、その状況が儀礼によって強調される。逆に言えば、儀礼の構造やその意味を分析するとカテゴリーの境界部分において儀礼が行なわれていることをファン・ヘネップは明らかにした。その境界部分は「どっちつかずの」、「曖昧な」意味を持つだけではなく不浄であるとか危険であるとか矛盾し二律反背的であるとかの多義的意味を持つことを指摘したのはエドマンド・リーチとメアリー・ダグラスであるが、それはファン・ヘネップが通過儀礼を「前リミナル期 (prêliminaire)」、「リミナル期 (liminaires)」、「後リミナル期 (postliminaire)」とに分けそれぞれを「分離」、「移行」、「統合」に対応させたことにヒントを得ている。「境界的であること」、「周縁的であること」がなぜ「不浄であること」あるいは「危険を受けやすい」また逆に「他を危険にさらすことが多い」という意味と結びつくかの解釈をファン=ヘネップは論じていない。しかし、それぞれの儀礼を分析するにおいては、分析の詳細さと共に共通した構造を持つという視点からの分析によって、結果として、儀礼の分析がそれに係わる人びとの世界観、社会・政治

関係、個人と世界、個人と社会との関係が儀礼が行なわれる場に凝縮されたかたちとなって提示されることを彼は充分に示している。例えば、1年の終わりから新しい年の始まりにおいてあるいは季節の移り変わりとされるその境目における儀礼では、それまでの対立や反目は一時的であれ解消され、秩序や階層は一旦棚上げされ、その過程のなかで新しい生命力が生み出されることが提示されると指摘する。この議論は後になってヴィクター・ターナーによって「コミュニタス」という概念として発展させられた。ファン・ヘネップは「物理学的活動と異なり、社会的活動、生物学的活動は時間とともに消耗し、ある程度の期間の後新たに再生しなくてはならない。通過儀礼はこの根本的な必要性にこたえるものであり、それゆえ時として死と再生の儀礼という形態すらとるに到る」というが、その死と再生を意味する儀礼においてはどちらにも属していないことを強調するための儀礼、例えば、イニシエーションや叙任式や結婚式や葬式では対象の人は空中に持ち上げられ、どちらにも、何についても所属していないことを示すという。移行期、中間領域は存在するだけではなく創り出され設定されているということである。

　ファン・ヘネップは、自らの研究をそれまでの研究者たちのそれと比較し次の点において先行研究とは異なっているという。つまり(1)通過儀礼が持つ共通した構造、(2)移行期間の存在、(3)儀礼における象徴が持つ役割の3点を指摘したことであるとする。のちの文化人類学における儀礼研究がよりどころとすることになった境界理論の全体が、それが議論として成熟していないとはいえ、ファン・ヘネップの本書において示されていたのは注目に値する。

## 五　社会と個人における「移行期」の設定

　本章の第一項において、「高齢化社会」という表現そのものが個人に目を向けず、一定年齢以上の人を「高齢者」というカテゴリーに入れ、そのカテゴリーに入る人びとをマス(塊)として見る点を持っていることを指摘した。「高齢化社会」を否定的にとらえそこには困った問題が生じるはずだという先入観や固定観念から自由になり、新たな展望を得るヒントを与えてくれるのがファン・ヘネップの『通過儀礼』で示されている理論であるという根拠は次のようなものである。

　個別の身体を持つ個人は、個別に生まれ成長・加齢し個別に死亡する。しかし、社会的存在であり文化によって規定された行動と思考する存在である人は、その個別の誕生・成長・死の体験を他の個人の体験と繋げ、世界と個人との関係を明示する方策を発展させた。その1つが通過儀礼(人生儀礼)である。個人と集団の双方を同時に視野に入れ、個人の体験が社会全体の文脈に組み込まれることにより、個人を疎外することなく、社会全体の成員を視野に入れた傾向もまた示すことができる。現代社会においては、個人の人格は一貫性を持ち他人からは画然と区別されるものであるが、人生は連続であると同時にいくつもの越える閾・境界線があり、それを越えるごとに社会的位置づけが変化すると共に自分自身の身体や能力も変化すると認識される。現在の日本で「老齢期」への移行「老齢者」のカテゴリーに入ることは、個人の社会的地位が失われ社会関係がそれ以前に比べ弱化することはあっても新たな地位や関係に組み込まれることは少ない。また、移行期に特に通過儀礼が行なわれたりモラトリアムが社会的制度として成立しているわけでもない。伝統的社会では年齢階梯制が発達していることもあり、老齢者はそのまま

現実の社会集団に組み入れられるが、現在の日本では「老齢者」というカテゴリーに移行するにすぎない。しかし、老齢者のカテゴリーに移行することで年金の受給や税制上の恩典を得られるなど個人の環境が変化する。そうした変化が個人にもたらす変化は見逃がされ閾を越えたなどとみなすことはない。そうでありながら、そのカテゴリーへの移行は絶対的なものであり選択や猶予はほとんどない。また、個人の変化は集団の変化でもあるのだが、通過儀礼によって個人の「危機的状況」とともに集団の危機的状況をも柔らげたり除去するという発想もない。しかし、「少子高齢化社会」という表現そのものが、社会そのものが大きく転換する変化の過程にあるという認識を示しているのでありそこに種々の困難な問題があるというのは、まさに「境界的」「リミナルな」状況が生じていることを認識していることになり、国家規模での「通過儀礼」を遂行する必要が生じていることになる。

　現代の日本社会を、その歴史における大きな移行期に差しかかった集団とみなすと、社会もまた個人の一生と同じように連続であると同時に、次の新しい状態に落着くまでに中断・待機・休息を必要とするような存在であるとみなすことができる。その移行期に、移行に伴って生じるかもしれない望ましくないマイナスの影響を減じ、新しい段階における活力を生み出すための行為が必要であるとするならば、現在の日本社会そしてそのなかで生きる我々にとって重要なのは、既存の制度や秩序や関係性を排し、意識的に一旦混沌の状態に陥ることである。通過儀礼においては、個人は一度「死に」再生する。再生は死によってしかもたらされないし、新鮮な力ももたらされない。「再生」による社会の変質こそが大きな危機的状態を乗り切る唯一の方策である。日本国のような巨大な社会集団においては、歴史的に積み重ねられた経験やデータの連続上でしか対策が

立てられないし国民を説得できないというのであれば、つまり一旦「死ぬこと」を拒否するのであれば、危機的状況は乗り切ることはできない。

そこで、何よりも、「分離の儀礼」としてのモラトリアムな時期の設定とそのなかで試行錯誤を繰返すことが必要になってくる。例えば年金制度1つをとっても「100年間は安定した制度の確立」を目指すよりも、また、過去の手直しよりも、短期間で改訂が見込まれた極めて斬新で、試行錯誤を前提とした制度を次々と国民に提出することが政治を行なう側には必要であり、国民もまた、既存の秩序や構造の破壊されたことを実感することが必要である。日本社会が、第二次大戦の疲弊から立ち直っただけでなく新生日本を築き上げることができたのは、戦争直後の混沌があったからであり、国も個人もまさに「死と再生」をともに体験したからである。敗戦から講和条約締結までの間に社会全体が「分離」、「移行」、「統合」の3段階を経ているだけではなく、個人もまた、社会と自らとの間で同じ段階を経た。国民1人1人が試行錯誤を容認し、その時期が「通過の時」であることを理解しそこから生じる混乱や苦痛を受け入れていた。現在の日本社会はかつてのような戦争の悲惨な体験(それは現実の死の体験であったが)を欠いてはいるが、通過の時を迎えていることを根底から納得するべきであろう。

個人に目を転じると、老齢期に入ること、周囲から「老人」とみなされるようになることは、現代社会においては人生のなかで最も危機的状況にあるといってもよい。他の人生の時期に比べ社会的地位、人間関係、身体的状況、精神的ありようが同時併行的に変化する時期である。この時期にこそ「通過」的手段を立てる必要がありモラトリアムの設定は必須である。例えば退職制度の見直し、年金受給の選択制の充実などすでに開始されているものもあるが、徹底

したモラトリアムの制度が樹立され、そのなかで個々の「老齢者」は自らの変化を充分に把握し、新たな状況に適応し、目標や生活スタイルを設定できる期間が得られることが必要である。さらには、老齢期は死という新たな段階への移行期でもあることを自覚できるだけでなく、死の肯定的意味を見出すことができるような文化の創造もまた必要になってくる。

**参考文献**

エリアーデ, M. 『聖と俗』 法政大学出版会, 1969年.

デュルケム, E. 『宗教生活の原初形態』 岩波書店, 1939年.

波平恵美子 『ケガレの構造』 青土社, 1984年.

Douglas, Mary, *Purity and Danger: An Analysis of Concepts of Pollution and Taboo*. London: Routledge & Kegan Paul. 1966.

Leach, E. R., "Two Essays Concerning the Symbolic Representation of Time," in *Rethinking Anthropology*. London: The Athlone Press, 1961.

Turner, V., "Betwixt and Between: the Liminal Period in Rites de Passage," in *The Forest of Symbols*. Cornell: Cornell University Press, 1967.

――― *The Ritual Process*. Penguin Books, 1969.

## 展望台

　第2部に収められている6つの古典は、人間は人間を分類し差異化し、その分類や差異化の内容によって社会と文化とを組み立てていることを論じたものである。同時に、自ら創り出した分類であるにもかかわらず、それが絶対的で自然発生的であると思い込む傾向があることを明らかにした。少数派とはいえ、今でも「人類にはさまざまな人類が存在する」と考えている人びとはいるし、男女の性差は絶対的な能力の差異を、内容や程度において決定すると考えている人びとがいる。加齢は人の能力の退行をもたらし、子どもは「発達し成長するべき存在」と考える人びとは多い。取上げられた古典は、その当時そしてあるものは現在でも、ラディカルに、そうした先入観や常識や科学的知識とされるものを覆す視点を与える。

　文化人類学は1930年代に入るとそれまでの科学的法則性を見出そうと試みたり原初形態なるものを探求しようとする傾向から離れて、当時の欧米の常識や認識へ鋭く切り込むラディカルさを獲得したように見える。それは今なお文化人類学にとって大きな遺産である。

　ルース・ベネディクトの『人種主義』は、文化人類学が何をなすべきかまた何ができるかを熟知していたことを示す。エルキンの『オーストラリア・アボリジニ』はオーストラリアの先住民を知るうえで入門書であり教科書的存在ではあるが、版を重ねるごとにアボリジニをめぐるオーストラリアにおける状況の変化を反映させることによって、文化人類学がどのような学問であるかを如実に示している。マーガレット・ミードの『サモアの思春期』はその後フリーマンらの批判にさらされたことによって、むしろその価値を高めたとさえ言える。なぜなら「文化を書く」この学問の本質がどのようなものかを示したからである。

［波平恵美子］

# 第3部

# 社会はどのように構築されるか

――――― 実践共同体から都市社会まで

　社会は外界に見える建物や道路やモノ、そうした設定に人びとが置かれれば出来上がるのではない。人びとのあいだの取り決めとやりとり、そこに生まれる感情や損得、それを通じて人びとが集団として生きることから社会は立ち上がる。建物やモノは社会の方から生まれ、人間関係のなかで使われるのだ。では人と人の関係とは何か。そうした社会の内奥にある論理を今まで人類学はどのように発見し、分析してきたのか、そこを見て行く。

ハビトゥスから象徴闘争まで
# 日常的実践

## 田辺繁治

ピエール・ブルデュー
『実践感覚』

　日常生活における人びとの行為は、どのように社会的なものに関係しているだろうか。人びとはほとんど慣習的に行為することもあり、またより意図的に行為することもあるが、生活のすべての局面にわたるそれらの行為を日常的実践と呼ぶことができる。長らく人類学や社会学では社会という全体的なものが個人の行動や行為、つまり日常的実践を規定したり、方向づけると考えられてきた。とくにイギリス社会人類学では、人びとの慣習化された実践、例えば儀礼に注目しながら、それらが社会秩序や規範を構築し、維持することに寄与すると考えることが多い。また逆に、個人の実践の積みかさねが構造、制度や規範といった社会的なものを形成するという考えもある。そうした視点から見れば、社会の構造や制度は初めから

所与のものとして存在するのではなく、個々人のあいだでくりひろげられる相互的な実践の積み重ねによって築かれると見なされる。

　このような日常的実践をめぐる社会と個人の関係を考えることは、単に理論上の問題だけでなく、フィールドにおける人類学者が、人びとの会話、行為、あるいは思考の場面を捉え、記述するにあたって重要な視点を提供することになる。またそれは、「彼ら」という他者の実践を記述し、分析する人類学者の側の実践とは何であるのか、という問題を考えるうえでも重要だろう。そうした日常的実践をめぐる問題を追究したのは、フランスの人類学・社会学者ブルデュー(1930～2002年)である。彼は経済資本とならぶ象徴資本の概念を唱えた人物である。ここでは彼の古典的著作『実践感覚』を紹介するとともに、さらに彼の実践理論が今日の人類学研究にとっていかなる意義をもつかを考えてみよう。


## 一　実践理論への出発点

### 1　ブルデューの人類学

　今日のフランスが生みだした最大の社会学者といわれるブルデューは、2002年1月、71歳の生涯を閉じた。コレージュ・ド・フランスの教授であった彼は、1960年以後のフランス国民の高等教育への進学率の向上が、支配的な階級の再生産にしかならないという近代教育の生みだす不平等を論じた『再生産』(1970年)、現代フランスの複雑な階級構成とそれを支える嗜好と美的判断の差別化を論じた『ディスタンクシオン』(1979年)、あるいは反グローバル化運動のマニフェストともいうべき『市場独裁主義批判』(1998年)などの著作をとおして社会学の巨匠の名をほしいままにしてきた。しかし、

「<sup>*</sup>実践」や「<sup>*</sup>ハビトゥス」、「象徴資本」、「象徴闘争」などブルデュー社会学の基本的な概念は、1950〜60年代に行なわれた彼の人類学研究のなかから生まれてきたことを忘れてはならない。

　ブルデューは1950年代末に兵役に応じアルジェリアに派遣されたが、戦後もそこに残り独立闘争のさなかで北部山地のベルベル語を話すカビル(Kabyle) 農民の人類学的調査を行ない、さらに1960年代初頭にパリにもどったのちも南仏ベアルンの農村地域で親族と婚姻についての調査に従事した。いわば「初期ブルデュー」ともいうべきこの時期の研究は、のちに展開する彼の社会学理論の基礎を作ったと同時に、1980年代から今日にいたるまで欧米やアジアの国々における人類学研究に多大な影響をおよぼすことになった。

　ブルデューは、人びとのさまざまな日常的実践はいかに生成するか、それはいかなる論理をもっているか、また社会的な構造や支配といかに関係するか、といった人類学的な問題群に答えようとした。彼はそのために、1972年にカビル民族誌を基礎とする『実践理論の粗描』を刊行し、ひきつづき『実践理論の概要』(1977年)、『実践感覚』(1980年) において同じテーマを執拗に追究した。そのうち第3作の『実践感覚』には、豊富な民族誌記述に支えられた彼の実践理論がもっとも磨きあげられた形で提示されている。

## 2　客観主義と主観主義の克服

『実践感覚』におけるブルデューの日常的実践への接近は、それが人類学者の行なう調査研究の実践といかに関係するかという視点から始まる。外からやってきた人類学者は、現地の人びとが日常やっている行為、すなわち「彼ら」の実践をできるだけ客観的に分析しようとする。そこでブルデューは、人類学者が行なう調査研究という実践と「彼ら」の実践は異なった種類の実践であろうか、と問い

つづける。

　観察者としての人類学者が調査対象としての人びとからかけ離れた特権的な立場に立って、そこから理論的目的にしたがってモデルを構築することに、ブルデューは強い拒絶反応を示す。人びとがやっているゲームの外に身をおく特権的な人類学者は「二重人格」である、と彼は『実践感覚』の序文で痛烈に批判する。僻地(へきち)の村で雨乞い儀礼をする農民とそれを観察する人類学者は、穀物の豊作祈願と論文の作成という異なった目的をもっているものの、ともにそれぞれの利害と慣習に支えられて実践に打ちこんでいるにすぎないのである。そこでブルデューは、人びとの実践を理解するためには、人類学者は「彼ら」の実践を客観的に理解するとともに、その実践を客観化しようとする自らの作業を同時に理論化する必要があると考える。これは後に述べるように、客観化する行為者(人類学者)と客観化する行為(人類学者の理論的実践)を同時に客観化するという「認識論的再帰性 epistemological reflexivity」への道でもあった。

　このようなブルデューの実践理論への認識論的な接近は、客観主義と主観主義という2つの流れを同時に克服することでもあった。C. レヴィ＝ストロースに代表される客観主義の人類学は、人びとの考え方、感じ方、あるいは行ない方を観察者の目から一望できるスペクタクルのなかに収めようとする。人びとの欲望や思惑がからみ、あるいは権力関係がうずまく社会的世界は、劇のなかの役柄の上演、オーケストラの楽師の演奏、あるいは政府の開発計画のように、整然と実行される行為の見取り図のように描かれることになる。

　このような客観主義に対して、人びとがやっている実践を「彼ら」の見方、つまり主観にそってそのまま記述しようとするさまざまな主観主義の立場がある。現象学的社会学を継承するエスノメソドロジー*や象徴的相互作用論*などがその例である。これらの立場は、

日常的実践　　147

行為者たちが日常における相互行為をとおして意味を作りだし、秩序(例えば、植民地現地人と大学の人類学者)のなかにおかれていることを忘れてしまう。こうした主観主義の目的は、「生きられた」経験、人びとが自明であると思っているような経験を記述することである。しかしまさにこの目的によって、人びとが自分たちの実践をあたりまえで自明であると経験することを可能にしている諸条件を考えることを放棄してしまうのだ、とブルデューは批判する。

## 二 実践を生みだす母胎としてのハビトゥス

### 1 ハビトゥス

　客観主義と主観主義の双方を克服する重要な概念が「＊ハビトゥス habitus」である。日常的実践がどのように発生するかを説明するハビトゥスという概念は、ブルデューがはじめて使用したのではない。すでに M. モースは身体技法が人間の本性として自然に発生するのではなく、社会的に構築されるという考えを表すために、スコラ哲学のハビトゥスという概念を復興した。しかしブルデューのハビトゥス概念はモースのそれとちがい、社会的な構造との関係のなかで、人びとのなかに身体化された形で沈殿している実践の母胎を説明しようとしたのである。つまり、人びとが普段行なっている行動や考え方を方向づける傾向性のシステムを指して、ハビトゥスとした。

　ブルデューによれば、生活の諸条件を共有する人びとのあいだには、特有な知覚と価値評価の傾向性がシステムとして形成され、それがハビトゥスと呼ばれる。ハビトゥスは、その集団のなかで持続的かつ臨機応変に実践や表象を生み出していく原理である。したが

って、それは人びとの実践を特有な型として組織していく構造であるが、しかしこの構造は人びとの実践に制約と限界をあたえる構造でもある。ハビトゥスとは、哲学的な「主体 suject」ではなく、社会的「行為者 agent」としての個人の実践を説明する概念である。職人にかぎらず、個人は自己のまわりに世界を能動的に創りあげる。個人は生きていくためのさまざまな条件を同じくする集団に特有な知覚や評価の規準としての「図式 schema」をとおして実践を生みだす、とブルデューは言う。

ここでいう図式とは、過去の経験や反応の積み重ねによって各個人のなかに形成される考え方、知覚の仕方、行為のやり方についてのアクティブな体制である。社会には、法律のような規則、信仰や信念に支えられた規範がある。しかし個人の身体に刻みこまれたさまざまな図式は、それらよりはるかに有効かつ柔軟にその時々の状況の変化に巧みに対処しながら実践を生みだすことが可能である。

## 2 構造とハビトゥス

ハビトゥスは歴史の産物でもある。人びとの生存の条件、資源の利用や生産のテクノロジー、消費のパターンや嗜好、あるいはそれらの活動にともなう権力関係などは、客観的、統計的に捉えることができる。ハビトゥスはそうした社会のなかに歴史的に構造化された関係を行為者のなかに内面化、構造化しながら、また他方、その制約のなかで無限に、かつ自由に実践をつぎつぎに生みだす。行為者は、いわば構造のなかで知覚し、考え、行為を首尾よく組織し、しかもその制約と限界にしたがいながら、できるだけ自由に実践を生みだすのである。しかし、ハビトゥスは文化のなかの規範のような枠組みではない。ブルデューによればそれは二重の性格をもっている。まずハビトゥスは知覚、思考や実践を持続的に生みだし、組

織していく構造(構造化する構造)である。また同時にハビトゥスは、知覚、考えや実践そのものに制約と限界を与えていく構造(構造化された構造)でもある。つまり、ハビトゥスはある集団や階級に特有な過去の経験が、そこにいる行為者のなかに知覚、思考や行為の図式として沈殿したものである。

　こうして生みだされた個々の実践は、客観的に検討すると、その集団にふさわしく調整され統制されたもののように見えるが、それらはけっして目的意識的に操作されたものではなく、指揮者によって組織化されたものでもない。したがってブルデューは、構造が個人の行為のなかに組織化あるいは体制化されることを強調する。構造は行為者の習慣的で紋切り型の行為、あるいは儀礼のような日常的実践のすべてにわたって実質的な影響をおよぼし、その身体のなかに刻みこまれる。階級や集団といった社会的レベルで形成されると考えられる世界観、エートス*とか倫理といったものも、ある種の構造である。個人が心的な傾向性をもつということは、それらが身体に浸透して実践を生みだすための判断の傾向、性癖、嗜好を作りあげることにほかならない。


## 三　戦略と象徴闘争

### 1　規則から戦略へ

　レヴィ＝ストロースにはじまる構造主義は無意識のなかに形成される「規則」が人びとの実践を生みだすことを強調するが、ブルデューはそれを「戦略」におきかえる。規則から戦略への移行は、人びとの実践をとらえる視点の決定的な転換であった。それは構造主義におけるように構造に操られる人形としての人びとの行為を客観

的に見るのではなく、実践している状態の行為者の視点への転換であった。

　ブルデューが戦略と言うとき、それは合理的な計算に基づくものではなく、また人びとのなかに無意識的に定着しているプログラムでもない。個々の実践はある種の戦略を含みながら「ゲーム」のように行なわれる。ブルデューのゲームとは法が適用される場のようなものではなく、人びとがある種の規則性という内在的な論理にしたがってその活動に参加している日常の社会的営み、すなわち日常的実践の場を指している。「ゲーム感覚」とは、けっして規則への服従ではなく、サッカーや賭博に勝つため、あるいは将来の豊かな生活を保証するような結婚相手を見つけるために日常的に身につける実践感覚である。人びとはゲーム感覚によって、実践をほとんど自動的に瞬時の判断によって生みだしていく。こうした実践は意識や概念、表象が明示的に現れる1歩手前で、つまり反省的に考えをめぐらす以前に巧みに行なわれるのである。

## 2　象徴資本と象徴闘争

　人びとは実践感覚によって培われた戦略によって個々の実践を生みだしていくが、それはまた支配の様式にも関係している。『実践感覚』は主としてカビルの農民社会の分析に向けられるが、象徴資本と象徴闘争の概念を用いることによってその動態的な局面に光を当てることになる。

　ブルデューの記述のなかでは、資本は物質的、経済的な性格をもち流通し蓄積される経済資本と、物質的、経済的なものには見えないが人びとに力として作用する象徴資本に分けられる。ブルデューの象徴資本は、債権などのような信用にたとえられる。つまり集団内部において信じこまれていれば、ハッタリや押しつけの戦略によ

日常的実践　　**151**

って象徴資本を使ったり蓄積することができる。したがって象徴資本とは、人びとのあいだで経済的な力を発揮することはないのだと信じられて(錯認)いるかぎりで力を発揮する資本だと言うことができる。財産、土地、消費物資などの経済資本であれ、また知識、技能、文化的財などの文化資本であっても、それらが人びとのあいだで力をもつと認知されるならば、象徴資本になるのである。つまりそれらは、人びとのあいだに形成された知覚のカテゴリー(分類概念)にしたがって認知された資本と言うことができる。

　ブルデューはカビル農民社会の民族誌をとおして、この象徴資本を用いる支配、すなわち象徴暴力の行使の様式を描いている。人格的忠誠や威信が唯一の承認された権力のあり方であるようなカビル社会では、だれかの運命を持続的に掌握するやり方、支配の様式は2つしかない。つまり支配は公然たる暴力か、象徴暴力かのいずれかによって遂行される。象徴暴力とは、ふつう暴力とは見なされないような暴力であり、信頼、義務、忠誠、歓待、贈与、感謝、あわれみ、名誉などの道徳が讃えるような美徳の暴力のことである。

　象徴闘争の概念は農民社会にかぎらず、資本主義のもとにある現代の産業社会の分析にも適用することができる。カビル農民社会とちがい、資本主義の社会空間では象徴暴力を駆使した闘争、すなわち象徴闘争は各集団、階層のあいだでくりひろげられる。『ディスタンクシオン』が論じるように、戦後フランス人における闘争目標としての「高級文化」は絶対的価値をもつものとして集団の信仰対象となり、それをめぐる競争がゲームとしてくりひろげられるのである。

## 四　再帰的人類学は可能か

　社会学には、社会の構成を分析するための方法論として、認識論と存在論がある。方法論では、人びとが自らの行動によって「生き」、「生かされる」生活世界の根拠を、直接的に解明する。一方で、認識論では、生活世界と社会諸関係の総体を、人びとが「主体」として、どのように「意識」し、そして「認識」するかを解明する。

　そのなかで、『実践感覚』を代表とする初期ブルデューの著作は、人類学者が自らの調査研究の実践がいかなる認識論的枠組みのなかで行なわれているかということの反省をとおして、研究対象としての「彼ら」の実践を理解するという方向性を明確に指し示した。この他者理解の立場は、のちにブルデュー自身によって「再帰的社会学」と呼ばれるようになるが、それはそのまま「再帰的人類学」の可能性を示すと言ってよい。

　ブルデューの「再帰性 reflexivity」を一言で言うならば、学問という知的実践についての批判を、社会批判理論の枢要な構成要素として、またその必要条件として学問の実践のなかに組みこむことである。こうした再帰性は、人類学者という「我々」の知的実践に対する深い反省を出発点として、研究対象としての「彼ら」を記述分析するなかにそれを回帰させて組みこむことでもある。そうした再帰性を押し進めることによって、人類学は社会批判理論としての力動性を獲得することが可能となるだろう。

　ブルデューの仕事から導きだせるこうした再帰的人類学の展望は、20世紀末から今日にいたる人類学の変動の局面に大いに関連してくる。しかし、ブルデュー的な展望は、1980年代末からアメリカ文化人類学を中心に活発化した民族誌批判論(あるいはポストモダン人類学)が主張する再帰性の考えと決定的に異なることに注意すべきだ

日常的実践

ろう。

　J. クリフォード、G. マーカス、P. ラビノー、R. ロザルドらに代表される民族誌批判論は、フィールドにおける人類学者の反省的思考、被調査者との共同による解釈学的なリアリティの構築、さらにそれらを民族誌としてテクスト化することを主張する。しかし、民族誌批判論がもちだすこうした再帰性(反省的思考)は、ブルデューに言わせれば、「観察者が書いたものと観察者自身の感情を自己陶酔的に観察すること」、つまり「テクスト的再帰性」にしかすぎないのである。

　ブルデューが彼らを激しく批判するのは、彼らがフィールドワークから撤退し民族誌というテクストの政治性についての議論に逃げこむことだけでなく、自らの知的実践についての批判を思考の回路のなかに組みこむ作業、つまり「認識論的再帰性」を忘れているからである。フィールドで起こる「我々」と「彼ら」とのあいだの溝は、「我々」の自己陶酔によって解消されるものではなく、「我々」自らの知識とその源泉に立ちかえってそれを批判することでしか橋を渡すことはできない。そうすることによってはじめて社会批判理論としての人類学が可能になるのだ、とブルデューは主張しているように思える。『実践感覚』のなかで展開された再帰性の考えは、「我々」と「彼ら」のあいだにあるギャップや変動を接合して理解しようとする現代人類学が歩むべき1つの道を照らしているのである。

**参考文献**
田辺繁治　「再帰的人類学における実践の概念——ブルデューのハビトゥスをめぐり、その彼方へ」『国立民族学博物館研究報告』26-4，2002年．

―――― 『生き方の人類学――実践とは何か』 講談社現代新書,2003年.
田辺繁治,松田素二編 『日常的実践のエスノグラフィ――語り・コミュニティ・アイデンティティ』 世界思想社,2002年.
ブルデュー,P. 『ディスタンクシオン――社会的判断力批判』Ⅰ,Ⅱ,(石井洋二郎訳) 藤原書店,1990年.
―――― 『構造と実践』(石崎晴己訳) 藤原書店,1991年.
―――― 『資本主義のハビトゥス――アルジェリアの矛盾』(原山哲訳) 藤原書店,1993年.
―――― 『実践感覚』1,2,(今村仁司ほか訳) みすず書房,1988,1990年.
―――― 『市場独裁主義批判』(加藤晴久訳) 藤原書店,2000年.
ブルデュー,P.・J.C. パスロン 『再生産』(宮島喬訳) 藤原書店,1991年.
森山工 「ブルデューと人類学」 宮島喬,石井洋二郎編 『文化の権力――反射するブルデュー』 藤原書店,2003年.
Bourdieu, P., *Esquisse d'une théorie de la pratique, precede de trios études d'ethnologie kabyle*. Genève: Droz, 1972.(『実践理論の粗描』)
―――― *Outline of a Theory of Practice*. Cambridge: Cambridge University Press, 1977.(『実践理論の概要』)
Bourdieu, P. and L.J.D. Wacquant, *An Invitation to Reflexive Sociology*. Cambridge: Polity Press, 1992.
Calhoun, C., E. LiPuma and M. Postone (eds.), *Bourdieu: Critical Perspectives*. Cambridge: Polity Press, 1995.
Jenkins, Richard, *Pierre Bourdieu*. revised edition, London: Routledge, 2002 (1992).

贈与と商売のあいだ
# 交換

中川 敏

マルセル・モース
『社会学と人類学Ⅰ』

　人類学の歴史の最初から「交換」は重要なトピックであった。とてもつもなく奇妙な交換がさまざまな「未開」文化で行なわれていたのである。それらの交換は、人類学者の出身した社会においてもっとも通常の交換、すなわち市場交換の原理からかけ離れたものだったのだ。それらの交換は、それゆえ、人類学者の好奇心を大きく刺激し、同時に、人類学者に対して、自分自身の出身文化を相対化するきっかけを与えてくれたのである。それらの新奇な交換はたいていの場合「贈与」と呼ぶことが適当であるような形態をとっていた。人類学のなかの交換論の始まりを書いてみよう。近代的な人類学の始祖とも言われるマリノフスキーが『西太平洋の遠洋航海者』を出版したのは1922年である。この本のなかで、経済学的な考え方

では理解のできないニューギニアのトロブリアンド諸島の交換、クラを大きく取り上げた。その数年後、モースの『贈与論』が出版された。「古典」社会・「未開」社会の贈与慣行をくまなく研究したモースは、贈与にまつわる「返礼の義務」に着目する。「なぜ、贈り物には受け取る義務そして返礼の義務があるのか」と彼は問うのだ。マオリの人びとのハウの考えかたに託して、彼はその答えを述べる。「贈り物は送った人間の人格の一部なのだ」と。

## 一　クラ交換

まず、人類学の交換論のもっとも有名な事例、クラ交換を紹介することから議論を始めよう。

クラはニューギニアのマッシムとよばれる広範な範囲で行なわれる交易活動である。それは、ルイジアード島、ウッドラーク島、トロブリアンド諸島、ダントルカストー島などをその圏内として含んでいる。交易される財は、ムワリと呼ばれる貝の腕輪と、ソウラヴァ（あるいはバギ）と呼ばれる赤い貝の円盤形の首飾りである。これらの財をあなたは他の島にいるクラ・パートナーと交換するのである。ムワリは反時計回りに、ソウラヴァは時計回りに交易圏のなかを動く。クラ圏の中心をむいて立てば、あなたは右手でソウラヴァを受け取り、それを左の隣人に回し、左手でムワリを受け取り、それを右の隣人に渡すことになる。ただし、財を「受け取る」ためにはあなたはクラ・パートナーのいる島まで出向かなくてはならないのだ。特別な呪術を用いて、特別のカヌーが作られる。クラ・パートナーの島までの大航海は数日かかるうえに、危険に満ちたものである。そして、目的地の島で、あなたは、あなたのクラ・パートナ

ーからムワリを(あるいはソウラヴァを)受け取るのである。

　さて、何のために、人びとは人生を賭けてクラ交換を行なっているのだろうか？期待されるような答え、経済的な利益のためというような答えはない。クラの紹介者、民族誌家マリノフスキーを引こう──「幻想的な原始人ないし野蛮人は、あらゆる行為を、私利私欲を求める合理的な考えにうながされて行ない、目的を直接に、かつ最少の努力で達成する。人間、とくに低い文化段階にある人間が、開化した利己主義からくる純粋に経済的動機にしたがって行動するという仮定がいかにばかげたものであるかは、たった１つのはっきりした実例をあげれば、明らかになるであろう」。実際の「原始人」は、「私利私欲を求め」「純粋に経済的動機にしたがって行動する」「合理的」経済人ではないのだ──そして、その「実例」こそがクラなのである。クラでは合理的であること、言い換えれば、「けち」であること(値切ったり、相手のくれた品に文句を言ったりすること)はタブーである。クラを貫く原理は、私たちの言葉で言えば、「けち」の対極にあるもの、すなわち「気前のよさ」なのである。


## 二　伝統と「伝統」、近代と「近代」

　まず、クラに代表されるような「贈与」と呼び得るような交換が、私たちの社会では、中心的な交換である市場交換におされて周縁部におしやられた感のある交換の一形態だ、ということを確認しておこう。クリスマスプレゼントの交換や、パーティでの気前のよさは、たしかに、大事なものである。しかしながら、これらの贈与交換は人生の一大事、人の生き死にに関連しないものに限られる。人の生き死にに関連するものは、お金を稼ぐ仕事であり、またそのお金

を食物に変換するスーパーマーケットでのやりとりだ。アルバイトの時給の交渉は、雇うものと雇われるものの間の経済的損得勘定だけにもとづいて行なわれる。スーパーマーケットでの買物で、気前のよさを誇示する(「釣りはとっておけ」と言う)ものはいない。贈与あるいは気前のよさの原理は、私たちの生き死にを左右をする市場交換とは異質のものであり、あくまで周縁部のみで作動する原理なのだ。

　人類学者たちは、それとわかるかたちでは述べていないにせよ、かつての人間味あふれた共同体においては、人間味のあふれた交換、すなわち贈与が交換の主たる形態である、と考えた。そのような気前のよさで成り立つ「未開」あるいは「伝統」社会が、いつのまにか、すべてが物質的利益一辺倒の「近代」社会へと変わっていった、そんな(ナイーブと言えるかも知れない)歴史観が人類学者に共有されていたのである。ナイーブであるかも知れないが、資本主義社会・市場社会を相対化するこの一種「ノスタルジックな」歴史観は十分に有効な「文明批判」でありえたのである。人類学者に共有されたこの暗黙の歴史観は、19世紀末に社会学者テンニエスが『ゲマインシャフトとゲゼルシャフト——純粋社会学の基本概念』で、やはり暗黙のうちに、描いた歴史——人間味あふれる共同体(ゲマインシャフト)から機能本位の共同体(ゲゼルシャフト)へという歴史観——と共鳴し合うものである。

　クラのような事例から、「文明批判」に敏感な人類学者の議論に(人類学者ジェルがのちに批判するように)「贈与・互酬性・よきものvs市場・交換・あしきもの」という価値観がはいりこんでしまうのも1つの成り行きだったのかも知れない。かくして人間味のあふれる、贈与交換を行なう、ゲマインシャフト的な彼らの「伝統社会」が、損得だけを考える市場交換を行なう、ゲゼルシャフト的な

我々の「近代社会」に対比されるのである。

　もし、人類学者の描く「伝統社会」は、実は、人類学者による過剰な他者構築の産物以外のなにものでもなく、そして、もし人類学者がそのような「伝統社会」の存在を愚直に信じているならば、そのような人類学者は罪深い存在であろう。

　私はかつて次のように語ったことがある——「人類学者は社会の仕組みを説明するのではない。人びとが自分の社会の仕組みを説明する仕方、人類学者はそれを説明するのである」と。私自身の言葉をひいて、私が現在の脈絡で言いたいことは、「伝統 vs 近代」の対立を、人類学者がある種の「説明」として提示しているのならば、その人類学者は非難すべき人物である——しかし、「伝統 vs 近代」の対立を、人類学者が(彼女の調査する社会の)人びとの説明として提示しているのなら、彼女こそ褒めるべき人類学者だ、ということである。

　「贈与交換 vs 市場交換」を「伝統 vs 近代」に重ねて議論している論者の1人、C. トーレンの議論をここに引こう。南太平洋のフィジーの話だ。トーレンの議論のうち、「伝統 vs 近代」に関する部門は単純である。伝統的な「フィジーの方法」と「ヨーロッパの方法」が対比される。「フィジーの方法」は見返りなど期待しない「与える」こと、すなわち「贈与交換」であり、近代の「ヨーロッパの方法」とは、すべてが「支払い」であるところの「市場交換」なのである。

　「伝統的」で贈与に基礎をおくフィジー文化に、外側から「近代」ヨーロッパ文化、すべてが「支払い」であるようなヨーロッパ文化が侵入する、そして人間的な「フィジーの文化」が堕落するのだ——そのように図式が描かれるのである。

　もし、これがトーレン自身による分析ならば、データの真偽はと

もかく、あなたは、眉につばをつけて、学んだばかりのおまじないを引用すればよい——「他者構築、他者構築、タシャコウチク……」と。ポイントは、この単純な対比は決してトーレン自身の説明ではないということなのだ。

トーレンから引用しよう——「フィジーの生活法ってのはいいだろう。支払いの必要がないんだ。なにか食べたくなれば、いくらでも食べものはある。タロ、キャッサヴァ、ヤムイモ、野菜もあれば、パパイヤ、それにパイナップルもある。食べものに支払いをする必要はないんだ。だれかがおまえに与えてくれる。おなかがすいたんだって。よし、さぁ、こっちにきて、食え。のどが乾いたか、それなら、ここにきてヤコナを飲め。客がくれば俺たちはそいつをもてなす。なにも払う必要はないのさ。そいつがフィジーのやりかたってもんだ。こいつは、首長のやりかた、親族のやりかただ。親族のやりかたにのっとった生活ってのは良いものなんだ。なんの問題もない。なんにもない。だけど、お前らヨーロッパ人は違う。なんにでも支払いを行なう。おまえらは1人っきりで生活する。家族だけだ。親族はだれも近くにはいない。多分とても離れたところに住んでいるんだろう。俺たちにとっては、親族ってのは一番大事なんだ、お前たちにとってはそうではないのだろうが」。

わかってもらえただろうか——「他者構築」をしているのは人類学者ではない——それは「原住民」なのだ。トーレンは決して社会の仕組みを説明しようとなどしていない。そうではなく、トーレンが注目しているのは、人びとが(「原住民」が)自分の社会を説明するその仕方、それに注目しているのである。

交換　　161

## 三　ゲマインシャフトとゲゼルシャフト

　フィジーから私たち自身の社会に目をうつそう。じつは、あなたの回りに、いままでおそらく「いささか縁遠い」と思っていた「贈与交換 vs 市場交換」を「伝統 vs 近代」に重ね合わされる言い回しが満ちているのだ。

　イラク戦争について、あなたの回りをとびかっているさまざまな言い回しを思い起こしてほしい。いささか単純化するのを許してもらおう。「イラクの石油権益をさぐるアメリカ政府」、「それに追随する日本政府」という語り方があるだろう。そして、それに対照して「経済的利益ではなく、人びとの幸せを考える NGO」という言い方があるのだ。

　この対照を理解するには、資本主義社会／市場社会の「通常」の理論をきちんと把握する必要がある。すべての社会に、「一人前の理論」と名づけたくなる理論が存在する。奇を衒った例をあげれば、「首を狩ること」あるいは「人を殺すこと」こそが「一人前の証」であるような社会がある。

　私たちの社会の一人前の証は「市場」に触れることである。あなたがお母さんの皿洗いを手伝って「お駄賃」をもらっても、あなたは「一人前」とは認められない。あなたが喫茶店で皿洗いのアルバイトをすれば、そのときあなたは「一人前」として認められるのだ。あなたが「お駄賃」をもらったときの状況は次の通りである——(1)あなたはお母さんにとってかけがえのない娘である、(2)お母さんはあなたにとってかえがえのない母親である、(3)以上 2 つの「かけがえのない」（あるいは「人間的な」）関係に基づいて、お駄賃は「気前のよさ」原理であなたに与えられたのだ。あなたが「アルバイト代／給金」をもらったときの状況は次の通りだ——(1)あなた

は雇い主にとって交換可能な(もっと安い賃金で働くかもしれない)無名の働き手の1人にすぎない、(2)雇い主はあなたにとって交換可能な(もっと高い賃金で雇ってくれるかも知れない)無名の雇用主の1人にすぎない、(3)以上2つの「交換可能性」(「かけがえのある」)関係に基づいて給金は「けち」原理であなたに与えられたのである。あなたは、弱肉強食の資本主義社会の生き残りであり、それゆえ「一人前」なのである。

　以上がいわば私たちの社会の規範と言えるものである。中学校から高校・大学にかけて、私たちは「お手伝いのお駄賃」(贈与)と「アルバイトの給金」(市場交換)の違いを知るのである。

　「私たちの社会で、贈与が周縁にある」というのは、単に贈与が「生き死に」に関わらない交換だ、というだけではない。それは、私たちの価値体系のなかで、「どうでもいいもの」、「一人前になる前の交換」という位置づけを得ているのである。市場交換にたいして、そのような交換は「おんな子ども」の交換なのである。この言い回し(「おんな子ども」)に注目して、市場社会を第1とするこの規範的な価値体系を「男の価値体系」と呼ぶことができよう。

　市場社会を第1とする「男の価値体系」がある一方、私たちの社会にはそれに対抗する価値体系もあることに、あなたは気づいているだろうか。いわば、「『おんな子ども』の復興」の語り方である。「金銭に関わらない」、「欲得ずくでない」交換あるいは関係こそが、人間味あふれる、そして温かい交換あるいはあるべき関係なのである、という考え方だ。

　「家族」や「地域社会」に注目し、それらを称えることはその1つの例であろう。また、ボランティア礼賛もその1つの例としてあげることができるだろう。自身ボランティア活動家でありながらも、ボランティア活動に対してある程度さめた目をもつ1人の研究者渥

美公秀でさえも、彼の本のなかの大事な個所では次のように書く――
――「近代社会の黄昏(たそがれ)というボランティア社会全体の背景を射程にいれて考えるならば、ボランティアは有用性を越えた彼岸への扉が開かれることと関係があるだろう。すなわち公共性のためとか、経済効果が上がるとかいったことに対する何らかの有用性を備えた手段としてだけでなく、それ自体として生の充足であり、歓喜であるような領域がボランティア1人1人に開ける」。渥美は、経済至上主義に基づく冷たい現在の先に、ボランティア精神に基づく人間味あふれた未来を夢見るのだ。フィジーの人の語りと同じ構造がここに見られることに、あなたは気づくだろう。興味深いのはフィジーの人の語りは、ユートピアは過去にあり、そのユートピアが「支払い」に基づく「ヨーロッパのやりかた」によって堕落させられた、という時間軸で語られるのに対し、上で例に挙げた研究者の語りは、「有用性」や「経済効果」のみを考える近代が、いま除々に生の充足であるようなボランティア社会に変化しつつあるのだ、という(フィジーとは逆向きの)時間軸で語られている点である。

## 四　地域通貨から援助へ

私たちは1つのゲームだけを生きているわけではない。ある時・ある場所で「男のゲーム」をプレイし、別の時・別の場所で「おんな子どものゲーム」をプレイすることは、間違いではない。しかし、1つの場所で、同時に2つのゲームを、矛盾する2つのゲームを、プレイすることは間違っている。そんな場所になりかねない複合ゲームの1つが「地域通貨」である。

2つの矛盾するゲームを包含する地域通貨という複雑なゲームの

プレイヤーの不安定さを、フランスのある共同体の地域通貨（SELという）について考察した人類学者は次のように言う——「第3の交換としての SEL 交換の立場はそれほど安定したものではない。なぜかというと、SEL 交換について語るとき、時に商売『のようなもの』として語らざるを得ないし、時に贈り物『のようなもの』として語らざるを得ないからだ」。しばしば、「地域通貨は商交換ではない、人を助けるために行なうのだ」と語る人が、同時に、「取引の不平等性」について文句を言うのである。この不安定さのなかにときおり見えかくれするのが、贈与と取引に加えて、もう1つの交換、すなわち上下の関係をつける交換である。SEL に参加する移民が「私たちは助けられているわけではない。商取引をしているのだ」として立場の平等性を訴える時、移民は「人間味のあふれる贈与」を否定しているのではなく、「上下関係をつくり出す交換（例えば、ほどこし）」を否定しているのである。

　地域通貨をめぐる語りの不安定さのなかに、国際援助の倫理についての語りの不安定さと類似の構造を見いだすことができるはずだ。ある意味で援助もまた「贈与『のようなもの』」であると同時に「商売『のようなもの』」である。そして、それをほどこしのゲームとして語ることは、誰にとってもタブーなのである。

　タブーであるというのは、しばしばそれが犯されていたことの証である。植民地時代の言葉かとみまがうばかりの「大人と子供」「発展した人びとと未発達の人びと」といった比喩が援助する側とされる側の関係を表現する手段として使われる。

　援助の問題は、さらに、二重の「伝統と近代」の問題であることも忘れてはならない。それは、援助する側の「伝統と近代」の枠組み（もしかしたら、「（援助する）進んだ近代社会 vs 援助される（遅れた）伝統社会」かもしれない）のみならず、援助される側の「伝統と

交換　165

近代」枠組み(例えば、それは「よき伝統 vs 悪しき近代」かもしれない)をまきこむ現象である。

フィリピンのアエタから、この二重の枠組みのもつれをまざまざと示す事例を示そう。アエタは自らを「狩猟の民」、「先住民」としてとらえる。「褌(ふんどし)姿に弓矢」は古き良き「伝統」のシンボルとしてさまざまな場所に刻印される。そして、「資金や援助物資を提供してくれるNGOの関係者を現地に迎えるとき、その歓迎のためのアトラクションとして、かならず褌姿に弓矢を携えた男が狩猟のダンスを踊る」という。同時に、彼らは、「NGOや善意の人びとから、記念写真のため、褌姿に着替え弓矢を持ってポーズを取ることや、その姿で踊ることを要求されたときには、きわめて不快であった」と語る。おそらく、NGOの人びとは途方にくれたであろう。「なぜ自らは褌姿を誇るのにも関わらず、私たちが褌姿をしてくれと頼むと怒るのだろうか」と。わたしのこの小論を読んでくれたあなたには、彼らの当惑を解く力がある。援助される側の「伝統と近代」を、援助をする側の「伝統と近代」へとむりやりに翻訳することとは、「ほどこし」のゲームをプレイすることにほかならないのだ。

「ほどこし」のゲームを避けること、そして2つの枠組みのもつれを解きほどくことは援助の問題を考えるさいに忘れてはならない課題である。マリノフスキー以来の人類学の交換論こそが、この課題にとりくむ人びとにとっての解決策を提供することができるのである。

**参考文献**

渥美公秀 『ボランティアの知――実践としてのボランティア研究』(大阪大学新世紀セミナー) 大阪大学出版会,2001年.

清水展 「開発の受容と文化の変化」 川田順造，岩井克人，鴨武彦，恒川恵市，原洋之介，山内昌之編 『岩波講座 開発と文化1 いま、なぜ「開発と文化」なのか』 岩波書店，1997年．

中川理 「あいまいな交換——フランスのある SEL（地域交換システム）における交換とエスニックバウンダリー」 小泉潤二，栗本英世編 『場を越える流れ』（大阪大学21世紀COEプログラム『インターフェイスの人文学』「トランスナショナリティ研究」 2002・2003年度報告書），2004年．

中川敏 『異文化の語り方——あるいは猫好きのための人類学入門』 世界思想社，1992年．

マリノフスキー，B. 「西太平洋の遠洋航海者」『世界の名著』 59，中央公論社，1967年．

モース，M. 「贈与論」『社会学と人類学 I』 弘文堂，1973年．

Gell, Alfred, "Inter-Tribal Commodity Barter and Reproductive Gift-Exchange in Old Melanesia," in Caroline Humphrey and Stehphen Hugh-Jones (eds.), *Barter, Exchange and Value: an Anthropological Approach*. Cambridge, New York, Port Chester, Melbourne, Sydeny: Cambridge University Press, 1992.

Toren, C., "Drinking Cash: the Purification of Money throught Ceremonial Exchange in Fiji," in J. Parry and M. Bloch (eds.), *Money and Morality of Exchange*. Cambridge, New York, Port Chester, Melbourne, Sydney: Cambrdige University Press, 1989.

## 2つの古典の解読法

# 結婚

**船曳建夫**

クロード・レヴィ=ストロース
『親族の基本構造』

ディビッド・シュナイダー
『アメリカン・キンシップ』

　古典は読み返さなければいけない。少なくとも2度は。1度目は、あらかじめ耳に入っていた知識をなぞるだけに終わるかもしれない。2度目には最初の時には気付かなかった新しいことが発見される。その新たに発見されたもの、それが古典と呼ばれている著作の真の中身である。ここで取り上げる2冊も古典といってよい名著である。しかし、比較的最近の著作であり、まだ完全に評価や学説史的な意味は定まっていない。この「結婚」では、この2冊を私がどのように読んで来たか、そしてそこから「結婚」についてのどのような考えが引き出されたかを書くこととする。

# 一 『親族の基本構造』を読む

## 1 「親族研究」ではなく、「交換」と「互酬性」がテーマ

『親族の基本構造』を古典として提示するからには、この長大さへの対処法を書かずにはいられない。それを抜きにはこの本を紹介したことにはならない。

例えば、あなたがこのレヴィ＝ストロースの『親族の基本構造』をまだ読んでいないとして、これについて何を知っているだろうか？親族研究の古典、膨大な資料による長大な本、近親婚の禁止、女性の交換、限定交換と一般交換、そしてこれが構造主義のそもそもの始まりであるらしいこと……。私が最初に手にした時も、この長さと内容に、早く終わることを期待しながら、ややこしいところは字面だけ追い、とにかく読了した時頭に残ったのはそういうことであった。なるほどうわさ通りのことが書いてあった、である。こうした「１度目の読書」なら、あなたはしなくていいかもしれない。

２度目は違った。どう組み立てられているかが分かった。その時は、ゼミで学生と一緒に読んだこともあって、別の意味で丁寧に読んだ。ややこしいところは学生が解いてくれて助かった。そうやって読んでみると、全体の組み立てが見えてきたのだ。

この本の構造は題名通り分かりやすい(Elementaire)。最初に結婚と交換の人類文化における位置を示し、近親婚の禁止と女性の交換が構造的に組み合わされている話をし、イトコ婚を中心として資料の分析に当たる。扱われる資料は、世界のさまざまな民族誌から取られるが、カムチャッカ半島とインド、オーストラリアの３点を結ぶ地域が主たる対象とされる。結論では、初めに述べた人類文化における「交換」の重要性が再び論じられて終わる。

みごとなものだ。２度目に読んだ1980年頃の基準からすれば、30

結婚　169

年近く前のレヴィ＝ストロースの資料の選択と扱い、親族集団、出自の定義と理解は批判されてしかるべき点はあった。しかし、なんと言っても、これだけの情報量をこなし、地域をカバーし、交換と結婚にまつわる問題群を何から何まで言おうとする、19世紀の理論家にも似た手腕に誰もが圧倒される。しかし、今回、この文章を書くために、もう1度、つまり3度目に読み返してみると、親族研究という研究分野が蒸発してしまった今、むしろ、1949年の発刊時の彼の意図が浮き上がってくる。

　この本における彼の意図は2つある。まず第1は明らかな意図で、「女」の交換、互酬性の原理が人類の社会を成立させている、その論理構造を説明すること。第2はその第1の意図の裏にある意図であり、そうした基本構造を明らかにすることで、現在の私たちの社会が持つ複合構造の考察に進めることの示唆、である。

　第1の意図は本の最初に明らかで、途中で何度も取りあげられ、最後に再び念を押される。しかし、この本を「親族研究」の大著として読んでいると、交換と互酬性の原理の解明は、この本の持つ、波及的な意味合いであるかのように思えてしまう向きがあるが、話は逆である。いわゆる社会人類学の「親族研究」への影響の方が波及的であり、交換と互酬性がこの本の中心的課題なのだ。

　この本の初めての読者であるあなたには、「1度目の読書」は、解説本などであら筋として「読んで」しまい、「2度目の読書」から始めることを勧める。その場合、私の2度目の読書のように、親族研究の古典として読むやり方もある。しかし、親族理論の再検討や親族研究学説史の洗い直しをしたいのでなければ、2度目の読書を私の「3度目の読書」のように読むのがよいだろう。すなわち、基本原理としての「交換」を読むのである。その場合以下のような読み方が参考になるかもしれない。

2 具体的な読み方の例

　序説の第1章「自然と文化」は精読する。第2章「近親婚の問題」は今となっては古い議論なので、あまり気にせずにさらっと読む。そして、第1部「限定交換」のなかの、第1篇「交換の基礎」、全8章を熟読する。ここは面白い。例えば、第7章「古代への幻想」。第2篇「オーストラリア」は、すらすらと読むことが出来るのなら読んでも良い。また、あなたが親族研究に関心があるのなら、ここは読まなければならない。しかし、読むのに困難を感じたり、興味が湧かなければ丸々飛ばすか、飛ばし読みをしてもよい。

　第2部「一般交換」は、第1編は読んでもよい。ただし、ここでも困難を感じるのならそれを完全に理解しようと無理をすることはない。そう言うのにはいくつかの理由がある。単に難しいというのもその理由の1つ。しかし、その難しさも、もしあなたが親族研究に強い興味があれば理解できる。また、親族研究の論文をこれまでにも読んできて慣れているか、複数の人間と共同で読んだり――私の場合――すれば、克服することが出来る。つまり、読めないのは、単にあなたが初心者であったり独学者であるために難しすぎるのか、またはあなたのなかに強い欲求がないからであって、無理に理解しようとすることはない。第2篇「漢民族の体系」は飛ばしてもよい。レヴィ＝ストロース自身、この部分は自信がなさそうである。読みたいのであれば、もちろん止めない。私も1度は読んだ。第3篇「インド」これも、ここまで読んできて、あなたのなかに出来上がっているはずの興味のラインに沿って、面白いと思うところだけ読んでいけばよい。ただ、この第3篇の最後、27章「互酬性のサイクル」になると、インドの事例の個別分析ではなく、結論に向かうまとめの色彩が強くなる。ことに、786頁の85図：「互酬性のサイク

結婚　　171

ル」は、理解しておかないとそのあとにつながらない。だから、27章は外せない。そして、結論である。ここは序説に呼応するように、大構想が、レヴィ＝ストロース節ともいうべき語り口で、展開される。もちろん、ここは読むべき箇所である。

　やや強引な判断基準であるが、こういった取捨選択を自分でして読まなければ、この本の難解な部分に足を取られ、退屈なところで読む意欲を失いかねない。もちろん、この程度の本を頭から終わりまで苦もなく読み切れる人には、この助言はもとより無縁である。

　こうしたアドヴァイスが必要なのは、もちろん難しいと言うこともあるが、1つにはレヴィ＝ストロースの構成がやや乱れているからである。先に全体の構成は「分かりやすい」と書いたが、表層のレベルでは大づかみにうまくできているのだが、そこより深いレベルになると、主たる幹に、こぶでも付いたように、主要な話なのかどうか分からないまま、その小さな部分にも強い論証がなされたりする。そこは読者は自分の判断で取捨選択すること。

　例えば、第7章「古代への幻想」である。私にはこの箇所は面白かった。この章では、それ以前にもしばしばあった、幼児と未開人とを比較して推論するようなものが展開されるが、それも単なる人間進化論に基づく機械的な説明がなされるのではなく、のちの「野生の思考」に通じるような人間の奥底に近づこうとする試みが大胆になされる。この本にはレヴィ＝ストロース的跳躍の仕方が全編にわたって見られるのだが、ここはその1つだ。この「こぶ」は私にとっては、汁のしたたる美味しい文章だった。逆に例えば第2篇「漢民族の体系」は私には、魅力的に思えたことはなかった。しかし、いつか再読して、そこに何かが発見されるかもしれない。

　さて、この本のもう1つの意図、そうした基本構造を明らかにすることで、現在の私たちの社会が持つ複合構造の考察に進むこと、

それはレヴィ＝ストロース自身はその後、やっていない。それは私たちの課題として残されているのだが、次にあげるシュナイダーの著作はその1例とも言える位置を占める。

## 二 『American Kinship』を読む

　レヴィ＝ストロースの本と比べるとこれは遙かに薄い。読み方についてあれこれ具体的に言う必要はない。しかし、この本もまた、特異な点を持つ。当時親族研究とは、アフリカやオセアニアの社会について行なわれるのが普通であったから、アメリカ社会を扱ったこの研究はやや特異であった。それは、この本が、1960年代〜1980年代の親族研究の論争に、他の伝統的な社会の事例と同等に扱われたことがあまり無いことからも分かる。しかし、この本もまた読み返すことで、その印象が異なってくる。

　シュナイダーが本の冒頭で繰り返し述べているように、これは、アメリカという社会における親族のあり方を、文化として記述する(A Cultural Account)試みであったが、私は第1回目の読書時には、そのようにはとらえることが出来なかった。当時の親族研究の論争に直接につながるものではないことをいぶかしんでいた。伝統的な社会で行なわれている調査を先進国の産業社会でやってみるとどうなるか、の試作品という印象を持ってしまった。

　彼は、1980年の改訂版で第7章として Twelve Years Later を付け加えているが、そこからまた20年経った現在読み返すと、シュナイダーの著作は現在の私たちに重要性を増しているように思える。彼が描く「アメリカの親族関係 American Kinship」は社会集団の構成原理でもなく、そこにレヴィ＝ストロースの言う親族の基本構

造——配偶者の選択が自動的に決定される体系——が働くのでもない。かといって、産業社会のもたらした新たな、資本主義的な社会関係が強く作用するのでもない。そこには、彼が言うところのシンボルの体系としての「文化」、例えば、「血」と「婚姻」が、強い要素として2種類の親族(relative)についての考えを生みだす。アメリカ社会では、人は血によってつながっているからといって、実際に親族としてつき合っているのではなかったりする。また、婚姻関係によって新たに関係づけられた人たち、例えば血によってつながった叔母と結婚をした人が「オジ」となり、血のオジのごとく、疑いを容れないような親族として存在したりする。「血」と「婚姻」という第1レベルの条件の下位に、さまざまな事情が入り込んで、人びとの実際の親族に関するとらえ方を生み、現実の親族関係が構成される。それは、アメリカ社会のなかのさまざまな「関係 relationship」のなかで特異な、「永続する、広範囲な結束」(enduring, diffuse solidarity)を作り出す。

ただしシュナイダーはそのような親族関係を人びとが持ち、それにふさわしい振る舞いをする、という行為のレベルでこうした事態をとらえるのではない。あくまでそうした行為がどのような文化シンボルのもとにあるのか、という、「文化」の方に探求は向かう。その「文化」をめぐってこの本に対してなされた批評に、シュナイダーは上記の改訂版、第7章で、丹念に反論しているが、読者はその正否を判断する必要はない。判断はせずとも、そのシュナイダーの主張がこの著作の前提としてあるのだとして本の内容の方を理解すればよい。

シュナイダーは『A Critique of the Study of Kinship 親族研究批判』という本で、自ら、親族研究にとどめを刺してしまったところがあるが、それは親族関係の規範が社会関係を構成する、という立

場に立つことの危険の指摘であって、親族研究自体がそこに絶えたのではない。親族関係が「文化の単位(unit)・構成(construct)」、として働く時のシンボル作用の研究としてはこの本から学ぶことは大きい。それは、『親族の基本構造』の第2の意図、複合構造の研究——それはレヴィ＝ストロースの意図した方向とは必ずしも一致しないかもしれないが——となるはずである。

## 三　この2つの著作にあるモデルを使って「結婚」を考える

　レヴィ＝ストロースは、「結婚」は親族の関係を紡ぎ出すことで社会を成立させたと考える。その論理的な構成のなかで、親族の基本構造は、どの女が交換される対象となるかを決めることによって、結婚を決定する。ではそのことは私たちがいま生きる、「複合構造」——親族の範囲をどこまでと限定するだけに止まり、配偶相手を決める役目を経済的または心理的な他の機構にゆだねる——の社会を考える際にどのようなモデルとして利用することが出来るのか。

　まず問う、今の私たちの「複合構造」の社会が結婚のメカニズムを他の機構にゆだねられることは分かったが、ではそのようにして成立した結婚という「交換」によって現在の社会は基礎づけられているのか。——そのようには思えない。では結婚に関わる交換の論理で人類を説明したレヴィ＝ストロースの理論は、現在の諸問題に意味を失っているのだろうか。それは人類の歴史的段階を説明することだけに意味があるのだろうか。

　彼が「親族の基本構造」を人類文化の原理として解き明かしたのには、前提があった。「女」の希少性である。しかし、現在の産業

社会の技術は、幼児死亡率を格段に下げ、個人の生存年数を飛躍的に延ばしている。そこでは、生み育てることは難しくなくなっている。個人ではなく社会にとって、マルサスが説いたような人口の増加を抑え込む「罠」、戦争と疫病と飢饉は、人口論的レベルではもはや克服され、社会にとって、次世代を産むことはコントロールしうることとなった。そこでは、交換されるモノとしての「女」は価値を減じている。いやむしろ、「産まない女」が増えるようになって、「交換される」こと、そのような「女であること」は批判されている。

このとき、「親族の基本構造」を推論のモデルとして、別の切り口を探すことは出来ないだろうか。それを試してみよう。

「女」ではなく、「基本構造」の段階では重視されなかった、交換されるモノとしての「財」が、社会を主導していくことはないか、と発想してみる。その「財」とは市場における資本主義的な交換財を指しているのではない。レヴィ＝ストロースが「交換」という運動を取り上げた時、すでに述べたようにそれは互酬性を本質とする交換のことであった。では、そのような互酬性を内に秘めたモノが交換されることによって、社会関係が作られることはないだろうか。それが、複合構造の社会の軸となるようなモノが。

互酬性に則った交換、そして、そこで交換されるものが希少性を持ち、かつ市場で価格を与えられたりはしないもの。それが「財」であるかどうかは別として、身体的なサービスがあるだろう。それから極端な例として「臓器」というモノはどうだろうか。

育児、介護、「癒し」、といった「身体的サービス」には心理的な、理念的なメカニズムが働く。そこには互酬性の持つ、他者を互酬する人格として認めること、そこに交換されるものが「等価」として計られてしまわない、特殊に固有性を帯びたものであること、が確

かにある。その互酬性による「身体的サービス」が社会を成立させることはないだろうか。現在その動きが見られないだろうか。それが誰とのあいだで交換されるかは「基本構造」のように一律には決まらない一方、「身体的サービス」は市場による等価交換としても成り立ちにくい。その互酬性は、「基本構造」における「女」と市場における「商品」のあいだに位置するのではないか。

　また、臓器は、奇妙なモノである。「免疫」というメカニズムにより、交換される相手を選ぶ。しかし、死を仲立ちにして臓器が提供されていく時、誰から誰に渡されるかは人類の文化の「機構」を超えた、偶然の要素すら入ってくる。広い社会における、前の世代から次の世代への時間を超えた互酬性がそこにはある。しかし、臓器のこうした特徴は今の技術水準によって縛られている問題かもしれない。分からない領域に問題を広げすぎないように、ここにシュナイダーの結婚についての考察をモデルとして導入しよう。

　彼は結婚が夫婦と親子を生じせしめるが、夫婦は「行為」、例えば性行為や愛の身振りの関係であり、親子は「血」の関係であることを繰り返し述べる。その対立に、「親族関係」をシンボル体系として作り出す、全てのゲームの始まりがある。

　臓器が子から親に向かって提供される例がある。命を作るために精液や卵子が交換されるように、自然の肉体が子から親へ向かって動く。しかし、それは親が子へ「からだ」を与えた行為への返礼と考えられる。ここに交換が成立する。しかしこうした技術が現れるまでは、子から親へ向かって、身体という要素が流れることはなかった。これは全く新しい事態である。夫婦のあいだでは免疫の壁によってこうした贈与は難しい。これは親子のあいだだけで成立することである。考えてみれば、先に述べた、育児、介護、「癒し」といったサービスも、親子のあいだに行なわれる。育児と介護は親子

間の、互酬的な交換である。

　ここで、シュナイダーの著作における、アメリカ人にとっての夫婦と「愛」についての論述が思い起こされる。アメリカ人にとって、「結婚は楽しいこととはなりえても、楽しむためにすることではない It may be fun, but it is not for fun」。シュナイダーの本の初版が出た1968年から今日まで40年弱で、アメリカの「結婚」は不安定になり、かつその意味は変わりつつある。そして、夫婦の異性「愛」も、フェミニズムの議論が定着し、同性愛者が社会に一定の位置を占めるようになったことによって、常に動かぬ前提ではなくなった。そうした現在を背景として、アメリカ社会では、「親子」が単なる「結婚」の結果ではなく、「血」によって決定されながらも同時に「夫婦」のように「行為」によって永続する関係として新たな意味を持ち出しているように思える。例えば介護、極端には臓器を移植する、という行為。

　このことは、シュナイダーがすでに触れたことである。しかし、レヴィ＝ストロースの著作と合わせ鏡のようにしてモデルを取ると、現代の複合構造の社会のなかで、結婚は自動的には決まらないものとしてあるのに対し、「親子」はすでに決まったものとして、逆に人が能動的には変えることの出来ないものとしてあることが、重要なものとして浮かび上がってくる。臓器移植が親子のあいだに行なわれること、それは彼がいう「文化構成」として、アメリカ社会だけではなく、先進産業社会の親子関係に、少なからぬ意味を投げかけるものとなっているだろう。長期的には医療の発達は臓器移植を古めかしい文化行為・技術として置き去りにするかもしれないが、親子、兄弟の間の「血」によるつながりは、その医学的「身体」の同一性によって、臓器移植だけではない新たなこと、例えば代理出産、精子を貰い受ける、といったことを始めとするさまざまなこと

を生み出すかもしれない。

こうした2つの著作からのモデルをつかった試行は、ほんのささやかな例である。それが可能なのは、『親族の基本構造』が、中程度の論理のあいだの整合性に関して、驚くほど柔軟な姿勢を持っていることと、シュナイダーの『American kinship』がいわゆる「親族研究」から離れて、文化論としての親族研究を行なう独自の立場を貫いて書かれていることに因るだろう。

**参考文献**

レヴィ＝ストロース，C. 『親族の基本構造』（馬渕東一，田島節夫監訳，花崎皋平ほか訳）　番町書房，1977年．

Schneider, David M., *American Kinship*. The University of Chicago Press, 1980.

Levi-Strauss, C., *Les Structures élémentaires de la parenté*. Paris: Mouton, 1967.

理解モデルとしての現代的意義
# 政治社会の構成

## 木村秀雄

エドワード・エヴァンズ＝プリチャード　　ロバート・レッドフィールド
　　　『ヌアー族』　　　　　　　　　　　『未開世界の変貌』

　人類学において、研究の重点や注目される分野は時代によって大きく変わってきた。人間の社会を対象にした分野においても、イギリス社会人類学において盛んに行なわれた親族研究や、社会構成に関わる詳細な研究は影を潜め、社会経済史において中心テーマであった共同体研究も、近年ではほとんど忘れさられてしまった。しかし、社会の構成の問題は違う視点から再び注目されるようになってきていると思う。現代的なテーマ、例えば開発や協力の分野においては、社会研究の重要性がまた認識されるようになっているのである。

　ODA（政府開発援助）や民間の NGO（非政府組織）などによって行なわれる援助・協力の供与対象は、特定の個人ではなく、何らかの

形で平等性や共同性をもつ社会集団である。援助・協力分野での新たな概念として注目される「人間の安全保障」においても、社会集団の重要性が語られ、個人のエンパワーメントに際しても、社会の一員としての個人の能力開発が目標とされる。また、個人の持つ資源として、人びととの関係や文化を含む社会関係資本(social capital)が注目されることをみても、「社会」や「共同性」に新たな注目が集まっていると考えるべきである。

これは、対象社会がどのように構成されているかについての理解なしでは、どのような形で援助が行なわれるべきか、またどのような集団を単位として援助を供与すべきか、また外部とどのように関係を取結べばいいのか、決定することができないことを意味している。特に、援助活動に従事する人びとと対象社会の良好な関係、近年しばしばシナジー関係*という用語を持って語られる関係、を取結ぶための基礎として、対象社会がどのように構成されているかについての理解を欠かすことはできない。

この理解は、ただ現地社会に住んだから生れるものではなく、対象社会の構成をモデル化する作業なしには行なうことができない。モデル化作業は、その社会を実地に知らない人びとにもその社会を理解する道を開くものであり、人類学においても欠かすことができない手続きである。この章では、政治社会集団の構成モデルが人類学においてどのように提示されてきたかを扱いながら、古典と現代をつないでみたいと考える。

本章における考察の対象は、それぞれ対象地域もモデルの性質も大きく異なる2つの古典的研究、エヴァンズ＝プリチャード『ヌアー族』［東アフリカ］、レッドフィールド『未開世界の変貌』［ラテンアメリカ農民社会］である。同種の研究は他にもあるが、今回はこの2つに限定して論ずる。

政治社会の構成　181

## 一　モデル構成

### 1　『ヌアー族』

『ヌアー族』は大きく2つの部分に分けることができる。前半部は、ヌアーの住む地域の生態や牧畜、特にウシとの関わりが中心テーマであり、ヌアーの社会・文化と環境や生業との関係が重点的に論じられている。特に人とウシの相互依存関係が強調される。また、生態学的条件によるヌアーの季節的移動に関しても詳細に論じられ、高い評価を受けた。

しかしながら、『ヌアー族』の中心的な部分は後半部すなわち第4章「政治体系」、第5章「リネージ体系*」であり、その前におかれた第3章「時間と空間」が、前半部と後半部をつなぐ役割をはたしている。

エヴァンズ゠プリチャードが提示した構造モデルを要約すると次のようになるだろう。ヌアーには中央集権的な政治の中心がなく、政治的な機能を持つ集団は、ヌアーを構成する各々の部族の分節*によって担われる。そして、各々の部族は3つのレベルの分節、すなわち第1セクションから第3セクションに分節されている。そして、親族集団をみると、ヌアーは最大の親族単位である少なくとも20の父系*クランによって構成され、クランはリネージに分節している。エヴァンズ゠プリチャードは4つのレベルのリネージを想定しており、クランは最大リネージに、最大リネージは大リネージに、大リネージは小リネージに、そして小リネージは最小リネージに分節している。

結果として、政治組織と親族組織は同じような分節構造を持つこ

とになる。両者の関係は、エヴァンズ＝プリチャードの言葉を借りれば次のようになる。すなわち、「政治集団とリネージ集団は完全に一致するものではないが、一定の対応関係があり、しばしば同一の名前をもっている。というのは、部族領域とその諸セクションは、そこを最初に占拠したと考えられているクランやリネージによって名づけられていることが多いからである。」

リネージやクランは必ずしも地域的にまとまっているわけではない。それ故に、政治的単位である地域集団と親族集団はそのメンバーが完全に重なるわけではないが、理念的には2つの原理を重ねあわせて捉えられており、ヌアーの政治的同盟・対抗関係は、政治的および親族的な距離、すなわち系譜関係の遠近とそれに対応した地域分節間の構造的距離によって決まる。これが、いわゆる「支配者なき部族 tribes without rulers」または「国家なき社会 stateless societies」と分類される社会の政治原理として広く使われるようになったものである。

## 2 『未開世界の変貌』

『未開世界の変貌』は、未開社会から文明社会への変化について論じた著作であるが、本章に関係して注目したいのは、未開と文明の中間段階として「民俗社会 folk society」という概念を提唱していることである。かつての人類学がいわゆる「未開社会」に調査研究の中心をおいていたのに対し、レッドフィールドは、農民社会などそれにあてはまらない社会をも研究の対象とすべきであるとするのである。そして彼はメキシコのさまざまな農民社会を調査して、民族社会論を発表した。

レッドフィールドの農村民族誌として名高いのが『テポストラン、メキシコのある村』である。この村はメキシコ中央高原にある農村

共同体で、メキシコ革命における農民運動に大きな影響を受け、その後遺症も残る村である。レッドフィールドはこの農村共同体を、辺境地に残る未開社会とも、都市の文明社会とも違うが、人類学の対象としてふさわしい、自足した共同体として描いている。レッドフィールドはまた、調査研究の範囲を一村落から大きな地域へと拡大させて、『ユカタンの民俗文化』も発表している。

1930年に発表された『テポストラン』の再研究として刊行されたのが、オスカー・ルイスの『あるメキシコ村落の生活――テポストラン再研究』であり、1951年に出版された。この民族誌は、レッドフィールドのものよりずっと詳細で、レッドフィールドのいう「中間段階」論からも離れている。オスカー・ルイスの時代には、メキシコ農民社会を調査研究することは人類学として別におかしなことではなくなっていたために「民俗社会」論をあえて持ち出す必要はなくなっていたのである。しかし同時にレッドフィールドを引き継いで農村共同体としての独立性やそのまとまりの詳細な記述に多くのページが割かれている。

ルイスの他にもいくつものメキシコ農村部に関する民族誌が発表されていくなかで、農村社会は変化のなかにある不安定な社会ではなく、独立した閉鎖的共同体であるという像が作り上げられていった。社会の共同性を守るメカニズムとしての宗教世俗位階制度(カルゴシステム)や代父制度(コンパドラスゴ)などに注目が集まり、フォスターによって「共同体のなかにおいて良きものの総量には限度があり、人びとはそれを分け合うのみである」という「限定ある善 limited good」の観念があると提唱されたのも、農村社会の閉鎖的共同性を強調する流れの一貫である。

## 二　モデルの特徴とその後の展開

### 1　モデルの特徴

　ここに掲げた2つの社会モデルには、それぞれ違いはあるものの、1つの根本的共通性を見出すことができる。それは、社会の構成を把握するためには、単なる観察の集成ではなく、全体を統一して理解するためのモデルが必要であるという認識である。エドマンド・リーチがビルマ(ミャンマー)のカチン社会の政治社会を描く時に、現地社会で見出される言語的な範疇をモデル構築の基盤としたような構造主義モデルほどは観点が明瞭（めいりょう）ではないにせよ、エヴァンズ=プリチャードにもレッドフィールドにも、モデルを構築する意識を、はっきりと見出すことができる。

　エヴァンズ=プリチャードの場合には、現地社会の言語範疇を重視する観点は、後に書かれた『ヌアー族の宗教』のなかで前面に押し出され、当時としては異例にヌアーの単語が文中に頻出（ひんしゅつ）している。また、彼の社会政治モデルはヌアー自身の社会モデルと大きくかけ離れていないとも判定できる。レッドフィールドの場合には、メキシコの農民社会を当時の人類学が調査するに足るフィールドであると規定しようとする意識が、「中間段階の社会」という概念規定をもたらし、農村社会を「閉鎖的共体的共同体 closed corporate community」と定義する人類学的潮流を導いたのである。そしてこの定義は、農民自身の自己規定とも、大きく異なってはいなかったのである。

　しかし、このようなモデル構成に問題がなかったわけではもちろんない。ヌアーに関しては、近接するディンカとの関係がまず問題になった。ヌアーとディンカは別のグループなのか、それとも1つの大きなグループのなかの区分にすぎないのか、また、エヴァン

ズ=プリチャードによって描かれた社会モデルはディンカの領域に向かって拡張を続けるヌアーの地方集団にのみ適用できるモデルではないのか、といった論議が巻き起こった。

そして、ヌアーの「中心を持たない分節モデル」をもとにした比較研究も数多く行なわれたが、その適用例の1つとされた西アフリカのタレンシ社会が実はマンプルシ王国の下位集団にすぎず、政治体系全体を考慮に入れた場合には「分節モデル」を単純に適用することは間違いであることも明らかになった。このモデルを単純に他の地域に適応してはならなかったのである。

レッドフィールドについて言えば、彼の提唱した「中間段階の社会」が理念的モデルであることが忘れられ、「農村共同体」像が実証的な社会像であるかのごとく受け取られるようになったことが問題であろう。「閉鎖的な共同体」の姿は当たり前となり、歴史的な変化や内部の矛盾は覆い隠されることになったのである。

これが最も明瞭に現れているのは、メキシコの農村共同体がメキシコ革命によって大きな影響を受け、その共有地の存在自体がメキシコ革命の成果の一部であることが、レッドフィールドやルイスの研究からは強く浮かび上がってこないことである。テポストランを含む地域がメキシコ革命期農民運動の中心地の1つであったことは語られても、革命と共同体の構成の関わりについて詳細に記述されていないのである。

## 2 その後の展開

ヌアーの居住地を含む南部スーダンは、近年大きな話題を提供してきた。ブッシュ政権によって、スーダンはテロ支援国家の烙印を押され、いまだに続く内戦とそれにともなう虐殺や大量の難民流出は世界的な注目を集めている。人類学においても、この地域に関す

る関心は持続し、いくつもの重要な研究が発表されてきた。

そのうち最も重要なのが、ジョンソンの『ヌアーの予言者たち』と、ハッチンソンの『ヌアーのジレンマ』である。前者は、ヌアーの予言者を議論の中心においた歴史研究であり、後者はスーダン内戦のなかでヌアーの人びとが市場や戦争の状況に自らをどのように適合させてきたかを描くものである。また、この内戦については、栗本英世も数多くの優れた研究を発表してきている。

そのモデルに対して現在では疑問や批判があるにせよ、エヴァンズ＝プリチャードのヌアー研究のような、歴史研究や比較研究の基盤となりえる詳細で優れた民族誌が存在することは、研究の進展にとって極めて重要なことである。彼の研究をきちんと消化することなく、現在の最先端の研究だけを取り上げても意味はない。

ラテンアメリカの農村共同体については、その歴史的編成に関する研究が進んだ。メキシコにおいては、農村共同体成立に対するメキシコ革命の影響が強調されるようになった。南アメリカのペルーやボリビアにおいても、農村部の先住民共同体と農地改革の関係は重要な研究テーマであり、共同体が単なる閉鎖的・静態的な社会ではなく、周囲の政治経済情勢に適合して変化してきたという社会像はすでに常識となっている。

さらにまた、農村共同体がかつて考えられたような平和で平等な社会ではなく、不平等や矛盾が渦巻く社会であることも次々に証明されている。特に、急速に進む都市化にともなう人口流出によって都市に住む農村出身者が増加し、彼らと出身村の関係や、農村部における文化復興運動などが、現在大きな研究テーマとなっている。各国で勢いを増してきた先住民運動を歴史的・政治的文脈のなかにおいた研究も次々に現れている。

## 三　現代の状況に適したモデルとは

　社会をどのように描いたらよりよい理解が得られるか、それはひとえに、いかなるモデルを適用するかにかかっている。社会をただそのまま描くことなどできはしない。モデルの構成は、それが作られた時の学問的および社会政治的な情勢と大きく関わっている。エヴァンズ＝プリチャードのモデルは、構造機能主義はなやかなりし学問状況と無縁ではない。また、彼の調査は、イギリスによるスーダンの植民地統治と深く関わっている。

　また、未開社会を追い求めていた当時の学問状況のなかで、変化した純粋でない社会として学問的に切り捨てられかねなかったメキシコ農村を、人類学研究のなかに位置づけたいという願望を、レッドフィールドが抱いていたことは間違いない。その時、彼のモデルは歴史研究から切り離された当時の人類学研究に限りなく接近することになった。メキシコ農村を変化し構造が見出せない社会としてではなく、はっきりした境界を持ち、内部が統一された社会と描くことが、人類学の対象としてふさわしい、という先入観から逃れることができなかったのだと思われる。

　彼らのモデルが間違っていて相手にする必要がないといっているわけではない。メキシコの農村もただ闇雲(やみくも)に変化しているわけではなく、内部に組織があるのは当然である。ただそれを過度に「伝統的で」「閉鎖的で」「変化しない」社会と描くのには問題があり、そのようなモデル構成には時代の影響が明らかに見られることを意識しなければならないことを指摘しているだけである。

　開発援助という枠組みのなかで社会を考える時、援助対象社会を過度に美化してとらえようとする傾向が、明らかに見られる。例えば、ペルーの先住民社会の間で、開発援助や観光開発の対象となる

社会を探そうとする場合、平等や共同性が保たれているかにみえ、言語や固有の文化要素が保存されている先住民共同体に注意が向けられる明らかな傾向がある。社会変化が激しかったり、固有の文化が失われている社会には外部の手は届きにくいのである。

このような情勢のなかで、先住民社会などをどのような社会構成モデルでとらえるべきか、慎重に考えなければならない。妙な形で美化された「伝統的」な先住民共同体の社会構成をどのような形でモデル化したらよいのか、開発援助や観光開発という前提条件に我々はとらわれすぎていないか、見極める必要性がある。社会を作り上げた歴史的条件や、周囲の社会との関係に対する考慮を欠かすことはできないだろう。

共同体的な社会関係はかつては発展に対する阻害要因として考えられてきた。このような単純な社会発展論に大きな問題があるのは当然だが、あたかも振り子が反対の極に振れたがごとく、これらの関係を利用可能な資本ととらえ、その存在を無批判に誉めたたえることがいいことなのか、大いに疑問がある。現代における共同体とは一体なにか、共同行動があるのならば、それを導いている原因は何か、現在の状況と照らしあわせながら考えていかなければならない。私たちも時代の子である。今の学問的・政治社会的状況から全く自由になることはできない。しかし、私たちをとりまく状況を客観視し、現在の社会を理解するためのより良いモデルを考えだすためのトレーニングが、古典的な社会構成モデルを当時の状況と照らし合わせ、その後の展開をも視野に入れて勉強することである。これを通して、私たちも少しは現代の学問的・政治社会的状況から自由になることができるかもしれない。

**参考文献**

エヴァンズ=プリチャード,エドワード 『ヌアー族』(向井元子訳) 岩波書店,1978年.

栗本英世 『民族紛争を生きる人々——現代アフリカの国家とマイノリティ』 世界思想社,1996年.

黒田悦子 『先住民ミへの静かな変容——メキシコで考える』 朝日新聞社,1996年.

フォーテス,M.・E. エヴァンズ=プリチャード (編) 『アフリカの伝統的政治体系』(大森元吉ほか訳) みすず書房,1972年.

リーチ,エドマンド 『高地ビルマの政治体系』(関本照夫訳) 弘文堂,1987年.

レッドフィールド,ロバート 『未開世界の変貌』(染谷臣道,宮本勝訳) みすず書房,1978年.

Foster, Gerge, *Tzintzuntzan: Mexican Peasants in a Changing World*. Rev.ed., New York: Elsevier, 1979.

Hutchinson, Sharon, *Nuer Dilemmas: Coping with Money, War, and the State*. Berkeley: University of California Press, 1996.

Johnson, Douglas, *Nuer Prophets: A History of Prophecy from the Upper Nile*. Oxford: Oxford University Press, 1997.

Lewis, Oscar, *Life in a Mexican Village: Tepostlan Restudied*. Urbana: The University of Illinois Press, 1951.

Redfield, Robert, *Tepostlan a Mexican Village: A Study of Folk Life*. Chicago: The University of Chicago Press, 1930.

――――*The Folk Culture of Yucatan*. Chicago: The University of Chicago Press, 1941.

都市性への挑戦
# 都市社会

松田素二

オスカー・ルイス
『貧困の文化』

## 一 『貧困の文化』の衝撃

### 1 都市というフィールド

　都市という空間は、不思議なところだ。数年前、学生と一緒に、過疎化高齢化に悩む紀伊山地の山村を訪問したときのことだ。村の戸数はわずか17軒で人口22名、65歳以下の村人はもはや誰もいない高齢化率100％の村の区長さんに、学生が、「どうしてこんなに自然が豊かで美しい村に若い人は戻らないのでしょうね」とあまりに素朴な質問をしたことがある。区長さんが苦笑しながら、「ほう、あんたなら戻るかね」と聞き返すと、学生たちは一斉に沈黙してしまった。

もちろん、働き場所がないことや、農林業では食べていけないという、経済的理由も大きい。だがそれ以外にも都市には人を惹きつける力がある。音楽、映画、ファッション、遊戯といったものも都市の煌めきの要素だろうし、図書館、美術館、大学などのハードな施設や、ストリートや雑踏でのパフォーマンスといったソフトな実践も、都市の魅力を構成している。昨今の「田舎ブーム」や「自然志向」も、都市の圧倒的な吸引力の裏返しの証明だろう。文化的にも経済的にも社会的にも異質な多くの人びとが、さまざまな生業を営みながら猥雑な社会をつくりあげている都市空間には、人間の生の軌跡がもっとも凝縮して表出される。それは人類学という学問にとって、もっとも魅力的で挑戦的なフィールドなのである。

## 2　オスカー・ルイスと『貧困の文化』

　だが都市という空間は、魅力的であると同時に、アプローチの難しい対象でもあった。まず小さな村社会のように、調査者が社会全体を見渡すことは不可能だ。職業から言語・文化、さらには思想信条、生活スタイルに至るまできわめて多様で雑多な人びとが、互いに匿名のまま1つの社会を構成しているからだ。1920年代から30年代にかけて、都市の社会学的研究を切り開いたのはシカゴ大学を拠点とするいわゆるシカゴ学派の研究者たちだが、その1人L. ワースは都市性を規定する3つの変数について指摘している。それは、規模、密度、それに異質性である。ワースは、これらの3変数は、時代と地域を超えた普遍的な都市性の基準だと考えた。確かに、膨大な数の異質な人口が密集して暮らしている社会を前にすると、いったいどこからどのように手をつけてよいか途方にくれてしまう。

　アメリカの文化人類学者、オスカー・ルイスは、1950年代、この困難にじつにユニークな方法で切りこんでいった。その成果の1つ

が『貧困の文化』である。ルイスが対象としたのは、近代化が急激に進行しつつあるメキシコの首都メキシコシティだ。開発途上国の都市化は、首都に爆発的に人口が流入する「過剰都市化」現象を示すことが多いが、メキシコシティも例外ではなかった。ルイスは、数百万人というこの膨大な異質人口の形成する社会に対して、わずか5つの家族をとりあげ、その日常生活の微細で詳細な記述を通して、都市性にアプローチする実験を試みたのである。

5つの家族のうち、1つは首都から90kmほど離れた山村で暮らす都市出稼ぎ予備軍であり、残りの4家族は、メキシコシティの住人だ。1家族はアメリカのライフスタイルを取り入れた成り上がり中産階層に属するが、残りは、都市社会の底辺を形成する膨大な貧困層の一員である。ルイスは、これら5つの家族の何気ない1日をとりあげ、家族の成員1人1人の目線で都市の日常を生き生きと描き出した。その描写の巧みさと深さは、読者を都市の日常世界へと引きずり込み、私たち自身の都市経験、家族生活と共鳴・共振させる。遠く離れた異世界・異文化を対象としてきた人類学が、都市の個人的な日常に向かい合うことによってはじめて、地続きの同時代的な感覚を創り出すことに成功したのである。

この『貧困の文化』を基軸にして、これから都市性への人類学的アプローチの可能性について考えていくことにしよう。


## 二　都市と人類学

### 1　都市人類学の誕生

近代人類学は、20世紀のはじめ、第一次大戦の頃にアメリカとイギリスで同時に誕生した。この新しい学問が対象としたのは、アメ

リカの場合は、先住民社会であり、イギリスの場合は、大英帝国の広大な植民地にある「未開社会」であった。人類学者は、こうした「未開社会」に入り込み、土地の言葉を習得し彼らの社会の「一時的成員」として認知されることによって、対象社会を内側から、しかも客観的かつ科学的に観察し記述できるとされた。

　第二次大戦が終了する頃、こうした「未開社会志向」の人類学のあり方への疑問が生まれ始める。彼らが人類学の刷新のために選んだフィールドが、都市社会であった。例えばイギリスでは、近代人類学の父と言われるラドクリフ＝ブラウンが社会人類学を、「未開社会の比較社会学」と定式化して以降、人類学の対象は、アジア・アフリカの小規模な「部族社会」に限定されてきた。だが南部アフリカの北ローデシア(現ザンビア)にある銅山地帯をフィールドにしてきた M. グラックマンや A.L. エプスタインたちは、銅山都市に鉱夫として働くアフリカ人労働者の世界をフィールドにして、新たな都市人類学をたちあげ始めた。その中心が、マンチェスター大学を拠点とした社会人類学者だったために、マンチェスター学派とも呼ばれる彼らは、「アフリカ人の都市民は都市民であり、アフリカ人の鉱山労働者は鉱山労働者である」という有名な定式化を提出した。つまり、鉱山で働く大勢のアフリカ人は、「アフリカの未開社会」研究の次元から理解されるべきではなく、自分たちが属する(産業)社会と同じ「都市民」、「労働者」として捉え直す必要があることを強調したのである。

　同じ時代、アメリカで登場したのがルイスであった。彼もこれまでの先住民研究や未開社会研究が、人類学という新しい学問の目標になることに大きな違和感を抱いていた。ルイスは、人類学が現代世界に対して、もっと建設的な役割を果たすことができると考えたのだ。「数多くのアメリカ人が、将来国際社会で重要な役割を担う

発展途上国の国民の生活様式よりも、総人口500人の孤立した部族の文化の方をよく知っている」ことは、やはりおかしなことで、人類学者は、世界の片隅の未開社会の住民の代弁者でありつづけてはいけないと主張した。そこで彼は、発展途上国社会、とりわけ急激な変化を経験している都市社会を研究対象とする都市人類学を構想したのである。これは当時としては、革命的な主張であった。

2　都市・農村二分法

　人類学が、都市を研究対象とし始めたとき、まず最初にぶつかった難問は都市とは何かという問題だった。それに答えようとして提出されたのが、都市・農村二分モデルである。それは、都市社会と村落社会を両極において、その特質をことごとく対照させていくことによって都市を把握しようとするモデルだ。つまり、一方の極に村落・民俗社会を置き、そこでは農業を生業として、メンバーは互いに幾重にも関係づけられ(相互に熟知し)、しかも一律に共同体の習俗・規範を守って暮らしているのに対して、反対の極に、都市社会が位置づけられた。そこにおいては、農業から離れてさまざまな産業に従事する人びとが、互いに匿名のまま共同の規範や道徳も喪失して孤立して生活することになる。

　この都市・農村二分モデルを、最初に唱えたのは、ワースら1930年代の都市社会学者たちだった。この時代にメキシコのユカタン半島にある村落とメリダの町を調査した、アメリカの文化人類学者R. レッドフィールドによって、このモデルはさらに洗練されていった。二分モデル論者には、民俗社会(農村)が産業社会(都市)へと移行することを、「必然」の「進歩」と捉えるV.G. チャイルドのような立場もあれば、その移行が社会の解体につながるというE. W. バージェスのような立場もあった。どの立場にたつにせよ、二

極モデルによって、都市社会は理解されてきたのである。

　しかしながら『貧困の文化』のなかでルイスが圧倒的な説得力をもって提示したのは、この二極モデルの限界であり欠陥だった。ルイスは、都会と田舎をただ並べて論じる二極モデルのやり方を痛烈に批判し、都市を捉えるもう1つの視点を提案したのである。今日もなお有効なこの視点について、次に説明することにしよう。

## 三　都市社会の編成原理

### 1　連続と非連続モデル

　発展途上国の都市社会の住人の大半は、代々都市で生まれ育った都市民ではなく、都市部以外で生まれ都市に流入してきた人びとかその子，孫たちである。それは日本でも同様だった。明治以降、地方で生まれ育った農家の次男三男が、東京に出てきて都市生活者へと変身していったことを想起してみればよい。

　二極モデルが描く都市社会は、一方で合理的で効率的な理性が人びとの行動を律する反面、他方では、共通の道徳・価値観を喪失した結果、共同体のつながりは崩壊し、人びとは個々ばらばらになり孤独な群衆となってしまう。故郷を喪失した人びとは、郷愁をもって故郷を語りながら都市社会の底辺を漂流するのである。だがこうした特徴は、裏返せば、人びとを閉鎖的な村落共同体の束縛から解き放ち自由にさせることにもつながるはずだ。親族や宗教、地縁的なつながりに基づく組織や規範は、確かに人びとを古い慣習にしばりつけ自律した個人の選択や判断を妨害する点で、人びとにとっての重荷となってきた。都市社会には、こうした重荷をとりはずしてくれる解放的、進歩的側面ももっている。

このような二極モデルの都市社会観は、都市（産業社会）と農村（民俗社会）とを切断して考える、非連続型の認識といえる。前述したレッドフィールドなどは、こうした認識に基づいて優れた民族誌をあらわした。だがこれに対して、ルイスは、都市生活の現実は、より重層的でダイナミックなものであることを指摘して反論した。彼は、都市社会の特性と農村社会の特徴は、相互に対立するものでも、一方から他方へと不可逆的に移行するものでもないことを、メキシコシティに流入してきた貧民家族の生の営みを通して実証してみせた。都市下層社会において、親族や宗教、地縁的結びつきに基づく繋がりは、解体するどころか、むしろより活性化され、それこそが人びとのより充実した生の基盤となっていたのである。

　都市社会が共同体の規範や道徳を解体し、アナーキーな無秩序を生み出していくという二極モデルとは裏腹に、都市社会においては、ときに共同体の規範や道徳が再生・再創造され、都市生活をよりよいものへとつくりあげていくというルイスの視座は、非連続モデルに対して連続モデルと呼ぶことが出来る。この連続モデルによって、都市社会・農村社会を貫く人びとの生活世界が視野に入ってくるし、都市農村を包含する国民国家の統制・干渉まで分析の対象にすることができるようになったのである。

2　状況的選択モデル

　ルイスが非連続モデルを実証して、都市社会の内部が複雑にからみあっている事を明らかにした頃、南部アフリカの鉱山都市をフィールドとするマンチェスター学派も、鉱山で働くアフリカ人労働者の生活世界のなかに同様の現象を見いだしていた。それまで都市社会で労働者になったアフリカ人は、部族的結びつきから解放され（脱部族化）市民として成長すると期待されていた。ところが現実に

は、その逆の現象、つまり都市社会において部族的結びつきを再編強化(再部族化)していく現象が、同時に生起する状況に直面してしまった。具体的には、アフリカ人の労働者たちは、一方で、労働組合を組織しナショナリズムを唱え、近代的設備を備えた診療所や学校を利用していた。だが他方で、民族結社・クラン結社をつくり伝統儀礼を活発に行なうし、病気になったときにも、西洋薬を処方する診療所に行かずに伝統医のもとに駆け込む。都市的(近代的)な世界と部族的(伝統的)な世界は、相互に排斥しあうものでも、不可逆的に一方から他方へと移行するものでもなかった。それらは可逆的に併存し状況に応じて選択されるものだったのである。

　J.C. ミッチェルやA.L. エプスタインらは、伝統と近代の原理を自在に操作し、2つの世界を往来する過程に、アフリカ人の主体形成を重ね合わせた。西欧近代の「常識」からすると、2つの世界に切り裂かれ分裂的な症状を引き起こしかねない状況を、アフリカの都市生活者は平然と乗り越えていった。都市社会を、村（部族）社会から切断する非連続・不可逆モデルは、アフリカをフィールドとした都市人類学の発展のなかで葬り去られてしまった。こうして、伝統と近代、民俗と産業、部族と市民といった一見対立的な関係や価値が混ざりあったりあい対したりしながら、動態的な都市社会が構築されているさまを、人類学はその視野に入れることができるようになったのである。

　では、この都市社会に人類学はどのようにアプローチすることが可能なのだろうか。とくに今日の人類学が直面している方法論にかかわる議論にとっても、重要と思われるルイスの貢献を軸にして考えてみることにしよう。

## 四　都市人類学の方法——ルイスの方法論の今日的意義

### 1　全体社会から日常世界へ

　都市という巨大で複雑な社会にアプローチすることは、確かに至難の業だ。そのためにこれまでは、それぞれの学問が、その得意とする切り口で都市を研究してきた。人口動態、経済指標、政治構造、といった切り口はその1例である。では人類学はどうだろうか。近代人類学が成立したとき、その方法論的特徴は、調査者が対象社会の一員となって、その社会の全体構造を内側から解き明かすことにあった。したがって、生業、親族、宗教、政治といった体系ごとに、その活動を実際に担う集団や組織を調べ、その相互の関係性の網の目を社会構造として把握してきたのである。フィールドワークというきわめて個人的な経験から、全体社会の構造に迫るこの方法は、皮肉なことに、対象社会の個々人の具体的な顔や声を後景に退かせ、代わって、部族集団、氏族体系、地縁組織といった制度や構造を前面に押し出した。民族誌の古典と呼ばれている著作をみても、○○族の世界観や社会構造については多くの記述があるものの、個別的具体的なフィールドの人間が等身大の目線で描かれることは稀だ。社会を内側からトータルに理解しようとする心性が、それを妨げてきたのである。

　この方法をそのまま都市社会のアプローチに採用することはできない。なぜなら都市社会はあまりにも巨大で異質だからだ。そこでルイスは、従来の人類学的な方法を棄てて、集団や組織間の関係から構造に迫ることをやめてしまった。代わって、彼は、家族に注目し、大家族の成員1人1人の行動と思惑に焦点をあてて、それが巨大都市のなかで生き抜く技法につながることを明らかにした。それは社会を全体的に見わたすアプローチから、個々の生が営む日常世

界に接近する方法への大きな方針転換だった。

　都市社会をまるごと対象にして理解しようとするのではなく、そこで生きる個々の生の努力を通して、間接的に都市社会の内面に光をあてることで、都市に生きる人間を理解しようとしたルイスの方法は、確かにきわめて個別的に見える。しかしながら、都市の底辺で生き抜く人びとが共通につくりあげるサブカルチャー(貧困の文化)を解明することによって、個々の家族、個々の地域を超えた普遍的な生の技法へと接近することを可能にしているのである。

2　超越的話者から多声法へ

　日常世界への注目とともに、ルイスが試みた斬新な都市へのアプローチの特徴は、多声法を採用し自在に駆使したことだ。従来の民族誌においては、全体を統括し目配りをしながら正しい解釈を行なう(見えない)語り手が仮想されていた。「○○族はこう信じていた」とか「怒りの感情が人びとをつきうごかした」といった記述のスタイルは、民族誌のなかではおなじみのものだ。つまりある社会を1つの一貫した視点で捉え記述してきたのである。もちろん、それは調査者である人類学者自身の視点なのだが、この絶対的超越者とでもいうべき視点がどのようにつくられどのように作用しているのかについては、まったく語られたり吟味されたことはなかった。いわば演出家とディレクター、それにカメラマンに脚本家まで(ときに主演俳優も)1人で何役も担当しながら、それを隠したままで民族誌の記述は再生産されてきたのである。

　これに対してルイスは、徹底的に登場する家族1人1人の目線で語りを紡いでいく。これは家族メンバーそれぞれの長期間にわたる詳細な自伝を通して可能になった。ある状況について、家族メンバーの思惑が交差し感情がぶつかるさまも、それぞれの視線で解釈さ

れ感じられていく。ルイスはこれを「羅生門」式手法と名づけているが、単一の超越的視点による首尾一貫した理解とは異なり、それぞれの現実の衝突・かけひきを記述する方法は、21世紀の人類学の方法的刷新のなかで注目される「多声法」を先取りした実験だったのである。

　確かにルイスがフィールドワークを行ないこの本を書いた時代は、21世紀の現代から見れば半世紀も昔のことだ。その間、世界の秩序は激変している。グローバル化の進展は、世界の周縁部にオンタイムで最新の情報をもたらし、都市と農村どころか、世界の中心と周縁のあいだでも、国境を超えて膨大な数の人びとが往来する時代を迎えている。にもかかわらず、ルイスの示した「5つの家族」の衝撃は、今なお鋭く現代を問う質をたもちつづけている。むしろ異質性と流動性が膨脹し続けている今日こそ、ルイスの視座の有効性が高まっていると言ってもよいだろう。

　現代社会のように流動性と異質性が増すと、それらを固定して全体を把握したり理解したりすることは困難になる。しかしやっかいなのは、この流動性や異質性すら、より高次のシステム（例えばアメリカ合州国を中心とした世界政治システム）のなかで形づくられ統制されていることだ。こうした状況にアプローチするには、微細で具体的なミクロな世界に自身を投げ入れながら、そこからマクロなシステムを見通すという姿勢が重要になる。ルイスがこの本のなかで行なっているのは、まさにこうした徹底してミクロ世界に向き合うなかで同時にマクロなシステムをあぶりだすという作業であった。この姿勢は、現代社会をフィールドワークするさいの必須の要件なのである。

　このことは、異質で流動的な社会を記述するフィールドワーカー自身のポジションについても多くのことを教えてくれる。人類学が

対象としてきたフィールドは、伝統的に第三世界や先住民社会など、現代世界においては周縁化(差別)されてきた存在であった。こうしたフィールドに対する調査者(人類学者)は、これまで当然のように、すべてを見通し理解し判断できる(神のような)ポジションに自身を(無意識のうちに)置いてきた。そしてこの10年あまりそれに対する批判と自省がつづいてきたのである。そのなかから生まれた実験が、自ら仕切屋のような(超越的な)位置から降りて、人びとの声をその個々の生に寄り添って記述していくという、一見まとまりのない記述法であった。いまでは多声法として定式化されているこの手法を、「羅生門法」として手がけ実践したルイスの試みは、21世紀の民族誌記述の1つのモデルとしてますます重要性を帯びている。

## 五　都市性の人類学に向けて

　現代の人類学にとって、今なお大きな意義をもつルイスの研究だが、グローバル化の進展にともなって、その存在価値自体に疑問符が投げかけられたことがある。人類学の方法や立場にとっての有効性だけでなく、都市研究の重要性について最後にふれておくことにしよう。

　マンチェスター学派やルイスたちが1950年代にたちあげた都市をフィールドとする人類学は、1970年代に全盛期を迎えた。ルイスが研究テーマに据えた貧困をはじめ、エスニシティ、移民、社会運動、暴動、階層、ジェンダー、環境、住宅、祭礼などをサブジャンルとする多彩な都市人類学が成立した。この時代の都市人類学の到達点を包括的に提示したのが、A. サウゾールが編集した論集『都市人類学』である。日本においてもこの時期、米山俊直や中村孚美が都

市祭礼について、日野舜也がスワヒリ都市やカメルーンの小都市社会についての人類学的研究を進め、都市人類学という分野を確立していった。

こうして脚光をあびかけた都市人類学だが、1990年代以降、都市人類学を掲げる研究は急速に停滞していった。その原因の1つは、グローバル化と情報革命の急激な進展によって、もはや一国内の都市と農村という社会の認識自体が無意味化したことだった。確かにアフリカの最奥地と言われたところに、衛星携帯電話とコンピューターが普及し、ロシア製の自動小銃で武装した若者がラップを聴きながら戦争しているのは事実だ。国境を超えて膨大な数の人口が移動(移民)している時代に、都市社会だけをとりあげて議論することの意味が疑われはじめたのである。

だが確認してほしい。こうしたグローバル化や情報化は、けっして都市の魅力を削いではいない。例えば町は、ゲリラ兵士たちの息抜きの場所として彼らを惹きつけているし、大都市には作戦、兵站、広報の中枢機能を果たす彼らの巨大なコミュニティが形成されている。さらに言えば、南の世界からの膨大な移民は、北の世界の大都市社会の周縁に定着していくのであって、それ以外に彼らの居場所はない。雑多な背景をもつ膨大な数の人間の生の営みが凝縮される都市というフィールドは、現代世界において、ますます重要性を増しており、人類学にとって挑戦的なフィールドでありつづけているのである。

では何が、都市人類学という学問を停滞させていったのだろうか。その最大の要因は、都市性についての明確な問題意識を欠いたままで、都市という空間のみを捉えようとしてきたことだ。人びとを惹きつけ、ときにはねつけ排斥する「都市的なるもの」とは、単なる人口が密集している空間を意味しない。またそれは、都市社会の政

治制度、経済構造、文化体系といった部分の総和を超えたものでもある。それは、異質な要素が衝突と混淆(こんこう)を繰り返し、統制と逸脱が幾重にも入り組んで絡み合う、巨大な実験場で生起する１つの力である。この力は、グローバル化とそれに反発するローカル化が同時に進行する現代世界に通底するものであるがゆえに、現代世界を読み解く鍵となるものなのである。

　ルイスは、『貧困の文化』などの作品を通して、都市社会で辺境に追いやられた貧困層の生の技法の巧みさに光をあてて、この都市的なるものを垣間見ようと試みた。都市社会は、国民国家の政治経済権力の中枢であり、そこからさまざまな制度や規範が、そこに暮らす人びとのうえに覆い被さってくる。都市生活者とりわけそのなかでも周縁化された人びとは、圧倒的なこの外部からの力に自らの生を規定されざるをえない。しかしルイスが生き生きと示したように、この一見(彼らにとって)不自由に構造化された世界のなかで、人びとは微細な生の努力を積み重ねて自らの居場所を築き上げていく。こうして「都市的なるもの」に接近する可能性をルイスは指し示したのであった。21世紀の都市人類学が切り開くべき地平は、こうした生の技法を解き明かしていく営みの彼方に展望できるはずである。

**参考文献**

関根康正編 『〈都市的なるもの〉の現在——文化人類学的考察』 東京大学出版会, 2004年.

チャイルド, V.G. 『文明の起源』上下（ねずまさし訳） 岩波文庫, 1951年.

パーク, R.E. 『実験室としての都市——パーク社会学論文選』（町村敬志, 好井裕明編訳） 御茶ノ水書房, 1986年.

パーク, R.E. and E.W. バージェス 『都市——人間生態学とコミュニテ

ィ論』(大道安次郎, 倉田和四夫訳) 鹿島出版会, 1972年.
日野舜也 『アフリカの小さな町から』 ちくま書房, 1986年.
中村孚美 「秩父祭り——都市の祭りの社会人類学」『季刊人類学』 3巻4号, 社会思想社, 1972年.
松田素二 『都市を飼い慣らす——アフリカの都市人類学』 河出書房新社, 1996年.
米山俊直 『祇園祭——都市人類学ことはじめ』 中公新書, 1974年.
——— 『天神祭——大阪の祭礼』 中公新書, 1979年.
ルイス, O. 『貧困の文化』(高山智博ほか訳) ちくま学芸文庫, 2003年.
——— 『ラ・ヴィータ』全3巻(行方昭夫ほか訳) みすず書房, 1970年.
——— 『サンチェスの子供たち』(行方昭夫訳) みすず書房, 1986年.
Cohen, A., (ed.), *Urban Ethnicity*. London: Tavistock, 1974.
Epstein, A.L., "The Domestic Domain on the Copperbelt of Zambia 1950-1956," *Urbanization and Kinship*. New York: Academic Press, 1981.
Fox, R.G., *Urban Anthropology: Cities in Their Cultural Settings*, New-Jersey: Prentice-Hall, 1977.
Mayer, A. and P., *Townsmen or Tribesmen: Conservatism and the Process of Urbanization in a South African City*. Oxford: Oxford University Press, 1961.
Mitchell, J.C., "Cities, Societies and Social Perception," *A Central African Perspective*. Oxford: Clarendon Press, 1988.
Southall, A., (ed.), *Urban Anthropology*. London: Oxford University Press, 1973.

## 展望台

　「日常的実践」では、私たちが毎日生きていることとは、自由な意志で、毎朝その日の行動を新しく発明しながら行動するのではないし、かといって、人間がこれまで作ってきたいろいろな取り決め、本能的な欲望に縛られ、操られているのでもない、そのことが書かれていた。そうした行動のなかでも「交換」は人間にとって特別の位置を占めている。人類学者は、商売によるお金とモノの交換ではない、人間社会で昔も今も広く行なわれている「贈与」という形式に、交換の原理が秘められていることを長らく研究してきた。しかし、現代社会で重要となっている「ODA」や「地域通貨」は、商売とも贈与とも色分けできない。そのあいまいさがその真の姿なのだ。それを誤解しないためには人類学のこれまでの交換のモデルはとても有用である。「結婚」も交換の1つであると人類学者は考えた。そこでは「女」が交換される。結婚という女の交換が社会を構築するといった大理論もある。しかし、現代では集団のあいだに女がやりとりされるという構造から、個人の男女が社会のなかで出会う形式になっている。そのなかで、一方にそれでも続いている結婚とそれがもたらす親族関係があり、他方ではもはや大幅に変質している男女関係や親子関係がある。そうした流動的な今を知るために、ここで取り上げられた2つの古典は読む意味がある。最後の2つの章は、現代の多くの私たちが生きる場所、都市の問題が扱われている。欧米に始まった近代化は全世界に見られる社会と文化の大変化である。それは一見すると農村から都市へ人は移動し、そのなかで、人は古い生活や考え方を捨て新しいものを獲得するかのようだ。しかし、近代化された輝かしい場所であるはずの都市には「貧困」があり、伝統的であり変化しないはずの農村に新たな動きがあるのだ。未来を展望するとき、農村から都市といった一方への変化ではない、もっと多様な動きが、都市にも「農村」にもあることを知っておかなければならない。そうした場所での人間の行動が単に近代化や、経済発展に受け身であるだけではないこと、それはまた、最初の「日常的実践」で明らかにしていることでもある。

［船曳建夫］

# 第4部

# 文化はどのように人びとを作るか

―――――― その諸領域

　文化という概念はどのようにして人類学に登場したのだろうか。また文化と文明はどのように違うのだろうか。宗教や神話に関する人類学的研究は、現代世界に何を語りかけるだろうか。儀礼研究に登場するコミュニタスやリミナリティという概念を使って、今日の成人式や入社式を理解できるだろうか。いわゆる未開人の食物のタブーと、現代人の身体加工は何か関係があるだろうか。第4部ではこのような問題について考えてみよう。

人類学のキーコンセプト

# 文化

桑山敬己

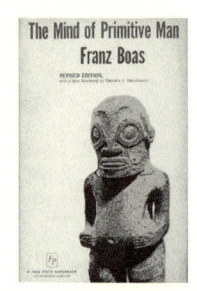

エドワード・タイラー
『原始文化』

フランツ・ボアズ
『未開人の心性』

## 一　文化とは

　文化は人類学の中心概念である。人類学が成立した19世紀後半以降、文化はさまざまに定義されてきたが、もっとも根本的には「民族の生活様式 a people's way of life」を意味する。人類学者にとって、文化とは単に高尚な営みだけでなく、特定の民族に見られる価値観や世界観および実際の行動など、ありとあらゆる特徴を示す包括的な概念である。こうした文化観は特にアメリカで発達したが、伝統的に「社会人類学」を名乗ってきたイギリスを含めて、今日ではほぼ全世界の人類学者の共通理解となっている。日本では大正時代以降、近代的で洗練されたものを表すために「文化」の語が使わ

れ、「文化人」、「文化包丁」、「文化住宅」といった表現を耳にする時代があった。しかし、現在では民族的特徴を示すために「文化」と言うことが多い。こうした言葉遣いの変化は、人類学的なものの見方が社会一般に浸透したことを物語っている。

## 二　タイラー

　「人類学の植民地主義的ルーツ」という言葉がある。近代西欧における人類学の発展が、列強の植民地主義と密接に結びついていた事実を表したものだが、それを裏付けるように、ヨーロッパの主要な民族学博物館には、かつての植民地から「略奪」したモノが大量に展示されている。その典型がイギリスのオックスフォード大学にあるピット＝リヴァーズ博物館である。そこには、いわゆる「未開部族」から接収した乾し首や、明治期の日本で収集したと思われる能面や小判など、世界のありとあらゆるモノがガラスケースに収められている。こうした展示を目の当たりにすると、「植民地主義的ルーツ」はもちろん、初期の人類学および民族学にとって、モノの収集と分類がきわめて重要な役割を果たしていたことが分かる。

　その人類学が目に見えるモノから離れ、価値観など人間の内面に関心を移すようになったのは、「人類学の父」と言われるタイラーが、1896年にオックスフォード大学初代人類学教授に就任してからである。彼以降、人類学の研究と教育の拠点は、博物館から大学に移ったと言ってよい。タイラーは主著『原始文化』(1871年) の大部分をアニミズムの研究に費やしたが、この本の冒頭で彼は文化を「知識、信仰、芸術、道徳、法律、慣習および人間が社会の一員として獲得したすべての能力と習慣を含むあの複合的全体」と定義し

た。

　このあまりにも有名な定義には2つのポイントがある。1つは文化を特定の領域に限定せず、人間の行為全体に当てはめたことである。もう1つは、文化を生物的遺伝としてではなく、人間が社会的に成長する過程で学習するものとしてとらえたことである。タイラーは文化を生活様式一般として解釈し、今日的文化理解の基礎を築いたのである。だが、『原始文化』を読み進めると、我々は矛盾を感じざるをえない。なぜなら、文化が民族の生活様式を意味する以上、それは文明の発達を問わず相対的なものであり、複数の異なった文化の間に高低はないはずだが、タイラーによれば「文明人」は「野蛮人」や「未開人」より知力に優れ、より良く幸福な存在だからだ。

　事実、タイラーは啓蒙主義者のように理性による人類社会の進歩を信じ、ヨーロッパ社会を頂点に世界を序列化した進化主義者であった。この矛盾は彼の文化の定義そのものに内在していた。先に『原始文化』の冒頭から引用した定義は、「文化または文明は」という文言で始まっており、タイラーは両者を明確に区別していなかったのである。そもそも、この本の最初には「低級部族 lower tribes」とか「高級民族 higher nations」という言葉が使われており、研究目的も(1)人類文明に統一をもたらす法則、(2)文明の「諸階梯 grades」または「進化」の段階、という2つの原理を明らかにすることだと書かれている。タイラーには相対的な文化観が欠如していたのであり、彼のくだした文化の定義だけが1人歩きしていると言ってよい。恐らくこうした事情の反映なのだろうが、タイラー以降のイギリス人類学は、20世紀後半になるまで文化の理論にあまり関心を示さなかった。

## 三　ボアズ

　いっぽう、「アメリカ人類学の父」と呼ばれるボアズは、理性を強調したタイラーとは対照的に感性を重視して、異民族の習慣を内面から理解しようとした。ボアズにとって文化は相対的なものであり、「文明」と「未開」の間に倫理的な差はなかった。以下の文章は、1883年、ボアズがグリーンランドの西に位置するバフィン島を訪れ、イヌイットとの出会いを果たしたときのものである。当時「野蛮人」と蔑まれたイヌイットの状況を考えると、それは感動的でさえある。

　この『野蛮人』たちは、ありとあらゆる窮乏に苦しんでいる。それなのに、誰かが猟から獲物を持ち帰ってくると、皆で喜び飲み食いを共にするのだ。何と美しい習慣ではないか。彼らを見ていると、我々の『良き社会』は『野蛮人』に比べていったいどんな利点があるのか、私には疑問に思えてくる。彼らの習慣を見れば見るほど、我々には彼らを見下す権利なぞないということが分かるのだ。そもそも、白人社会でこれほど人を手厚くもてなすことがあるだろうか。ここの人間は、自分に求められた仕事は、すべて一言の文句も言わずにやり遂げようとする。確かに、彼らの習慣や迷信は、我々には馬鹿げているように見える。しかし、だからといって、彼らを責めるような権利は我々にはない。むしろ、我々のように『高度な教育を受けた人間』のほうが、相対的に見ればよほど劣っている。(中略)私の周りには、生のアザラシのレバ肉で口をいっぱいにしたエスキモーが座っている(この紙の裏の血痕を見れば、私が彼らといかに行動を共にしたかが分かるだろう)。思想家として、今回の旅の最

文化　211

大の成果は、『文化的な』人間とは単に相対的なものであって、人間の真の価値は『心の教育 Herzenbildung』にある、という思いが強くなったことであろう。

こうしたボアズの見方を生んだ要因として、彼はドイツからアメリカに移民したユダヤ人で差別に敏感だったこと、また祖国には民族精神の独自性を説いたロマン主義の伝統が強かったこと、などの事実をあげることができる。人種間の優劣をきっぱり否定した代表作『未開人の心性』（1911年）は、後のナチス支配下のドイツで焚書扱いになったが、この本の第10章「文化の解釈」のなかで、彼はタイラーや『古代社会』（1877年）の著者モーガン（モルガン）の社会進化論を退け、人類文化の多様性と相対性を強調した。今日「文化相対主義」として知られる知的伝統は、彼の主張に負うところが大きい。さらに、ボアズは普遍性を掲げる壮大な理論をすべて退け、個々の文化の歴史（現在の姿をとるようになった過程）を、総合的に──全体論 holism 的に──検討すべきだと説いた。そのため彼の学派は「歴史個別主義」と呼ばれる。

ボアズは必ずしも首尾一貫した理論家ではなく、彼の歴史観には文化要素の流れを重視した一時代前の伝播論の影響も見られた。しかし、彼の相対的な文化観は、ベネディクトやミードといった弟子を通じて、アメリカばかりでなく全世界に普及した。ボアズの思想を一言で表現すれば、それは単数性に対する複数性であり、抽象性に対する具象性であろう。そのことは、「文明」の同義語として不可算名詞で使われてきた culture という言葉を、彼は cultures という可算名詞の複数形で使ったという事実によく表されている。

## 四　文化概念の特徴

　今日、世界的にもっとも影響力の強いアメリカの人類学は、文化の理論を中心に発展してきた。その歴史は次の5つの時代に区分できる。(1)創成期（ボアズが教え始めた1890年代から1910年代）、(2)初期（クローバーに代表されるボアズ門下が活躍した1920年代から40年代前半）、(3)発展前期（文化とパーソナリティ［心理人類学］、機能主義、および新進化主義／文化生態学の3学派が勢力を争った1940年代後半から60年代前半）、(4)発展後期（認識人類学、象徴人類学、解釈人類学、文化唯物論、ポリティカル・エコノミー論など、さまざまな学派が登場した1960年代後半から80年代前半）、(5)転換期（人類学的パラダイム＊の見直しが始まった1980年代後半以降）。最後の転換期を象徴するのが、クリフォードとマーカスの編著『文化を書く』（1986年）である。その点については後で詳しく述べるので、ここではまず第2期に確立された伝統的文化観について考えておきたい。それは以下の6点にまとめられる。

### I　文化は学習される

　この立場は既に明らかだが、アメリカでは人種主義に対する理論武装としての側面があることに注意したい。学習を通じて後天的に獲得される文化という考えを一般化したのは、『サモアの思春期』（1928年）など数々の問題作を発表したミードである。彼女の作品が多くの読者を獲得した背景には、当時のアメリカのリベラル（進歩的）な知的潮流があったと言われる。つまり、文化は一種のリベラル派のイデオロギー＊であって、それは文化決定論という人種主義とは逆の危険性をはらんでいる。

文化　213

## II　文化は共有される

　同一文化の成員は多くのことを共有する。ただし、すべての成員がすべてを等しく共有しているわけではない。文化には、言語のようにかなり広範囲にわたって享受されているものと、好みのように個人差の大きいものがある。しかし、えてして文化を同じくする人間は、似たように考え行動するという意味で同質的である。

## III　文化は理念と実践の双方からなる

　文化の規則や規範(特に法律などに明文化されたもの)は、実際の人びとの行動を制限するが、両者は必ずしも一致しない。人間の認識には、「やるべきこと」、「やっていると思っていること」、「やっていること」という3つの側面があり、それらの関連を現場で調べるのはフィールドワーカーの仕事である。

## IV　文化は統合されている

　文化はさまざまな要素から成立するが、それらは独立したものではなく、相互に関連して1つの全体を形成している。この考えを明瞭に打ち出したのがベネディクトの『文化の様式』(1934年)で、20世紀初頭に強い影響力を持っていた伝播論の「ばらばらな」アプローチとは競合関係にあった。イギリスでは、ラドクリフ＝ブラウンやマリノフスキーが、機能主義*を掲げて同様の見解を提示した。しかし彼らの場合、どんなに詳しい民族誌を著しても、特定の社会や文化の研究は一般化のためのケース・スタディに過ぎず、個々の文化に唯一無比のパターンを見ようとしたベネディクトとは、志向をおおいに異にした。

V　文化は適応の手段である

　生物としての人間が生き延びるためには、自分が置かれた自然環境に適応しなければならない。人間（および類人猿）以外のほとんどの生物は、自然と直接対峙することが圧倒的に多いが、人間の場合は学習され世代間で踏襲される文化が、いわば個体と外界のクッションとして作用する。環境への適応には一定の普遍的類似性が認められるが、同じ環境に住んでいても適応のパターンにはかなりの文化差がある。

VI　文化は変化する

　文化の変化には発明、革新、伝播という3つの契機がある。発明とは無から有を生むことで、同一の発展段階にある複数の地域には、地理的に隔絶されていても同一のものが発明されることがある。1度発明されたものは、さまざまな革新を経て各地に伝播する。3つの変化の契機のうち、もっとも頻繁に見られるのは伝播である。


## 五　文化概念の再考

　こうした伝統的文化観を根本から揺さぶったのが、20世紀後半の思想界を襲ったポストモダニズム\*である。ポストモダニズムにはさまざまな定義があるが、ここでは近代西欧の価値観、特に理性、合理性、客観性、真理、科学、普遍性、能動的主体などを重視する啓蒙主義的見方に対するアンチテーゼとして理解しておく。元来、ポストモダニズムは建築学の分野で1970年代に用いられた概念で、フランス発のポスト構造主義とサイードのオリエンタリズム批判とあいまって、人類学では80年代後半に怒濤のごとく押し寄せた。この

動きを象徴したのが1986年出版の『文化を書く』である。前衛的な学術誌 *Cultural Anthropology* の創刊も同じ年であり、初代編集長はマーカスが務めた。

　ポストモダニズムに特徴的な考えの1つは「中心の不在 absent center」である。つまり、近代科学のように、法則や原理によって一見雑多で混沌とした世界を秩序立てるのではなく、秩序を権力の行使によって構築された人為的なものととらえ、偶像(崇拝や盲信の対象)を破壊するのである。別の言い方をすれば、近代が求心的な力による秩序の形成を目指したとすると(その意味で文化統合論も機能主義も近代的思考である)、ポストモダンは遠心的な力による秩序の破壊を特徴とする。「偶像を破壊したあとに何が起きるのか」、「果たして新たな秩序を求めるのか、それともアナキズム(無政府主義)を容認してニヒリズムに浸るのか」といった問いは置いておくこととして、「中心の不在」を説くポストモダニズムは、先に掲げた伝統的な文化理解を大きく揺さぶった。

　もっとも批判されたのは文化の共有と統合である。文化の共有という考えは、文化の成員の同質性を前提とし強化するが、それは文化内の多様性を見過ごすばかりでなく、支配者層のイデオロギーを追認することになるという批判が出た。身近な例をあげると、歌舞伎が日本の文化であるといった場合、それは具体的に誰にとっての文化であろうか。高価で数時間も上演される銀座歌舞伎座に通いつめる余裕のある人は、現実にそう多くはない。むしろ、歌舞伎を実際に見ることのできる人はエリート層であって、彼らが日雇い労働者と多くの価値を共有しているとは考えにくいのである。同様に、文化の統合という考えは、時として無定形で秩序を欠いた人間の生活に必要以上の整合性を与え、現実に存在する内部の亀裂を覆い隠すのではないかという批判が出た。それは当然、ベネディクトの

「統合」やラドクリフ＝ブラウンの「機能的一致」はもちろん、社会科学全体における「構造」や「システム」といった基本概念に、根本的な疑問を投げかけるものだった。

　もっとも、こうした批判は新しいものではなく、以前からマルクス主義者によって指摘されていた。ただ、ポストモダニズムは、1960年代の市民権運動やベトナム戦争を学生時代に経験し、1980年代に研究者として成熟期を迎えたアメリカの前衛的人類学者に、新たな文脈で新たな批判のための枠組みを提供したのである。例えば、文化の共有に対しては、「脱全体」、「多様体」、「差異」、「ポリフォニー」、「ヘテログロシア」、そして文化の統合に対しては「脱中心」、「拡散」、「分裂」といった概念が有効であった。さらに、「流動」、「非決定性」といったポストモダニズムの考えは、文化の記述をある一時点で固定してしまう「民族誌的現在」を疑問視し、「本質論批判」を生んだ。

　こうしたパラダイムの見直しを決定的にしたのが、1990年代から加速的に進んだグローバリゼーションである。グローバリゼーションによって人、モノ、資本、情報の流れが地球規模で急速に進むと、明確な境界線で区切られた１つの場所に１つの民族が住み、独自の生活を先祖代々営んでいるという伝統的な文化観は、再考せざるを得なくなった。「民族の生活様式」という文化概念は、根本的修正を迫られたのである。


## 六　再・再考

　ポストモダニズム(およびその周辺の動き)による痛烈な批判を経た現在、改めて考えるべきことは多い。古典と現代をつなぐという

本書の趣旨に沿って、ここでは2つの問題を提起しておこう。

第1は文化内の差異である。確かに、これまでの文化概念は民族を自明のものと考え、その成員の同質性を過度に強調したが、差異を差異として認識するためには、差異に関する共通の理解がなければならない。再び歌舞伎を例に取ると、日雇い労働者が「自分には歌舞伎座に行くような余裕はない」と言ったとしよう。それは従来の文化概念が隠蔽する階級差をはからずしも暴露したものだが、この発言が成立するためには、まず発言の主が歌舞伎という芸能に間接的にでも触れていなければならない。つまり、たとえ周辺的参加であっても、彼は歌舞伎鑑賞を趣味とする有閑階級と、何らかの形で日本文化を共有しているのだ。またそれ以上に、彼の発言が社会的意味を持つためには、銀座で歌舞伎を鑑賞するという行為がどのような意味を持つかについて、他の成員と共通理解がなければならない。こうした逆説を一体どのように考えればよいのだろうか。

第2は、ボアズ以降の伝統的文化観と、ポストモダニズムの奇妙な一致である。ポストモダニズムは西欧的理性の普遍性や絶対的真理の存在を否定したが、この立場は奇しくもタイラーやモルガンの西欧近代主義を批判したボアズの世界観と一致する。むしろ、既存の秩序を破壊してアナキズムを容認する急進的なポストモダニストのほうが、ボアズより遙かに相対主義的だとも言える。また、社会秩序は権力の行使によって構築された人為的なものであるという主張は、文化の学習——人間は人種など一見不変な要因によって決まるのではなく、生まれ育った環境によって作られる存在であるという考え——と相呼応する。同様に、文化の適応や変化といった従来の人類学者の主張も、それぞれ人間存在の柔軟性（見方によっては非決定性）や流動性を説いている点で、文脈は違うがポストモダニズムの主張と親和性がある。つまり、ポストモダニズムはある局面

では人類学の古典的理解を破壊し、別の局面ではそれを強化したのだ。このように考えれば、なぜ『文化を書く』以降、多くの人類学者が自虐的なまでに伝統的文化観を批判したかが分かるだろう。批判／否定はもっとも根本的な確認／肯定を含んでいたのであり、自傷行為には快感が潜んでいたのである。

本章を担当した者として、私は若い読者がいたずらに「新しい」ものに振り回されることなく、それが批判した「古い」ものを知る努力も怠らないでほしいと思う。すべての思考には前の時代と何らかの関連が認められ、新しいものの価値――可能性と限界――を見極めるためには、古いものを知らなければならないのだから。

**参考文献**

綾部恒雄編　『文化人類学15の理論』　中公新書，1984年.

―――――　『文化人類学最新術語100』　弘文堂，2002年.

桑山敬己　「33 文化人類学」小田隆裕ほか編『事典現代のアメリカ』　大修館書店，2004年.

ロザルド，R.　『文化と真実』（椎名美智訳）　日本エディタースクール出版部，1998年.

Abu-Lughod, L., "Writing against Culture," in Richard Fox (ed.), *Recapturing Anthropology: Working in the Present*. Santa Fe, New Mexico: School of American Research Press, 1991.

Hatch, E., *Theories of Man and Culture*. New York: Columbia University Press, 1973.

Kuper, A., *Culture: The Anthropologists' Account*. Cambridge, Massachusetts: Harvard University Press, 1999.

Langness, L.L., *The Study of Culture*. Novato, California: Chandler & Sharp Publishers, 1974.

Nanda, S., and R. Warms, *Cultural Anthropology*. 6th ed., Belmont, California: Wadsworth Publishing, 1998.

## イスラーム世界から
# 文明
## 大塚和夫

アーネスト・ゲルナー
『イスラム社会』

## 一 単数の文明・複数の文明

### 1 「文明」という用語の二重の二義性

　文化(culture)と文明(civilization)という概念は、微妙な関係を保ちながら人類学で用いられてきた。19世紀後半にE. タイラーは両者を同義語として使っていた。他方、人類史における都市や国家の成立、階級分化や宗教センターの建設などによって文明が生まれてきたという見方もある。いわば、文明は、文化と同質の特性を持つものとみなす立場と、いわゆる「原始(未開)文化」などとは区別された、ある発展段階以降の状態をさすという用法があることになる。

「文明」概念の二義性は別の次元でも見られる。一方で、キリスト教文明やインド文明、日本文明などといった用法がある。つまり、人類には複数の文明があり、それらは比較可能であるとみなされている。他方で、未開と文明という二分法があり、かつて人類学の研究対象は前者、つまり「未開民」とされていた。この場合、文明は単数形で語られ、人類学者を生み出した近代西洋社会がそれを代表していた。

　このように文明という用語には、「文化」と同質か異質かという次元、そして単数の用法か複数の用法かといった次元の二重の二義性が含まれている。本章では、とくに単数／複数の次元を中心に、人類学の古典的著作の検討を通してこのことを確認する。さらに「文明」という言葉が今日では人類学以外の分野において活用されているという事実を通して、現代人類学につきつけられている新しい課題を示したい。古典書として取り上げるのは、E. ゲルナー（1925〜95年）の『ムスリム社会』である。全12章からなる同書は、短い4つの章を除いて日本語に訳されている。翻訳の題名は『イスラム社会』であるが、原題は *Muslim Society* であるので、このように訳した。いうまでもなく、ムスリムとはイスラームの信者（イスラーム教徒）をさす。

## 2　『ムスリム社会』と2つの文明概念

　ゲルナーは哲学者として出発したが、後に社会人類学を学び、1950年代にモロッコの高アトラス山地のベルベル社会で現地調査を実施した。ケンブリッジ大学の社会人類学教授を務めていたが、彼の学問的業績は人類学にとどまらず、哲学や政治学、人類史など広範囲に及び、日本でもナショナリズム論（『民族とナショナリズム』）などが翻訳されている。

文明　221

『ムスリム社会』を構成している論文の大半は既発表のものである。だが、もっとも長編の第1章「人間における信仰の満ち引き」（以下「満ち引き」）は書き下ろしであり、ゲルナーの議論の中核が凝縮されている。そこでその論文を中心に彼の議論を紹介したい。

　同論文においてゲルナーは、「ムスリム社会」の全体的な理解のための分析枠組を提出しようとしており、「文明」を正面切って論じてはいない。だが、西ヨーロッパ・キリスト教文明との対比において、「イスラーム文明」という表現を何ヶ所かで用いている。つまり、先にあげた「複数の文明」という用法の1つの例である。

　その一方でゲルナーは、ムスリム社会「内部」のダイナミズムを説明する際に、ムスリム思想家、イブン・ハルドゥーン（1406年没）の議論を活用している。本章で注目したいのは、都会と田舎（荒野・沙漠）という二分法、そして前者を「文明」、後者を「野蛮」とほぼ対応させる議論である。いわば1つの社会システム内部における文明と未開の対比図式が採用され、そこでは文明は単数形で語られているのである。ちなみに、アラビア語ではマダニーヤやハダーラが文明と訳されるが、前者は都市（マディーナ）、後者は遊牧民の住む荒野と対比された定住地（ハダル）という語と密接な関連を持つ。

　なお同論文では、イブン・ハルドゥーンとともに、啓蒙主義哲学者、D. ヒューム（1776年没）の宗教論もしばしば用いられる。ゲルナーによればヒュームは、多神教から一神教へという宗教進化論を信じず、むしろ人間の宗教史は、一神教的極と多神教的極の間で振り子のような振動を繰り返してきたと考えていた。それはあたかも潮の満ち引きにも喩えられる。このような見解が、イスラーム文明とキリスト教文明の比較研究、およびイスラーム文明内のダイナミズムを検討する際に有益に活用されるのである。

## 二　『ムスリム社会』における「文明」概念

### 1　キリスト教文明とイスラーム文明

　ゲルナーは「満ち引き」論文のなかで、イスラーム文明は「伝統的キリスト教世界にとって一種の鏡に映った像であるように思われる」と記している。それというのもイスラーム文明では、信者間の平等主義、聖典中心主義、(聖職者)位階制度および公式的な指導体制・組織の欠如、ピューリタニズム、道徳主義が中心的伝統となっているからである。そして、周辺的で、正統性が疑わしいとされる傾向は、分断的で、儀礼中心主義的で、聖職者位階制度重視的で、忘我的(エクスタティック)で、地域の政治構造に深く組み込まれることなどの特徴を持つ。これがヨーロッパ・キリスト教、とくにカトリシズムのあり方の反転像となっているというのである。

　「信仰の満ち引き」論文は書き下ろしであるが、その原型になった短い論文があった。それが「イスラームにおける振り子理論」である。同論文でゲルナーは、ヒュームの議論をかなり図式化して説明している。一神教的極は「P特性群」、多神教的極は「C特性群」と呼ばれており、それは表1のような形でまとめることができる。

　この表に従えば、イスラーム文明の中心的伝統はP特性群を持ち、キリスト教＝カトリック的な教会機構はC特性群を持つ。ただし、ヨーロッパ・キリスト教のもう1つの伝統、すなわちローマ教会に対抗するセクト的活動として開始されたプロテスタンティズムはP特性群を持つ。このことはゲルナーが2つの特性群を名づける時に、PとCという文字を選んだことからもうかがうことができよう。すなわちこのゲルナーの図式は、ヨーロッパ・キリスト教内部における2つの伝統、ローマ・カトリシズムとプロテスタンティズムとの

文明　　223

表1

| C特性群 |
| --- |
| ①現世・来世におけるヒエラルキー（聖職者位階制）志向 |
| ②聖なる存在と一般信者との間を媒介する聖職者や精霊の活発な活動 |
| ③知覚可能な物体などを用いた聖なる存在の具象化 |
| ④儀礼や神秘的行為が盛況になること |
| ⑤特定の個性・人格への忠誠 |

| P特性群 |
| --- |
| ①厳格な一神論志向 |
| ②ピューリタニズム的厳格主義 |
| ③聖典と読み書き能力の重視 |
| ④信者の間の平等主義 |
| ⑤霊的仲介者の欠如 |
| ⑥儀礼的な放縦さを押さえ、中庸で覚醒した態度を尊重 |
| ⑦情緒よりも法・規則遵守を重視 |

特徴を説明するものとみなすこともできるのである。そして前者は後者と比較すれば「多神教的」極に近いということを示唆している。

この議論をイブン・ハルドゥーンのそれと重ねて、ゲルナーはイスラーム世界内部におけるダイナミズムの説明に進む。

## 2　都市民と荒野の部族民

イブン・ハルドゥーン的都市と荒野の二分論、ゲルナーによればそれはそれぞれの地の住民が信奉するイスラームのあり方の相違にもつながる。荒野に住む部族民の信仰は、平等主義的特性を失っている。というのも、その信仰は一般部族民からは区別された特別な聖なる人物によって仲介されなくてはならないからである。それはピューリタン的・学者的なものではなく、享楽的で祝祭的である必要がある。また聖なるものは、教典ではなく、聖職者位階制度や聖

者個人の人格のなかに化身されがちになる。そして、その道徳律は規則の遵守にではなく、個人への忠誠に基づくものである。

　一方、王朝が社会秩序を保っている都市部では状況が異なる。そこでは聖なる仲介人・調停人よりも学者・裁判官が重視され、人びとは公共的祝祭よりも学識に基づく敬虔さに満足する。端的に言えば、「都市生活は、聖典主義的・一神論的・ピューリタニズムに確かな基盤を与えるのである」。

　このように、P特性群によって代表されるイスラーム文明の中心的伝統は都市で栄え、それから逸脱気味のC的特性群は荒野の部族民の間で受け入れられる。イスラームは都市（マディーナ）、すなわち文明（マダニーヤ）の地でその正統性が維持されるのである。

　しかし、都市と荒野との間にはある種のダイナミズムが存在する。イブン・ハルドゥーンによれば、荒野の民は強烈な連帯意識（アサビーヤ）を持つ。アサビーヤとは基本的に男系出自集団の成員間に共有されるが、異なる出自集団の者同士の主従・盟約関係によっても築かれる。このような連帯意識に基づく集団的戦闘行動は強力なものであり、それはアサビーヤを欠く、もしくはそれに乏しい都市民には太刀打ちできないものである。

　このように荒野の民は、非正統的イスラーム信仰とともに高度の戦闘能力を持つ。だが例えば力のある学者（聖職者）が巧みな表現で都市に住む政治的支配者の不信心や不道徳を批判したとする。その言葉が、武装した荒野の民に統一的な指導体制を立ち上げるきっかけを与えたらどうなるであろう。もし学者が時代の腐敗を荒野で嘆き、彼の主張に賛同する武装部族民に出会ったとしたら、何が起きるであろう。

　荒野の民の間には「部族的ピューリタニズム」が成立する潜在的可能性が常に潜んでいる。もし上に述べたような「例外状況」が生

じると、正統な信仰と高度の戦闘力をもつ部族民によって、都市を基盤とする王朝打倒の革命運動が引き起こされうる。ただし、ひとたび革命に成功した荒野の民も、王都を構えて3世代ほどたつとかつての強い連帯意識を失い、その頃に荒野に発生した新たな「ピューリタン」によって打倒される運命にあるのだが。

このようにイブン・ハルドゥーン的主題とヒューム的主題とが絡まり、ムスリム社会内のダイナミズム、つまり「イスラーム版永久革命」論が説かれる。ただし、このモデルはゲルナーが調査したマ＊グリブ世界の前近代にはあてはまるが、エジプトやオスマン帝国、さらにナショナリズムなどが成立する近代以降には、そのままでは適用しがたい。ゲルナーも、近代においては「振り子が外れた」ことを認めている。


## 三　イスラーム文明の位置——複数の文明論

### 1　ゲルナー理論の問題点

ゲルナーの議論はきわめて広い範囲の事象をカバーし、幅広い知識に基づいて大胆に論を展開したスケールの大きなイスラーム文明論であり、E. リーチが「社会人類学のあらゆる新入生の必読書」と述べたような古典である。もちろん、大胆な議論の場合には常に見られるように、細部にはさまざまな問題点がある。ここでは、「振り子が外れた」近代以降の問題について、1点だけふれておきたい。

いわゆるイスラームの「原理主義」に関して、上に掲げた論文でゲルナーはほとんどふれていない。別の著書では、「原理主義」を唯一の真理の存在およびその所有が可能であると信じる立場と定め、

それを認めない「相対主義」と対比させる。そして自分が支持するのは、真理の唯一性を信じるが、それを所有することはできないとする第3の立場、啓蒙的合理主義もしくは合理主義的原理主義であると述べる。

同書の議論に従うと、ゲルナーにとって原理主義は宗教的なものであり、今日それを代表しているのがイスラームということになる。確かにイスラームの正統性をP的特性群(同書では「高尚イスラーム」と呼んでいる)に見た彼が、そのようにイスラームを一枚岩的に捉えるのも当然かもしれない。ただ彼は、原理主義者がかつての聖職者(学者、ウラマー)とは別の社会階層から生まれていることには注意を払っていない。エジプトなどで顕著なように、原理主義者はある種のモダニストであるミドル・クラスの若者によって担われてきた。それは、かつてはナショナリストや社会主義者などを輩出していた階層でもある。ナショナリズムと高尚イスラームの近さを示しながらもゲルナーは、ナショナリズム運動などとの関係も考慮した、現代ムスリム社会の内的ダイナミズムを充分には説明できていない。

イスラームを原理主義と同一視するゲルナーの見方は、今日の国際政治の場で盛んに語られているある仮説にも通じるものなのである。

## 2 「文明の衝突」論と比較文明の視点

米国の政治学者、S. ハンチントンは1993年に「文明の衝突?」と題する論文を発表し、96年にはその議論を発展させた著書『文明の衝突と世界秩序の再構築』を刊行した(邦訳は98年)。

ハンチントンによれば、冷戦構造崩壊後の世界では、自由主義か共産(社会)主義かといったイデオロギーの対立ではなく、文化や文

明といった集団的アイデンティティによって国際紛争や諸国間協調が生じている。ハンチントンのいう「文明」とは、人を文化的に分類した際の最上位のカテゴリー、文化的アイデンティティの最も広いレベルのものを指す。そしてこのハンチントンの定義に基づけば、今日の世界には、中国(中華))、日本、ヒンドゥー、イスラーム、西欧、ロシア正教、ラテンアメリカなどの文明があるということになる。

現代の国際紛争はこれらの文明が隣り合わせになっている断層線地帯、さらにそれぞれの文明の中核を担っている国家間で生じることが多い。米国人としてハンチントンが特に強調するのは、みずからが属する西欧文明とイスラームおよび中国文明との対立である。後2者が連帯して前者に対抗する構図は、93年論文では「儒教・イスラーム・コネクション」というセンセーショナルな用語で表現されていた。ここではイスラーム文明は、西欧(西洋)文明に対立するものと位置づけられていたのである。

ハンチントンの議論は、現代の国際関係の見取り図として、いくつかの洞察が含まれているが、同時に疑問も見出される。そこで、さまざまな方面から賛否両論が寄せられているのだが、ここではそれらにふれる余裕はない。ただ「文明」の捉え方について、2点だけコメントしておきたい。

1つは彼が文化と文明は異質のものを示す概念ではなく、両者の相違は規模の問題(文明は最も広い文化的まとまり)としている点である。これは本章の冒頭でふれた文化と文明の同質論的発想である。

もう1点は、彼が複数の文明を想定している点である。ただしそれらの間には絶えず紛争の可能性があると見ている。ハンチントンは、西欧の一部で唱えられている、争いは西洋とイスラーム全体との間にではなく、一部のムスリム過激派との間にあるという見解に

対し、1400年の歴史がそれを否認していると述べている。この例からも分かるように、彼の「文明」概念には次のような特徴がある。(1)ある文明の本質は昔から不変であり、そして(2)文明間の境界線は明確に引くことができ、(3)ある文明の本質的特徴はその成員の間に満遍なく共有されているといったものである。これは単に「文明」にとどまらず、「文化」、「国民」、「宗教」などの理解の際にも一部で見られるものであり、ここでは「本質主義的」集団把握と呼んでおきたい。このような「本質主義」に基づく集団の成員は、集団内部の純化、すなわち内部における外来(と思える)異物の排除を試みるであろう。このような傾向をもつ集団同士の間では、確かに衝突・紛争が生じやすくなる。

　だが、複数の文明の存在を認めれば、すべてハンチントンのような結論になるとは限らない。「文明の衝突」論に対する強力な批判の１つは、皮肉なことに米国がテロリスト支援国の１つと名指している、イランのハータミー大統領から発せられた。彼は諸文明間の「衝突」を回避するために、それらの間の「対話」を促進することを呼びかけたのである。


## 四　今日の「文明化」——単数の文明論

### 1　単数の文明と「文明化」

　一般に文明と訳されている言葉 civilization は、同時に「文明化」という動態的意味も持つ。そして近代西洋において、「未開」社会の文明化こそが自分たちの神聖な使命であるという発想が生まれた。だが、「文明化の使命」というスローガンは、アジア・アフリカなどに対する植民地主義的支配の口実としても使われた。いず

文明

れにせよここでは、優越した、単数の文明の存在が前提とされていたのである。

このような価値判断を含んだ未開／文明の二分法は、19世紀の社会進化論などを理論的背景にしていたが、植民地が独立の気運を高めてきた20世紀の中頃になると、政治的に強く批判されるようになった。人類学においても、それぞれの文化には独自の価値があり、それらに優劣をつけることはできないとする文化相対主義＊の考え方が広まった。今日では優越した単一の文明という捉え方は、人類学ではほとんど用いられていない。だが、経済的指標に基づいた「発展途上国」という言い方にある種の社会進化論が潜んでいるように、文明／未開図式は形を変えながら、現代においても、さまざまな場面に、その姿をひそませている。

## 2 「9・11」と文明化

2001年9月11日に米国で起きた「同時多発テロ」の衝撃は、世界を大きく揺るがせた。ハンチントンの「文明の衝突」の予言が的中したとも語られた。そしてブッシュ米大統領は、ただちにムスリムの「テロリズム」に対する戦争を宣言し、首謀者とされるビン・ラーディンを匿（かくま）っていたアフガニスタンのターリバーン政権打倒に乗り出した。さらに同じような理由で、2003年にはイラクを攻撃し、フセイン体制を崩壊させた。

これらの事件の評価はさておき、ここではブッシュ大統領が「文明の側につくか、テロリストの側につくか」という発言を繰り返していたことに注目したい。その場合「文明」は単数形で用いられ、テロリズムの「悪」に対する「正義」という価値判断が付与されていた。またターリバーン後のアフガニスタン、フセイン後のイラクを「民主化」しなければならないという主張は、それらの国の「文

明化」を目指すものと解釈することもできる。

　このような発言を聞いて想起されるのは、かつてのフランスの「文明化の使命」という主張の核心を要約した、平野千果子の一文である。それは、「アルジェリアをトルコ［オスマン朝］の専制から解放する、エジプトが再びトルコの支配下に陥らないようにフランスが支配する」というものである。ここで使われている固有名詞を入れ替える(アルジェリアやエジプトをアフガニスタンやイラク、トルコをターリバーンやフセイン、そしてフランスを米国と置く)だけで、今日の米政府の外交政策に関する発言と奇妙なほどに重なってしまう。今日のムスリム世界を「民主化」しようとする動きがかつての「文明化」と同じ運命をたどるのかどうか、その答えは歴史の女神、クレイオに委ねるべきであろうが。

## 3　今日の「文明」概念と人類学

　ハンチントンにしてもブッシュにしても、彼らの「文明」という言葉の用い方はきわめて政治的なものであり、人類学の研究とは関係ないとみなす向きがあるかもしれない。しかし、「文明」の用語は、帝国主義イデオロギーとも密接に関わる、西洋近代思想史の文脈で用いられ、それから人類学に導入されたのである。その意味では、人類学も同時代の政治状況と無縁な存在ではない。今日たとえ政治的な発言においてであれ、「文明」の語が世界各地で流行しているならば、人類学はそのことにも関心を払うべきであろう。そのような視点を欠くならば、人類学は「現在学」と主張できなくなるだろう。

　とはいえ、フィールドワークを重視する人類学は、ハンチントンのような国際的政治関係を高みから見下ろす、いわば鳥瞰的視点を取りにくい。人類学が得意な分野はやはり、その土地に生きる人び

文明　231

との暮らしの断片から浮かび上がる彼／彼女らの生活の解明であろう。しかしフィールドでの細かい事例にのみ固執すればオタク的にさして重要でもない事にとらわれすぎたり、政治学など他の研究分野との対話をする機会は乏しくなったりする。その点において、フィールドワークをこなしつつ、政治史や思想史的背景も充分に考慮してイスラーム文明を広い視野から論じたゲルナーの研究は、今後の人類学のあり方に1つのヒントを与えるものといえよう。

**参考文献**
伊東俊太郎（監修）『文明間の対話に向けて』 世界思想社, 2003年.
イブン・ハルドゥーン 『歴史序説』全4巻（森本公誠訳） 岩波書店, 2001年.
梅棹忠夫 『文明の生態史観』 中央公論社, 1967年.
大塚和夫 『近代・イスラームの人類学』 東京大学出版会, 2000年.
─── 『いまを生きる人類学』 中央公論新社, 2002年.
ゲルナー, E. 『イスラム社会』（宮治美江子ほか訳） 紀伊国屋書店, 1991年.
─── 『民族とナショナリズム』（加藤節監訳） 岩波書店, 2000年.
西川長夫 『増補国境の越え方』 平凡社, 2001年.
ハタミ, M. 『文明の対話』（平野次郎訳） 共同通信社, 2001年.
ハンチントン, S. 「文明の衝突」『中央公論』 8月号, 中央公論社, 1993年.
─── 『文明の衝突』（鈴木主税訳） 集英社, 1998年.
平野千果子 『フランス植民地主義の歴史』 人文書院, 2002年.
森本公誠 『イブン・ハルドゥーン』 講談社, 1980年.
Gellner, E., "A Pendulum Swing Theory of Islam," in R. Robertson (ed.), *Sociology of Religion*. Harmondsworth: Penguin Books, 1969.
─── *Postmodernism, Reason and Religion*. London: Routledge, 1992.

現代における再生
# 神話と宗教

田村克己

モーリス・レーナルト
『ド・カモ』

## 一　生者と死者の隔たり

　神話の世界では、生者が死者を訪ねる物語がある。日本神話においても、原初の神イザナギが、火の神を生んだことによって死んだ妻のイザナミを追って、死者の国である黄泉(よみ)の国に行く話がある。しかし、イザナミは黄泉の国のものを食べたためにもう現世に帰れぬ身であった。イザナミが禁じたにもかかわらず、イザナギは湯津(ゆつ)爪櫛(つまぐし)をとって、その男柱のひとつをかいて火をともし、秘かに妻の姿を見ると、蛆(うじ)がたかり幾つもの雷がとりついていた。それを見てイザナギは黄泉の国から逃げ出し、辱(はずかし)められたと怒ったイザナミは黄泉醜女(よもつしこめ)を遣わして追いかけ、以後、イザナギの呪物を使っての逃

走の話となる。

このような妻を追って冥界を訪れる話は、ギリシャ神話のオルペウスの物語があり、そこでは、毒蛇にかまれて落命した妻を追って、オルペウスが竪琴(たてごと)を携えて地下の世界に赴いたとある。彼の歌声に心動かされた冥界の王とその妻は、掟(おきて)を曲げて、オルペウスが妻を連れ帰ることを許すが、地下の世界を離れるまでは途中振り返って妻の姿を見てはならないという条件が付いていた。帰路オルペウスは、背後の妻の足音が聞こえないのに不安に駆られ、禁を破って妻の姿を見るが、たちまち彼女は息絶えてしまうところとなった。

似たような話は、太平洋の島々でも語られてきた。ソロモン諸島のある男の物語は以下のとおりである。その男は酋長(しゅうちょう)の長女トゥンブンにほれていた——。ところが彼女は突然死んでしまった。密かに彼女を愛していた男は、喪に服さず木陰に隠れて葬儀を見守っていた。ソロモン諸島では高貴な女は満潮時に海に沈められることになっている。さて夜になると、男は出かけていって彼女が沈められた場所を見つけ、くぐって連れ戻した。陸に上がって、男は一生懸命彼女の息を吹き返させようとした。すると彼女はものを言った。しかし彼はあまり急に生に戻ることの危険をよく承知していたので、「しっ、僕の名前を言わないで」と愛する娘をたしなめた。なぜなら生に戻ろうとするときに、もしトゥンブンが彼を認めて名前を呼んだなら、彼女は彼を生者の世界に一気に置き戻してしまうことになるからである。——それにトゥンブンを放っておくと、再び死に落ち込み、今度は決定的に死んでしまうのである。

以上3つの物語は、いずれも死者が生者と別の世界に存在することが前提にあり、それと生者との往還には一定のタブーのあることを共通とする。しかし、日本神話やギリシャ神話の場合、「見る」

という行為が禁にかかわっており、日本神話では死者の姿がより具体的である。そして後に続く、死の起源を語る神話、すなわちイザナギ、イザナミがそれぞれに生者と死者を作り出すことを言い合う話において、死は生と対立するものとして位置づけられる。しかも、イザナミ自身の醜い姿やその手下黄泉醜女の存在によって美醜の観念にかかわり、死は恐ろしいものとして表されている。それは明らかに死体の外観に由来するイメージである。これに対し、ソロモン諸島の場合、物語自体において死者の姿は明らかでない。その居場所も死体の置かれた所で、そこの住民も語られない。死者の国の観念は薄く、生者と死者の境目は低い。

## 二　人と物の隔たり

　海中から娘を連れ戻す物語をひく『ド・カモ』は不思議な民族誌(物語)である。副題に「メラネシア世界の人格と神話」とあるように、メラネシアのニューカレドニア島に住むカナク人の世界を描き出したものである。フランスの民族学者モーリス・レーナルトが20世紀初期に宣教師として現地に滞在したときの調査にもとづくこの民族誌は、現代社会に、ひいては今日の人類学に何を語りかけているのであろうか？

　死の問題に立ち戻っていえば、カナクの人にとって「死は少しも虚無ではない」とレーナルトは言う。先のソロモン諸島の話に続いて、レーナルトは次のように語っている。「カナク人は、自分の話している相手がはたして生きている人間なのか、それとも故人なのか分らずにとまどうことがあるということがよく分かる。存在するものは、たとえそれが人間の姿を取っていても、あるいは肉体の消

滅によって不可視になっていても、彼の目には同じく現実的なのである。死体はある状態を表現するものにすぎず、そのもの自体としては考慮されない。」すなわち、人は状態に応じて健康であったり、息を引き取る過程にあったりするのであって、死は社会的な役目を離れた状態にすぎない。

さらに彼は、ニューカレドニア島における神観念をめぐる文化層を論じ、「死体と神の区別がはっきりしているほど」、生者と故人の関わる空間の区別が明らかになり、神の屍臭(ししゅう)がなくなり、「故人が冥界で送っている生活の様子の観念も明確になり、身体と存在の二元論が表れてくる」と言う。要は、生者と別の存在が観念されるには、身体性から脱却した存在、形から自由になったものの存在が観念化される必要があるというのである。それは「発達した」文化層のものであり、現に彼は、ニューカレドニアにおける霊魂概念の存在がイスラームの影響による可能性を指摘している。

それでは、生きていようが死んでいようが存在し続けるという考え——「より発達した文化の下にある」文化層に属する——において、人あるいは生物はまわりの無生物とどこが違うのか？　この世界には生物と無生物があり、その区別は生命があるかないかによっている。しかし、その生命という観念自体、霊魂と同様に、形から自由になった存在である。こうした観念の欠如した状態においてはどうであろうか？　生物、そしてそのなかに位置する人と、物の区別はなくなってしまうことになる。

レーナルトは、メラネシアの言語にあって、身体の諸部分および所属あるいは所有の表現において文法上の区別のあることも論じている。第1は「私○○」のように名詞が人称代名詞に直接接辞されるものであり、第2は「私の○○」のように人称代名詞と名詞との間に両者を分かつ小辞の入るものである。前者には、身体の外観を

特徴づけるもの、輪郭をかたどったりするもの、個体性を際だたせるもの、トーテムなど母方のクランに属するもの、肖像・子孫・肝臓といった人の代替物に当たるものの名が含まれる。母はこのなかに入るが、父は後者に含まれる。彼らの生殖観において、母は子と有機的な絆を持つが、父は生殖を強化するにすぎず、母あるいは母方親族との関係においてのみ意味を持つからである。すなわち「私の○○」と表現されるのは、何らかの関係性において私に所属するものである。これに対し、「私○○」と表現されるのは、「私」の外観を作るものであり、私と区別されることなく、私の一部となっている。そこで明らかになっていることは、当の人格とこうしたまわりにある物との同一性である。それでは、どこまでが「私」であるのか？　人が、身体という形とは別の存在、生命に当たる存在をもたず、外観を形作るものにおいても物との境目がはっきりしないとすると、人と物は区別の付かないこととなる。

　このような、人と物との隔たりの欠如、対象と主体の密着を、レーナルトは、「人間形態論的」な見方に対して、「宇宙形態論的」とでも言うべき見方とする。そこでは、人は主体として物を客体として扱っているのではなく、まわりの物によって自らを形づくっているのであり、主体＝客体の世界である。すなわち、「人間が自然に包まれて生活し、未だに自然から分化していない場合、彼らは自然の中に自らを押し広げていくのではなくて、反対に自然によって浸され、それをとおして自らを知るのである」と言う。人と樹木が同一であるのは、単なる比喩や樹木に人と同じ特徴を見出すからではなく、同じ在り方を意識しているからである。ここに、レーナルトは「神話的リアリティ」があるとし、存在と物との「融即」に支配された、レヴィ＝ブリュルの言う「未開心性」を見出している。

## 三　神話的リアリティと「人格」の隔たり

　レーナルトは『ド・カモ』の後半で、メラネシア世界における人格の構造を探求し記述する。そこでの「自分」は、自然の一部であるトーテムとのかかわり、祖先との関係、オジ―オイ関係といった社会関係など、さまざまに自分と他のものとを取り結ぶ関係を通してしか自分自身を認識しない存在である。そして、それは「言葉」によって支えられている。彼らにとって「言葉」は、事件であり、行為であり、決定でもある。供物や呪術的行為も「言葉」であるように、活動はそれを支持する言葉と別物ではなく、その行為自体が１つの「言葉」である。知恵や考えも、行動や発言によって開示され、固定化され、定式化されることで、確実性をもった「言葉」となる。「言葉」は世代を超えて持続し繰り返されるもので、そこから伝統、神話、社会的地位が出てくる。すなわち、「言葉は別の時代の社会的生の総体であり、かつ現在という時代の社会的生の総体でも」あって、「行為、活動、物そして言葉は世代を通して拡散した個性が、人に受動的に顕現すること」と言う。

　人は、「言葉」によって支えられ、社会的存在となり、生きている物(＝カモ)としてある。そこでの「自分」は関係によって位置づけられ、その「言葉」も存在するものの現れでしかない。それでは、人は一個の人として人格をどのようにして持つのか？　「社会―神話的領域の中に拡散している」人格が確定され、個別化されて行くには、身体という概念が重要になってくることを述べる。しかし、この問題については、「神話的思惟と格闘している人格そのものの無意識の葛藤から生まれる」とあって、なお曖昧である。むしろ、この脈絡にあっては、植民地状況下にあって、メラネシアの人びと

が、社会の崩壊の果てに、社会—神話的領域から切り離され、「単独で非社会的な個人」、「自己自身の一部を欠損した存在になっていくこと」の指摘がより意味を持っている。あるいは、活動が「言葉」から切り離されたために、「持続する言葉」である伝統的技術が衰退するという。こうした記述は、新しい文明の到来にあって、現地社会がどのような変容を蒙(こうむ)るかについて、認識のレベルにたって鋭い問題を投げかけているといえよう。


## 四 『ド・カモ』の問い

『ド・カモ』に描かれる世界は、現代に生きる私たちに何をもたらしてくれるのであろうか？ ひとつは、文化人類学、ことに宗教や神話の分野におけるさまざまな概念の再考察である。宗教を超自然的なものについての信仰と見ることは、およそタイラーに始まる。彼は超自然的なものが霊的存在であり、それは霊魂の観念に起源するとし、霊魂や精霊への信仰をアニミズム*と名付けた。その進化主義の考えへの批判はおくとしても、なお超自然的なものが存在であるのか、それとも力であったり生命のような観念であるのかについては曖昧である。しかし、神話的リアリティの世界にあっては、霊魂や生命といった形から自由な存在が観念されない。タイラーは、夢の経験から、肉体とは別の非物質的存在すなわち霊魂の存在を観念するに至ったとするが、人がまわりの世界から浸透されているという神話的思惟にたてば、人はそのままであらゆるものに変身、同化すると考えるゆえ、夢の経験が矛盾なく受け入れられる。

アニミズムも含めて超自然的な存在への観念を宗教の本質としてとらえるならば、宗教は神話的思惟とは別の観念の出現にもとづく

神話と宗教

ものと言わざるを得ない。それは、主体＝客体の宇宙形態論的な見方とは違って、人間が主体としてまわりの世界を認識し、働きかけようとする営みの一つである。神は人間の似姿をもっており、また歴史上登場してきた組織宗教に顕著なように、神は自然を含む世界の支配者として現れるのである。さらに呪術も、ある種の技術的側面を持って世界に働きかける実践的行為である以上、主体である人間と、対象となる客体の区別された見方によっている。おそらく、アニミズムや呪術、あるいは宗教といった概念に含まれる現象には、神話的リアリティに由る要素が含まれている。しかし、それらは断片的であり、合理的思惟に対立するものとして、宗教などを全体としてそうした世界観の下に押しやるのは間違いであろう。むしろ、その体系化や制度化は逆に人間形態論的な見方にもとづくのであり、これらの現象の個別の事例の分析を通して、あらためて人が世界とどのように関わり、向き合っているかを知ることが大切であると言えよう。

　トーテミズム*は一般に、ある集団が特定の動植物と特別な関係にあるとする信仰である。それが集団を維持する集合表象に意味を持つとするデュルケムの考えや、その動植物が経済的価値を持つとする機能主義的な考えがあるが、『ド・カモ』においてレーナルトは、「生命を産出する世界のリアリティを人間に把握させ、その世界と自己の世界を整序することを助ける神話的全体」と述べる。後にレヴィ＝ストロースは、自然の種のレベルと社会の集団のレベルの差異が相同であることの意味の重要性を論じており、トーテミズムの問題は、人が何をもって自らとその社会を考えるかについてヒントを与える。それは、人と自然とのかかわりや生命観についてもあらためて考える手がかりとなる。

　ところで、神話も再考すべき問題である。神話は、世界の在り様

を説明し、根拠づけるものである。そのあるものは、冒頭に述べた日本神話やギリシャ神話のように物語の形式によって体系化されている。両者は、死者の世界の存在とそれと生者とのかかわりを語り、さらには神々の世界を語ることで、生の在り様を説明する。しかし、それは『ド・カモ』に描かれる神話的リアリティの世界と同一であろうか？　「メラネシア人の神話は定型化して表現され、一つの神話体系に固定される以前に、生きられており、慣習によって再活性化される」と言う。ここで神話が生きられているというのは、神々の世界など現実と離れた所から社会の制度や慣習に根拠を与えるためでなく、それが現実の人びとの考えや行為に枠組みあるいは輪郭を与えているからである。おそらくここでも、先の宗教などの概念に関して述べたことと同じことがいえよう。神話的リアリティは決して物語としての神話にあるわけではない。それは断片として現実の生活のなかにあり、個々の物語の分析を通して、そして民族誌のなかから明らかになってくるものである。

　レーナルトは、神話を「未開心性」と見たレヴィ＝ブリュルと違い、それが人間の「心性というものの根元的で構造的な一要素」とみる。メラネシア人の「心性の構造が、神話と合理性という２つの要素からなっている」と述べ、「情動的で神話的な認識の様式のみをもって世界を構築しようとしてしまう」ところに、彼らの「錯誤」を見る。他方で、現代文明に生きる人びとと同じように、仮に彼らが「合理性による認識様式にだけに夢中になり、論理的作業をとことん追求したとすると、ついには死に至るだろう」と考える。なぜなら「全面的と言われるような戦争の組織以上に、論理的なもの」はないからという。それゆえ、『ド・カモ』で提起されることは現代につながる問題である。植民地下での文化の変容や人格の危機は、グローバル化の進む今日において切実な問題である。また、

人間がまわりの自然や環境とどのように向き合うかについても、認識のレベルにおいて新たな可能性を示してくれるている。

レーナルトのこのような現代を見通すような認識は、あらためて民族誌の可能性を示している。それは、現地の人とともに認識の深いレベルを共有することによって構築されたものである。それが果たして民族誌であるのか？ あるいは物語であるのか？ それは、人は共通の心性も持つのかという人類学の根源的な問いにかかっているのであろう。

**参考文献**

エヴァンズ＝プリチャード，E.E. 『宗教人類学の基礎理論』（佐々木宏幹，大森元吉訳）世界書院，1967年．

タイラー，E.B. 『原始文化』（比屋根安定訳）誠信書房，1962年．

田村克己 「『物』と『霊』」伊藤幹治，米山俊直編 『文化人類学へのアプローチ』ミネルヴァ書房，1988年．

デュルケーム，E. 『宗教生活の原初形態』上，下（古野清人訳）岩波文庫，1975年．

マリノフスキー 『呪術・科学・宗教・神話』（宮武公夫，高橋巌根訳）人文書院，1997年．

吉田敦彦 『ギリシャ神話と日本神話――比較神話学の試み』みすず書房，1974年．

ラドクリフ＝ブラウン，A.R. 『未開社会における構造と機能』（青柳まちこ訳）新泉社，2002年．

レヴィ＝ストロース，C. 『今日のトーテミズム』（仲沢紀雄訳）みすず書房，1970年．

レヴィ＝ブリュル，L. 『未開社会の思惟』上，下（山田吉彦訳）岩波文庫，1953年．

レーナルト，モーリス 『ド・カモ――メラネシア世界の人格と神話』（坂井信三訳）せりか書房，1990年．

Clifford, James, *Person and Myth: Maurice Leenhardt in the*

*Melanesian World*. Berkeley: University of California Press, 1982.

Leenhardt, M. "Quelgues éléments communs aux formes inférieurs de la religion," in M. Billant et R. Aigran (eds.), *Histoire des Religions 1*. Paris: Bloud, 1953.

象徴の森の想像力
# 儀礼と祭

鈴木正崇

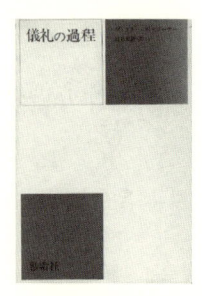

ヴィクター・ターナー
『儀礼の過程』

　祭は人びとの気持を高揚させたり、厳粛にしたりする時空間を現出し、舞踊や音楽、見世物などを楽しむ機会でもある。内容は年中行事や通過儀礼など多岐にわたり、神霊と交流する神事から世俗的なイベントに至る幅広さを持ち、担い手も個人や地域社会、民族や国家など多様だ。文化や社会を深く知る回路として、祭は人類学者の注目を集めてきた。

　祭は一般に儀礼（ritual）としてとらえられることが多い。儀礼とは、狭義には「神霊や力の信仰と関連する非日常的な場での形式的行動」、広義には日常生活での挨拶や接待などを含む社会的に規定された形式的で反復的な行動である。1960年代後半から儀礼への関心が高まり、宗教の研究も教義や観念だけでなく、実践としての儀

礼を重視する傾向が強まった。その研究の中心人物の1人がヴィクター・ターナーで、儀礼のなかの象徴の意味の解読を通じて、世界観を読み解く象徴人類学と呼ばれる分野を開拓した。

ターナーは1950年から1954年まで、アフリカのザンビアに住むンデンブの調査を行ない、葛藤や抗争の危機を描いた民族誌を著した。その後、儀礼研究に向かい、ンデンブの儀礼の詳細な象徴分析を行なった『象徴の森』(1967年)や事例研究を一般的な文化・社会現象へ応用した『儀礼の過程』(1969年)を著し、儀礼研究を発展させて、見世物、芸能、演劇、記念祝典などパフォーマンスの研究へと広げた。

ここではターナーの代表作『儀礼の過程』を中心に取り上げながら、儀礼、祭、パフォーマンスといった分野での人類学の豊かな遺産を現代的な課題とつなぐ可能性を示してみたい。


一　境界状態とコミュニタス

『儀礼の過程』の功績は、リミナリティ(liminality)とコミュニタス(communitas)の概念を提示して、社会や文化の動態を考える新たな視点を作り出したことにある。リミナリティとはどっちつかずの境界状態のことで、本書の前半部は、この状態にあるンデンブの不妊女性の治療儀礼のイソマと双子を生んだ女性に対して行なわれるウブワンウ儀礼の意味を、象徴の解釈や分類体系に基づいて明らかにした。ンデンブの社会構造は母系出自だが結婚後は夫方居住なので、女性は夫方と妻方の中間で緊張を孕む状況にあり、しばしば精神的葛藤に悩み、嵩じると生殖機能に異常が生じて不妊になるという。不妊の原因は母親か祖母の霊の祟りに求められ、治療儀礼で

は象徴を駆使して「忘れてしまった」母系親族を想い起こして霊を鎮めて危機を解消する。また双子を生んだ場合は、生産力の過剰と見なされて社会に危機をもたらすので、共同体の再秩序化のために全体の成員に認知させる儀礼を行なう。儀礼では、男と女、父系と母系、善意と悪意、白と赤、生と死、村と森などの二元的な象徴の対立を通して、男女の愛と苦悩、嫉妬や憎しみや恐れなどが意識化され、世界観の諸相が描き出されて、最終的には正しい関係を回復して危機を克服する。象徴は分類体系を構築するだけでなく、野生の情動を生きるためのエネルギーへと回路づける感情の喚起装置でもある。不妊と双子の儀礼は、ファン・ヘネップが通過儀礼の分析で提示した分離―移行―再統合の3段階の経過をたどる。特に、移行という中間段階、境界状態のリミナリティに焦点をあてて儀礼の主題を読み取るのである。

『儀礼の過程』の後半部はンデンブの研究を一般化し、通過儀礼の移行段階を社会や人間の認識に反省作用が生じるコミュニタスとして提示する。コミュニタスとは、通常の人間関係から解き放たれて、特別な社会様式が生成される状態で、人びとは、身分、序列、地位、財産、男女の性別、階級の次元を越えた、自由かつ平等で実存的な人間関係を確立する。境界状態では、「身分逆転」、あるいは逆に「身分上昇」も起こり得る。人間は日常では身分や役割に規定され、政治的・法的・経済的に構造化された社会様式のなかで生活しているが、境界状態では構造の次元を越える「反構造 anti-structure」、あるいは構造を破棄した「無構造」が出現し、未分化で未組織な一体化した社会様式を生み出し、時には変革を作り出す契機にもなる。こうして、社会とは「1つの事物ではなく1つの過程――構造とコミュニタスという継起する段階を伴う弁証法的過程」であるという社会過程論を提示し、社会の動態的側面を明らかにした。

## 二 コミュニタスの展開

　ターナーの言うコミュニタスの特性は、境界状態、部外者性、構造的劣性の3点である。これらに該当する人びとは、(1)社会構造の裂け目にいる、(2)周縁に位置する、(3)底辺を占める、という状態にある。総じて社会で劣位に置かれる人びとを担い手として、社会体系から外れた状況で表出する原理がコミュニタスである。コミュニタス概念はさまざまな事例に適用された。部族社会の不妊や双子の儀礼での境界状態の修練者、父系社会における母系、母系社会における父系、征服者に支配された土着民、多数民族に対する弱小民族など構造的劣性を帯びる人びとや、宮廷社会で活躍する道化師、民衆の千年王国運動[*]、戒律を維持する修道院、中世のフランシスコ修道会、インドのサハジーヤー運動(男女の結合を理想化して、神への帰依と合一を願うバクティ運動)、そして、仏陀、ガンディー、トルストイ、アメリカのヒッピーや暴走族など、歴史や地域が異なる人びとの運動や人間の生き方の根底的な共通性が考察される。こうして、歴史・社会・文化の多様な現象をコミュニタス概念で統一的に理解する方法を提示して、現地調査に基づく仮説を普遍化した。

　コミュニタスは3種類に分けられる。第1は実存的、あるいは自然発生的コミュニタスで、ブーバーの言う「我と汝」のように直接かつ全人格的に対面する関係が生じ、構造化されない自由な共同体が構成される。1960年代のヒッピーの対抗文化(counter culture)運動に顕著に見られた。第2は規範的コミュニタスで、一部に社会体系が取り込まれ、緩やかな組織化が試みられるが、同胞や仲間意識、さらには独自の絆で支えられる。フランシスコ修道会やサハジーヤ

儀礼と祭　　247

一運動、聖地をめぐる巡礼がこれにあたる。第3はイデオロギー的コミュニタスで、社会のユートピアのモデルや青写真が提示される場合で、シェイクスピアの『あらし』に出るゴンザーロの理想共和国があてはまるという。

『儀礼の過程』では、時空間を越えて諸現象を分析する視角が提示されて、個人と社会と文化の動態や、違反や逸脱の持つ創造力が明らかにされた。さらに、後の著作で、ターナーは、リミナリティを擬似境界状態のリミノイド (liminoid) に拡大してカーニヴァル、ゲーム、見世物、パレード、スポーツ、反抗運動などへと適用領域を広げると共に、歴史の出来事に社会の動態を読み取る視点として紛争や葛藤を解消する「社会劇」という観点を導入した。

『儀礼の過程』の刊行は1969年で時代の影響が刻印されている。当時は世界中が大学紛争に揺れて伝統的価値観が問い直され、パリのカルチェラタンでは解放区が出現し、フランス革命期のパリ・コミューンの再来を想い起こさせる自由で陽気な祝祭空間が生まれた。アメリカではベトナム戦争末期の反戦運動が高まってフォークソングが若者の共感を得て広がり、西海岸を中心にヒッピーが隆盛を極め、禅や密教など東洋思想がブームを引き起こした。コミュニタス概念は民衆の対抗文化や若者の行動様式を正当化し、逸脱を許容して、理想的な社会と人間像を描いて共感を勝ち得たのである。


## 三 祭と祭礼——新たな共同体の再生へ

祭は常に変化する。日本の祭について、柳田國男はマツリの原義は神のそばに侍座することで、物忌精進や忌籠りで神に奉仕するのが祭の本体で、酒食で神霊をもてなし、最後に直会で食物を通

して力を身体に取り込むと考えた。しかし、都市の祭は村落とは異なり、観客が発生して「見せる祭」に変化し、見る者と見られる者が分離し、京都の祇園祭(ぎおんまつり)のように巡行する山鉾の作り物や装飾を華美にして風流(ふりゅう)を競う状況が生まれた。歌舞音曲が賑やかに奉納されて祝祭性が高まり信仰の内容も変質する。これを祭から「祭礼」への変化と捉える。祭の組織では、現代では血縁(同族や親族)や地縁(村落や町内会)という生得的で選ぶことの出来ない「非選択縁」に基づく共同体が崩壊して、自己の意志で選べる「選択縁」の比重が高まってきた。会社の社縁や情報による知縁が重要性を増し、祭には目的に応じて集まる流動性の高いボランタリー・アソシエーションの参加が目立つ。

　現在の日本では都市の祭が隆盛を極めているが、ほぼ3種に分けられる。第1は近世以前から伝統を継続し宗教性を中核に行事の内容の不変を誇示する祭(京都の祇園祭、青森のねぶた祭)、第2は近代に創り出された博覧会風のイベント(京都の時代祭)、第3は戦後に地域の活性化のために創り出されたイベント(よさこい祭)である。しかし、いわゆる伝統的な祭も観光に利用されて経済発展の基盤となり、無形民俗文化財に指定されることで観光化が進むことも多い。多くの祭は地域活性化の役割を担っており、行政も文化振興政策の目玉として祭の開催を推進する。土地や歴史から切り離された祭もあり、別の文脈に移して換骨脱胎されて内容が変質し新たな祭が創造される場合もある。例えば、徳島の盆踊りの阿波踊りが、1957年に東京の高円寺に移され華やかさを増して定着し、連と呼ばれる組織が増殖して関東一円に広まったり、1954年に高知で商店街の振興を目的に作られたよさこい祭が、北海道に移植されて1992年にYOSAKOIソーラン祭が成立し、若者に新たな社会関係を構築する機会を創出して、熱狂的に受け入れられ全国展開をしている。

現代では祭は神社や氏子（うじこ）による神事というよりも、流動的な集団や行政が関与する世俗的なイベントとして捉えられる傾向が強まっている。これら一連の動きは、祭が対象化され操作・流用される「文化の客体化」の現象であり、文化の政治化の動きも連動している。しかし、祭を支える原動力の中核にはコミュニタスがあり、普段は稀薄な都市の人間同士が新たな絆を結び直すことが出来る。祭の比重が、文化要素よりも人間関係に移り、パフォーマンスを介して結び付いた「実践共同体」（レイヴ＆ウェンガーの用語）も増加しつつある。つまり、舞踏や芸能の学習は実践共同体への全人格的参加の過程と考えられ、素人（しろうと）も参加できるという、「正統的周辺参加」を通じて次第に内部化して新たな共同体が創出されるのである。

　一方、祭は国家レベルの統合やナショナリズムの生成にも寄与する。祭には日本文化が凝結して表現されているという考え方は近代化の過程での神道の新たな展開と共に一般化した。また、近代では伝統的権威に依拠するページェント（行列）が国民国家を生成した。特に天皇による各地の巡幸は、規範的コミュニタスとしての巡礼であり、「可視化された帝国」を作りあげ、「国民」という絆による新たな共同体を形成することになった。ベネディクト・アンダーソンによると、ナショナリズムは近代の欧米で発生して世界に広まったが、起源地は移民が構成したクレオール国家のアメリカで、現地生れで本国を知らない役人が領域内を動く世俗的巡礼を通じて新たに共通の圏域を作り出し、「想像の共同体 imagined community」としてのネーション（nation）の単位になったとされる。ここではターナーの議論が有効に使われている。

## 四　イニシエーション

　リミナリティは、通過儀礼で移行の状態に置かれる新参者や通過者に顕著である。特に子どもから大人への移行の儀礼はイニシエーション（加入儀礼 initiation）と呼ばれ、新たな地位や役割を獲得する自覚を持たせると共に、親族や地域の人びと、友人たちとの関係を再調整する機能を持つ。特定の集団や組織への入団や新しい資格の獲得にイニシエーションは欠かせない。いわゆる伝統社会では、男性のイニシエーションは普遍的で、新参者を森や荒地に隔離し、地位、財産、役割を剝ぎ取り、匿名で無所有の平等な存在として、さまざまな試練が与えられ、秘密の知識が授与され、境界状態を通過して、大人の社会に加入できる。入墨や割礼など身体加工を加えたり、髪型や衣装を変える行為が人工的に行なわれた。一方、女性のイニシエーションは、初潮のように身体に明確な変化が現れ、婚姻可能となる区切りの時に執行することが多い。男性と異なって自然に大人への移行が自覚されるためか、儀礼がない場合もある。しかし、女子割礼を行なう地域では、近代の人権の観点から問題視されて論議を呼んでいる。

　現代日本の代表的なイニシエーションである成人式はそのあり方を巡ってさまざまな論議がなされている。戦後になって、数え15歳での元服という男性の成人式に変わって、満20歳の男女の双方に対して行政側から設定された成人式が導入された。しかし、1990年代後半から「荒れる成人式」が増えて社会問題となり、例えば、2001年の高松市の成人式で、市長が励ましの言葉を述べ始めると、会場に一升瓶を持ち込んでラッパ飲みをしていた新成人が壇上に走り寄ってクラッカーを鳴らした事件、同年の高知市で来賓の知事の挨拶中に十数人が手拍子をしつつ「帰れ、帰れ」と野次を飛ばし、知事

が「静かにしろ。出ていけ」と一喝した事件があった。2002年には那覇市で「数年来慣行化」していた会場周辺の騒ぎを予測した警官隊と青年がもみ合い、酒樽の持ち込みが阻止されたり、車で突っ込むという事件が起こっている。

　こうした逸脱行為も一種のコミュニタスであり、伝統的な地域社会や若者組が担い手の場合、当初から組み込まれ許容されていたが、行政主催の厳粛な催事という公の場では許されない行為となった。基盤にあった世界観や社会構造が崩壊し、儀礼の文脈が変化して、コミュニタスは事前に統制を加えられ変質させられて意味を失った。小正月という伝統的な行事を踏まえた正月15日という祭日が、2000年度から正月の第2日曜日という移動祝祭日に変更されて更に意義が薄まった。現代の若者には成人式を晴れ着を着る機会や同窓会の場と割り切って参加する者も多い。そもそも行政主導の成人式は、戦後の自信喪失の時期に、埼玉県のある町の青年団長が発案して青年を励ます集いを企画し、当時の文部省や地方公共団体が動かされて、1948年に正月15日を「成人の日」に制定したことに始まる。紆余曲折を経て現在に至るが、自発的な意思を持つ担い手や組織が不在でさまざまな問題を孕んでいる。

　現代のイニシエーションとしてはむしろ会社の入社式が機能を果たしており、前後に研修という試練の期間を持ち、禅の修行をさせたり、合宿所で肉体を鍛えて、新たな知識を与えるなど社会人の自覚を持たせる上で一定の効果を挙げている。また、当事者の関与が大きいのは、結婚式の披露宴で、さまざまな形態が演出可能で文化創造の場になっている。現代の課題は、通過儀礼に含まれるコミュニタスをどのように現代化して生活のなかに活かしていくかである。個人、集団、社会のいずれでも当事者の時空間を変化させ、境界を象徴的に通過し、共同体や成員が秩序の再構築を承認し共有すると

いう儀礼装置に工夫を凝らす必要がある。


## 五　象徴の森の想像力

　ターナーの学問的寄与として見逃せないのは象徴の問題である。ターナーは象徴を「儀礼の構成単位」と定義して、徹底して解釈を加え、1つの象徴が異なる状況で用いられ、多数の意味を担うだけでなく、同一の状況で使用された象徴でも、意味が多義的で特定が困難な場合があると動態的に考えた。例えば、ンデンブが主要な象徴として使用する「ミルクの木 mudyi」には、意味が凝縮し、母乳、乳房、母と子の紐帯、氏族の女性先祖、母系制、社会秩序一般などが含まれる。また、象徴の意味を、釈義的(exegetical)意味(現地の人が与えた意味)、操作的(operational)意味(象徴の実際の使用状況を研究者が観察して得られた意味)、位相的(positional)意味(象徴相互の構造的関係で保持された意味)に区別することを提唱した。この区別は重要だが、象徴は意味を持つという考え方が根底にあり、恣意的な意味を事象に与える危険性を内包している。

　象徴の理解を大きく転換したのはスペルベルである。祭や儀礼の現場で、我々が象徴と考えるものの意味を尋ねると、「それが仕来りである」、「我々はずっとそうやってきた」、「先祖は意味を知っていたが、我々はそれを忘れてしまった」、という応答が多い。人類学者は来るのが遅すぎた、先祖の時代であれば答えが得られただろうと想像する。しかし、本当にそうかと問い掛ける。彼によれば、象徴とは、第1は言語以外の対象が言表化しうる意味を担うものとして把握される場合で、花嫁の白い衣装が清浄さを意味するという事例である。第2は何か意味がありそうだが当座は理解し難いと考

儀礼と祭　　253

えるものを象徴とする場合である。後者は「存在理由が私には捉えられないあらゆる活動を象徴的なものとみなす」、言い換えれば「非合理性」の基準に基づいて象徴と考える。例えば、種蒔きは最初に家長が行なうと良い収穫が得られると聞くと、この言い回しを象徴表現とする。しかし、我々が何らかの意味を持つと信じるものを象徴と考えているに過ぎない。

　象徴と意味を関連付ける考えは、文化をコミュニケーションの体系と見なし、言語をモデルにして分析可能だとする文化記号論の仮説によって強化されてきた。例えば、リーチは儀礼とは何かを言うものだとし、儀礼をコミュニケーションの一種と考えた。記号論に従えば、送信者が受信者にメッセージを送ると、共有するコードによってメッセージの意味を解読出来るのであり、隠れたコードの発見が儀礼研究の課題となる。しかし、意味を知らずに象徴を用いることは可能だが、意味を知らずに言語を使用することは不可能であり、象徴と言語は異なる。象徴は意味を一義的に決められず、意味は常に文脈に依存して決定される。象徴の概念は普遍性をもたず意味を不可欠の要素としない。そこで、象徴が何を意味するのかではなく、象徴が意味するのはどのようにしてか、を問うことが大事だとスペルベルは指摘し、記号論から認知論への転換を説いた。

　じつはターナーにも類似の発想が見られた。象徴は多義的な意味を持ち、「認知的分類」を提示するだけでなく、感情や願望を煽動して、「憎しみ、恐れ、愛、苦悩という強力な情念を、呼び起こし、それに方向を与え、そして手なづける喚起装置の1セットである」という。この考え方は、象徴表現は言語と異なり、象徴的知識を呼び起こす認知装置であるというスペルベルの説と近い。象徴的知識とは儀礼の意味の解明であり、共同体に共有されている民俗知識とは別の知識を形作る。福島真人は儀礼の諸要素は「使用の反復性、

そして背景的民俗知識との密接な関係上、象徴的知識を喚起する、高いポテンシャリティを持つ」と考え、象徴の能力を「喚起ポテンシャル」として把握する。喚起力に応じて異なる儀礼の釈義が生成されるという。

　ターナーの研究は、パフォーマンスに関心を寄せる者にとっては、依然として発想の源泉である。歴史的な観点を入れながら社会を動態的に研究する視点、感受性や柔軟性に富む演劇的な手法で人間の生きる意味を解き明かす記述と分析、文学、演劇、音楽、舞踊、思想など幅広い分野を結びつける超領域性の魅力は衰えていない。コミュニタスやリミナリティは、概念としては常識化しても、歴史の構成や記憶の生成に関与し、さまざまなエージェントによって流用・対象化され、新たな表象や言説を生成し、豊かな創造のための実践的な場を形成し続ける原点にあることは間違いない。そのなかに現代を照射する批判的な想像力を読み取ることが我々の課題なのである。

**参考文献**

アンダーソン, B. 『想像の共同体』増補版（白石隆, 白石さや訳）　NTT出版, 1997年.

スペルベル, D. 『象徴表現とは何か――一般象徴表現論の試み』（菅野盾樹訳）　紀伊国屋書店, 1979年.

ターナー, V. 『象徴と社会』（梶原景昭訳）　紀伊国屋書店, 1981年.

――― 『儀礼の過程』（冨倉光雄訳）　新思索社, 1996（思索社, 1976）年.

ターナー, V.・山口昌男編 『見世物の人類学』　三省堂, 1983年.

ファン・ヘネップ, A. 『通過儀礼』（綾部恒雄, 綾部裕子訳）　弘文堂, 1977年.

福島真人 「儀礼とその釈義――形式的行動と解釈の生成」 民俗芸能研究の会・第一民俗芸能学会編 『課題としての民俗芸能研究』　ひつじ書

房，1993年．

フジタニ，T．『天皇のページェント』（米山リサ訳）日本放送出版協会（NHKブックス），1994年．

レイヴ，J.・E. ウェンガー 『状況に埋め込まれた学習』（佐伯胖訳）産業図書，1993年．

柳田國男 「日本の祭」『柳田國男全集』第13巻，筑摩書房，1998年．

Leach, E.R., "Ritualization in Man in Relation to Conceptual and Social Development," *Philosophical Transactions of the Royal Society of London.* vol. 251, 1966.

Turner, V., *Schism and Continuity in an African Society: A Study of Ndembu Village Life.* Manchester, Eng: Manchester University Press, 1957.

────── *The Forest of Symbols: Aspects of Ndembu Ritual.* Ithaca: Cornell University Press, 1967.

────── *The Drums of Affliction.* Oxford: Clarendon Press, 1968.

モダン・プリミティヴという実践
# 変態する身体

田中雅一

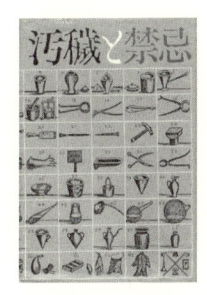

メアリー・ダクラス
『汚穢と禁忌』

　人文・社会科学にはいくつかの共通の考え方がある。その1つは、人間のあるべきすがたを理性的存在ととらえ、感情、身体、自然、あるいは社会という領域をその対立物として理解する啓蒙主義的な立場である。そこから精神対身体、理性対感情、文化対自然、個人対社会など、我々になじみ深い二項対立が生まれている。

　こうした二元論は、「我々」文明人あるいは西欧人に対する「彼ら」未開人あるいは非西欧人という対立と密接に関係している。それはまた、観察する主体(自己)と観察される客体(他者)という対立に重なる。文化人類学もまた、こうした他者認識から自由ではなかった。「我々」(欧米の男性成人)は、理性的存在として身体的欲望や感情を管理し、また非合理な社会的、宗教的な慣習から独立した

(あるいは独立しつつある)自律的な存在と位置づけられてきた。これに対し、「彼ら」(未開人あるいは非西欧人)は感情的で、身体(生物的基盤、欲望)や環境といった自然要因に大いに左右され、また非合理な社会慣習に縛られている、というわけである。

　以上のような二項対立の一般的な図式において、身体は一方で、社会の対極に位置するものとも理解されてきた。それは自然(人類の生物学的基盤、内的自然)だったり、また個人の個別性を保証する具体的な基盤とみなされてきたからだ。当然の帰結として、社会や文化を重視する文化人類学が身体を取りあげることはほとんどなかった。ここで必要なのは、生物学的基盤といった身体についての伝統的な考え方を克服し、身体の社会性、あるいは社会の身体的次元について考察しようとする立場なのである。これは、健康やファッションなど身体に対する関心が高まっている現代社会を考えるうえできわめて重要な文化人類学的視点である。この点で注目すべきは身体を社会のメタファーとしてとらえるメアリー・ダグラス(1921年〜)の仕事である。

## 一　『汚穢と禁忌』をめぐって

### 1　社会のモデルとしての身体

　ダグラスの主著、『汚穢と禁忌』(1966年)は、未開社会についての誤解を解き、当時の英国文化(社会)人類学の最新成果をもとに新たな未開社会像を呈示しようとした野心作である。本書の意義は大きく2つある。1つは、文化人類学的な視点から社会と身体との関係を明示したこと、もう1つは汚れについての理論的貢献である。

　ダグラスは、『汚穢と禁忌』において「人間の肉に彫りこまれる

ものは社会のイメージである」と指摘し、身体と社会との密接な関係を強調している。具体的に、ダグラスは、インド社会の高位カーストの例などをあげて、社会の境界維持に多大な努力を払う人びとには、身体の周辺部、開口部や頭髪などの処理をめぐって厳格なタブー（禁忌）が認められるという。なぜなら、開口部は、秩序を脅かす外的な力が侵入しやすい危険な場所であるからだ。頭髪や体毛についても同じことが言える。開口部を清潔に保ったり、剃髪をしたりすることは身体＝社会秩序の境界への関心とその維持を象徴する。排泄物や唾液、精液、経血などの分泌物は汚れであり、身体を脅かす存在である。それらに強大な力が認められていて、分泌物に関わるさまざまなタブーや呪術が認められる。身体が社会を象徴するという視点から解釈すると、分泌物はまた社会を脅かす要素を象徴する。

　身体の一部であると同時にそうではないという分泌物や体毛のもつ両義的かつ境界的な性格については、つぎに述べる汚れ（不浄）に関するダグラスの見解において、より一般的な視点から論じられている。

## 2　『旧約聖書』の食物禁忌

　『汚穢と禁忌』の第3章は『旧約聖書』の「レビ記」に見られる肉食に関わるタブーについて考察しているが、ここにダグラスの基本的な考え方が認められる。

　ダグラスによると、当時のイスラエル民族にとって、完璧な、したがって聖なる領域に接することを妨げない動物は家畜である。その典型は一度飲みこんだ食物を再び口のなかにもどし、よくかんでから飲みこむ反芻類で、なおかつひずめのある牛などの動物であると理解されていた。

これに関して、ダグラスは次のように著している。ウサギやヤマネズミ(またはイワダヌキ)などの動物は、常に歯を動かしているので反芻類としてとらえられたであろうが、ひずめが分かれていないので明確に禁じられた。一方で、ひずめは分かれているが、反芻しない動物として、ブタやラクダが禁じられた。つまり、反芻類である事とひずめが分かれている事が、聖域に接することの出来る動物の必要条件であった。

　ここでダグラスは、支配的な世界観、特に分類原理に注目し、その分類からはみ出す、場違いな存在が不浄でありタブーの対象だと主張している。それは個別的な説明(ブタは汚物を食べるから汚れている、食べてはいけない)を拒否し、また我々になじみ深い衛生思想に基づく説明(豚肉は病原菌の巣だから食べてはいけない)を否定する。彼女の立場は世界観や分類は文化によって異なるという文化相対主義的なものであり、また異文化をまとまりのある全体としてとらえるべきだという点で全体論的である。不浄とは場違いなものであるとするなら、なによりもその場、すなわち文化的文脈の全体を知らなければならないからである。

　ダグラスは、全体のなかでの不浄のとらえ方を以下のように著している。汚れ(dirt)のあるところには必ず、秩序の認められるようなシステムとしての全体が存在している。この秩序に基づいて、システム内の事柄を分類することで生まれるのが汚れである。秩序が不適切な要素として汚れを拒否していると考えられる。

　不浄に限らず、分類体系とそこから逸脱するものへの関心は、1960年代の文化人類学に特徴的なものであった。


3　センザンコウの秘儀

　不浄は境界的存在であり、社会の周辺に位置する。それは秩序を

維持しようとする排除の力によって社会の周辺におしやられ、また隠蔽される。だが、不浄はただ単に忌み嫌われ、排除されるべきものではない。そこには危険な力が潜んでいる。その力は破壊的であると同時に限られた状況で社会の再生に貢献する。その例としてダグラスはセンザンコウ(穿山甲)をめぐるアフリカ・レレ人の秘儀を紹介している。

センザンコウは、レレ人の動物分類にきちんと収まらない。魚ではないのに、その体は鱗(うろこ)でおおわれているし、トカゲに似ているが

センザンコウ

出典 Mary Douglas, *Implicit Meaning*.
London: Kegan & Paul, 1975.

乳で子供を育てる。また1度に1匹しか子どもを産まない。これらは動物として不適切な要素なのだ。本来なら忌み嫌われてもおかしくないセンザンコウが男性成人式に、これから成人になろうとするものによって食される。これによって、女性の多産が保証され、狩猟も成功する。ダグラスによれば、センザンコウの秘儀は、この動物に認められる動物としての特徴とそうでない特徴を統合して、強力な良き力を生みだす回路である。

この力はまた覚醒の力でもある。なぜなら基本的な分類体系を脅かすセンザンコウに注目することで、成人式を受ける男たちは彼ら自身が所属している社会が有する、ある特定の秩序に基づいた分類の仕方を知る。それと同時に、矛盾した特質を持つために基本的な分類体系に当てはまらないセンザンコウによって、分類そのものが作りもので、都合に合わせた意図的なものであると気付くことになる。

彼らはセンザンコウを通じて、この社会の基本原理を知るにいたる。彼らはこの世に隠されている曖昧な、したがって不気味なものを回避するのではなく、直視することでこの世界の虚構性に目覚める。しかし、それはこの世を否定することを意味するのではない。社会生活をより深い次元で理解し、実践することになるのである。


## 二　身体のゆくえ

### 1　流動化する社会と身体

かつて社会とは、地縁や血縁の絆を基盤に成立していた人間関係であり、人びとはさまざまな集団に属し、集団の成員としての義務を担い、権利を行使していた。親族集団や村落などの地域集団の意

義はきわめて小さくなっている。代わって学校や職場は多くの人間が時間を過ごす場所になっている。だが、それさえ集団としての力は弱まっている。登校拒否、ひきこもりやフリーターの急増、年功序列制度の崩壊などを考えてほしい。さらに、人やモノ、情報の急速かつ大量の移動は、国家という単位をも弱体化させつつある。家族についても同じであろう。価値観の多様化や、少子化、女性の労働市場への進出、さらには生殖技術の発達は新しい家族像の模索を促している。こうしたなかで、私たちにとって唯一の存在根拠となるのは身体だ、と言えなくもない。しかし、はたして身体はそれほど確固たる基盤と言えるのだろうか。

　デカルトに始まる近代思想において身体は一種の機械とみなされ、精神の容器であった。それをいかに管理し、その寿命を延ばすのかが医療技術の目的であった。整形、臓器移植、生殖技術の発達、遺伝子操作などは身体を取り替え可能なパーツからなるという機械論的モデルによって可能となる。個人は、これ以上分割不可能な存在 in-dividual を意味していたが、すくなくとも身体に関するかぎり、分割可能 dividual となった。身体は、自然環境と同じく、開発の対象となり、操作可能な対象となり、今では「サイボーグ」が取りざたされている。この意味で伝統的な身体は消滅した。

　それだけではない。私たちをとりまくメディア空間は身体に基づく現実感というものをさらに弱めていく。湾岸戦争の際、テレビ画面に映し出された「ピンポイント」爆撃の映像を思い出して欲しい。多くの誤爆があり、多くの人びとが死傷していったにもかかわらず、私たちは爆撃の映像からきわめて無機質で(それはテレビゲームを想起させる)、ときに「人道的」とさえ思われる戦争の新しい姿に接することになる。空爆という攻撃形式は、私たちの感覚を麻痺させる。攻撃する対象との距離があまりにも大きいため、攻撃の破壊

力に現実性がなくなるのである。それだけではない。湾岸戦争においては、私たちは犠牲者のない戦争を目撃しているのである。それは、自らの身体感覚を変貌させると同時に、他者の身体をも消去しているのだ。

メディアは生身の身体では感じることのできなかったものを知覚し私たちに伝える。それは私たちの身体の延長として機能している。しかし、同時に私たちの身体を拡散させ、空虚なものとしてしまう。身体はここにあって、ここにない。そんな感覚を、メディアは生みだしていく。私たちが生きている現代とは、身体なき世界なのである。以下では、このような状況に抗して身体の復権を目指すモダン・プリミティヴについて考察を加えたい。

## 2 ダグラスの身体論再考

社会が確固たる境界を保持している場合、ダグラスが指摘したように、身体は社会のモデルとして機能していると言えよう。しかし、集団が崩壊しつつあるとき、身体はいかなる社会のモデルとなるのであろうか。医療技術やメディア空間の発達によって身体が消滅しつつある、と私は指摘した。B. ターナーによれば、この「消滅感覚」が、集団の崩壊と連動している。そもそもグローバル化を促し、集団の基盤を弱体化したのはコミュニケーション技術の発達ではなかったのか。社会の流動化は(社会モデルとしての)身体の流動化を招いている、と説明できないだろうか。

しかし、それだけでは身体は社会のまさに反映でしかない。ダグラスの身体論の限界は、あくまで社会(集団)中心主義であり、そこから身体を論じているにすぎないことである。その逆の発想は不可能だろうか。それは、身体から社会を見直そうという発想である。流動化する、メディア空間に取り込まれていく私たちの身体をもう

一度取り戻そうという意志は、強力な社会批判へと向かうはずだ。私たちが注目しなければならないのは、まさにこの点である。とはいえ、ここで私たちに必要なのは、操作され心地よい、ファッションなどの美的空間に適応する健康な身体の復権ではない。ボードリヤールの言う投資の対象となっている物神崇拝としての身体ではない。フーコーはそれはあまりにも規律・規格化され、また商品化されていると分析する。そうではなく、こうした規格化を批判する身体こそが求められているのである。

## 三 「未開」へ——モダン・プリミティヴという実践

モダン・プリミティヴという言葉が注目を浴びたのは1989年に公刊されたサンフランシスコを拠点とする雑誌 *Re/Search* の特集であった。特集名はそのものずばり Modern Primitive で、tattoo, piercing, scarification という言葉が並んでいる。扉にはこれから紹介するファキール・ムサファー(1930年〜)

サン・ダンスを実践する
ファキール・ムサファー

Fakir, from Dances Sacred and Profame, 1982.
出典 http://www.bodyplay.com/fakir/index.htm

変態する身体　265

がサン・ダンスに参加したときの写真が載っている。彼の胸はするどい金属の爪でえぐられ宙吊りになっている。腕にはインディアンを想起させる鳥の羽が飾られている。またペニスがひもで強く縛られている。本書はムサファーを含む25名の人物から、性器ピアッシングやタトゥーなどの体験を聞き出している。

　ムサファーはインタビューに答えて「幼少の頃からよくトランス状態に入り、また肉体への強力な感覚に対する強い欲望があった」と告白している。そして、6,7歳の時にカーニヴァルで会った刺青(いれずみ)の男性に強く惹かれる。自分の体に文様を刻み、穴をあけたいという欲望におそわれる。こうして彼の身体加工の遍歴が始まるのだが、彼が惹かれていたのは、『ナショナル・ジオグラフィック』が紹介する異文化の風習であった。そして、彼はモダン・プリミティヴという言葉を1967年に作った。これは「原初の衝動に応えて肉体に何か手を加える人」を意味するとムサファーは言う。彼がカム・アウトしたのは1978年のことだ。ムサファーにとって、身体加工や異文化の暴力的な儀礼は、この原初の衝動を呼びおこし、その要求を満たすものなのである。ムサファーは、こうした儀礼が現代社会(合衆国)の閉塞状態、大衆の疎外を克服できると感じている。したがって、それは、身体を拠点としてよりよい生をこの世で生きるための方策なのである。

　モダン・プリミティヴの思想には、確かに多くの問題が含まれている。例えば、彼らは未開社会を理想化している、文化というものを固定的に考えている、などの批判がユーバンクスによってなされている。冒頭で指摘した二元論的他者像から1歩もでていないというのである。しかし、私たちが直面する「身体の消失」という状況において、モダン・プリミティヴを含む身体をめぐるさまざまな実践を無視するわけにはいかないとピッツは言う。また、身体を所有

する対象とみなす、意識中心の思想を額面通り受け取るべきではなかろう。たとえばムサファーは自傷を伴うある儀礼についてつぎのように述べているが、そこには、意識に対する身体の「反乱」がいきいきと描写されている。

「槍をかたかたいわせて震えさせながら動けば動くほど槍は皮膚に深く刺さり、長く続ければ続けるほど深く刺さるのです。……強烈なエクスタシー状態になり、私は何度か経験したことがありますが、完全な意識の変容状態に至るのです。」

## 四　変態／ヘンタイする身体

ここでもう1度センザンコウをめぐる議論を思い出して欲しい。センザンコウは場違いな存在ゆえに、レレ人の社会について深い洞察をもたらす。私たちに必要なのはまさにこの「場違いの身体」なのである。

モダン・プリミティヴの身体に社会批判が含まれているとすれば、それはどのような意味で「センザンコウ」なのだろうか。すでに明らかなように、モダン・プリミティヴの実践とは過激な性器ピアッシング、コルセット着用や全身を覆う入れ墨、鉤つりなどである。こうした身体加工あるいは人体改造や実践は、それを見る人びとに快感をもたらさない。そこにあるのは異物への衝撃であり恐怖である。それはバフチーンのいうカーニヴァルに現れるグロテスクな身体の再来である。モダン・プリミティヴの身体は世界を異化させる。いままで見慣れていた風景、身体像が突然見慣れないものとなる。これこそがレレ人たちがセンザンコウの秘儀に際し直面した世界認識ではなかったであろうか。

身体加工は当事者に「変態」を促す。そしてそれを見る人びとにも身体とは何か、社会とは何か、と自問させる。それは奇形の見せ物として商品化するぎりぎりのところで踏みとどまって世界と対峙している。モダン・プリミティヴ自身、自らの奇形の身体を見る。

　この場違いな身体の系列に、拘束具、ラテックスあるいはラバーファッション、さらに緊縛を含めたい。それらは、「自然体」を拒否することで、私たちに身体の可能性を示すからだ。モダン・プリミティヴは、初期の段階から、大っぴらではないにしてもつねにセクシュアリティとの関係が取りざたされてきた。ムサファーは自虐志向があるのか。彼のインタビュー記事が、SMを実践するハードゲイたちについての論集に収録されていることは、このあたりの事情を雄弁に語っている。身体加工は、クィアな(ヘンタイ的)セクシュアリティの実践と密接に結びついているという意味で、孤独な実践にとどまらず、密度の高い社会関係の可能性を示している。


## 五　身体変工がひらく未来

　ダグラスの『汚穢と禁忌』を導きの糸として、本章では身体変工の可能性について考察してきた。私たちがたどり着いたのは、身体を拘束する性の実践であった。それは一見暴力的な世界であるが、そうではない。そこに認められるのは排除ではなく、相互の信頼関係である。こうして、グロテスクな身体は性の文脈において新たな他者関係の始まりとなる。ことを終えた後、身体に痛々しく残る麻縄のあとに、あるいは身体を被う低温蠟燭の蠟片に、そして鞭打ちの痕跡にセンザンコウの鱗を想起するのはもはや私だけではあるまい。

## 参考文献

ダグラス,メアリー 『汚穢と禁忌』(塚本利明訳) 思潮社,1972年.

ダグラス,メアリー 『象徴としての身体 コスモロジーの探究』(江河徹,塚本利明,木下卓訳) 紀伊國屋書店,1983年.

バフチーン,ミハイール 『フランソワ・ラブレーの作品と中世・ルネッサンスの民衆文化』(川端香男里訳) せりか書房,1973年.

フーコー,ミシェル 『監獄の誕生』(田村俶訳) 新潮社,1977年.

ボードリヤール,ジャン 『消費社会の神話と構造』 紀伊國屋書店,1979年.

ムサファー,ファキール 「モダン・プリミティヴズ」(聞き手 V. ヴェイル,アンドレア・ジュノ,森本正史,山形浩生訳)『夜想 特集ディシプリン』 29,1992年.

Bean, Joseph W., "Magical Masochist: A Conversation with Fakir Musafar," in Mark in Thompson (ed.), *Leather Folk: Radical Sex, People, Politics, and Practice*. Los Angeles: Alyson Books, 2001.

Eubanks, Virginia, "Zones of Dither: Writing the Postmodern Body," *Body and Society*. 2(3), 1996.

Fardon, Richard, *Mary Douglas: An Intellectual Biography*. London: Routledge, 1999.

Hart, Lynda, *Between Body and the Flesh: Performing Sadomasochism*. New York: Columbia University, 1998.

Myers, James, "Nonmainstream Body Modification: Genital Piercing, Branding and Cutting," *Journal of Contemporary Ethnography*. 21(3), 1992.

Pitts, Victoria L., "'Reclaiming' the Female Body: Embodied Identity Work, Resistance and the Grotesque," *Body and Society*. 4(3), 1998.

Turner, Brian S., "Social Fluids: Metaphors and Meanings of Society." *Body and Society*. 9(1), 2003.

## 展望台

　第4部の最初で説明したように、タイラーに代表される社会進化論に対抗して登場したのが文化相対主義である。それは今日の異文化理解の基礎であるが、相対主義は各々の民族や集団の独自性を強調するあまり、人類文化に普遍的なものを見逃しやすい。グローバル化した今日の世界では、他者の世界観を尊重しつつ「同じ人間」として自己と共通点を探る姿勢が求められる。

　ハンチントンの文明の衝突論に明らかのように、文化を本質主義的にとらえて自文化と異文化の間に固定された境界線を引くと、自己と他者の対話は閉ざされてしまう。その結果、両者の衝突は不可避のように思われ、他者と対抗するため同質化された自己の内部は、異質な少数派に対して寛容性を失う。ウチとソトの両方で対話を進めるためには、ソトに対しては差異を認めた上で共通性を模索し、ウチに対しては共通性を当然視せず差異を尊重する必要がある。

　後半で説明したターナーとダグラスの理論には西欧的二元論、より広く言えば「分ける」という発想が見られる。どっちつかずの状態を示すリミナリティや、通過儀礼の移行段階に現れるとされるコミュニタスは、共に世界を相反する範疇にまず二分して、その境界で起きる出来事について考察したものである。また、ダグラスによれば不浄とは場違いを意味し、あるものが属すべき領域にない状態を示しているが、そういうものが本来そこにあり、それ自身で意味を持つという可能性は考慮されてない。それだからこそ、センザンコウのように異なった範疇を横断する存在は危険で周辺的なものと扱われ、男子成人式のように限定された時空間でのみ承認を受けるのである。

　対照的に、レーナルトは主体＝客体の世界を神話的リアリティの特徴と考えた。彼の言う「融即」は「分ける」という発想と逆であり、東洋哲学の主客合一論に通じるものがある。未分化はあくまで神話の世界に限定されるのか、それとも現実世界の原理ともなり得るのか。こういう問題を日本の研究者が積極的に取り上げて、西欧産の人類学の知的視野を拡大したいものである。

［桑山敬己］

# 用語解説

## アニミズム
タイラーが主著『原始宗教』のなかで用いた言葉。彼はアニミズムを宗教の根源的特徴と考え、「霊的存在への信仰」と定義した。霊魂や精霊などの霊的存在への信仰を指すが、この概念はあまりにも広く曖昧である。

## アファーマティブ・アクション
積極的差別是正措置。1965年のアメリカ合衆国において、人種、性差などにもとづく差別を行政として禁止した結果、採用されるようになった。

## イデオロギー
社会集団において思想・行動や生活の仕方を根底的に制約している観念・信条の体系。

## イニシエーション
ある社会的・宗教的地位から別の地位への変更を認めるための一連の行為を指す。この際、儀礼を伴うのが一般的。

## 忌籠り
一定の場所にこもって外部との接触を断つこと。

## インフォーマント
調査活動中に人類学者の質問に対して、情報を提供してくれる現地の人びと。

## エスノメソドロジー
人びとが普段生活を構成してゆく方法を主観的に研究する学問。

## エトス
ある文化の生活様式や人のあり方を支えている文化的意味体系、ものの考え方、観念の体系など。

## 応用人類学
人類学の知識を開発、教育、医療など実際的な目的に活用することを追求する人類学の1分野。

## 大文字の歴史
人種とか階級とか民族とかの集団が、ひとまとまりの主体として歴史を作り出すという見方からとらえられた歴史。

## クラン（氏族）
主として単系の出自集団内で、成員間の系譜関係がわからなくなってしまっている場合の呼び名。

## 構造機能主義人類学
社会を有機体として捉え、それが維持される上での「機能」を分析する。生物学的アナロジーによる社会と文化の研究。特に親族構造を中心に考える立場をいう。

## 互酬性
自分が受けた贈り物、サービス行為、または損害に対して何らかの形でお返しをする行為。

## サバルタン
アントニオ・グラムシが階級問題の考察のために用いた概念で、ガヤトリ・スピヴァックの著作で広く知られるようになった。黒人や女性など周縁的な地位に置かれた人びと、あるいはエリートではない下層の従属的な人びとを意味する。

## シオニズム
イスラエルに帰還しユダヤ人のみの国家を成立、維持させようとするさまざまな思想・運動の総称。

## 実践
プラクティス、慣習的行為。日常生活

において慣習化された行為、価値判断、立ち居振舞いなど。

**シナジー関係**

援助従事者と彼らの働く社会の人びとの間に良好な関係が存在すると、相乗効果が生じて、人びとの求めるものがますます達成されやすくなり、援助者の活動も効果的になるような関係。

**宗教世俗位階制度**

カトリック教会と世俗界の職務（カルゴ）を次々に果たすことによって、社会のなかで高いランク（位階）に上っていく制度。カルゴの遂行には費用がかかるため、特定の個人が資本を蓄積することを許さず、社会を平準化させると考えられた。

**出自**

狭義には集団帰属のあり方を示し、子どもが父の集団に属す場合は男（父）系出自集団、母のそれに属す場合は女（母）系出自集団が構成される。広義には、財産や資格の相続・継承の様式を指すこともある。

**象徴的相互作用論**

主に言葉に媒介される人間の相互作用に焦点を置き、人間の主体的あり方を明らかにしようとする考え方。

**小伝統・大伝統**

口承で伝えられる農村部の文化的伝統と、書承で伝えられる都市を基盤とする文化的伝統。

**生態人類学**

人間と自然の相互的な関係を主として生業形態に焦点を当てながら探る人類学の一部門を言う。

**千年王国運動**

完璧で新しい秩序が間もなく地上に実現されるという思想運動。いわゆる未開社会が近代社会に遭遇した時に起こり（カーゴ・カルト、ゴースト・ダンス）、虐げられた者や社会の下層で抑圧された少数者の間に広まる。原義はヨハネ黙示録に基づき、最後の審判前に、再臨したキリストが救世主の王国を千年間統治するという思想。

**相対主義➡文化相対主義**

**双分制**

社会生活のさまざまな領域が2つの相補的な部分に分かれていると見なされた社会のあり方。

**代父制度（コンパドラスゴ）**

洗礼や結婚などのカトリックの儀式の際に、実際の親でない代父・代母を選び、代父母と子ども、代父母と実の両親の間などに実際の親族関係に類似した関係を取り結ぶ制度。

**多声法**

人類学者がフィールドワークに赴き、異文化を研究する際の方法の1つ。他者の多様な声とその間の相互関係性に目を向けようという試みで、異なる文化のなかで多くの人びとの話を聞き取り、社会を理解しようとする。

**脱全体**

何らかの意図や法則をもって作られた全体を解体する試み。

**脱中心**

社会や文化を統一する中心の存在を否定して解体する試み。

**多様体**

人類学では主に社会や文化の内部的多様性を示す。

**通文化研究**

複数の文化を比較することで、その共通項や相違点を導きだす研究方法。

**冷たい社会・熱い社会**

時計などの工学的機械をモデルとして理解される未開社会と、蒸気機関などの

熱学的機械をモデルとして理解される文明社会を対比したレヴィ＝ストロースの表現。

### トーテミズム
ある人間集団が特定の種の動植物、あるいは他の事物と特殊な関係をもっているとする信仰、およびそれに基づく制度。

### トーテム
ある人間集団と特別な関係にあるとされる特定の動植物。

### ニヒリズム
虚無主義。既成の秩序や価値を否定し、生存を無意味と考える逃避的あるいは反抗的立場。

### ハビトゥス
人びとは、それぞれ所属している社会で良しとされる行動を無意識のうちに習得する傾向にある。このように、社会的に習得され、癖のようになった行為の行ない方、価値評価の傾向性、身体技法などを指す。

### パラダイム
ある時期のある専門分野の科学者コミュニティで共有されている問いの立て方や研究方法、データ解釈の枠組などの背後にある暗黙の前提。科学革命は、パラダイムがシフトする時に起きることをトーマス・クーンが明らかにした。

### ピューリタニズム
元来は英国で生まれたプロテスタントの一派(清教徒主義)。国教会を批判し、いっそうの改革を唱えた。そこから転じて、宗教や道徳に関する原則主義、厳格主義的思想や行動一般を指す。

### 父系バンド
狩猟採集民社会のなかで、集団形成が主として父子関係の連鎖によってなされるものを指す。

### 文化相対主義
文化の価値を相対的なものと考え、文化的に優劣をつけたり文化を評価したりしない立場。

### 文化統合論
文化を構成する要素は相互に関連して1つの全体を形成しているという考え方。ベネディクトの『文化の様式』に典型的に見られる。

### 分節
1つのものを複数のものに分けることを言う。例えば、クランは複数の最大リネージに分かれ（分節し）、最大リネージは複数の大リネージに分かれているという具合である。

### ヘテログロシア
異種言語混交。ロシアの文芸評論家バフチンの用語。人類学では1つの社会に見出される複数の異なった語りを示すことが多い。

### 母系制
母子関連の連鎖によって集団への帰属が決まる制度。

### 乾し首
エクアドル領のアマゾン上流域に存在していた習慣で、近隣の他部族を襲撃し殺害した人間の頭部を切り取り、加工して保存する。

### ポストコロニアリズム
第三世界の被植民者らによる植民地主義への異議申し立てや西欧によって作られた知的枠組への抵抗として、1980年代以降人類学に浸透してきた研究・思想・理論を意味する。

### ポストモダン（ポストモダニズム）
1980年頃までの社会諸科学を支配していたモダニズムの後に台頭してきた思潮、考え方を指す。ポストモダンは、何を正当といい、何を妥当というかをバックア

ップしていた伝統や権威が失われている時代で客観的世界が存在するという信念がなく、文化的多元主義という考え方が強い。

**ポリフォニー➡多声法**

**本質論**

特定のカテゴリー(人種・民族・国家など)に属する人びとには、共通で不変の性質が備わっているという考え方。一般に構築主義と対立する。

**マグリブ**

アラビア語で「日没」や「西」を意味し、そこから西アラブ地域(ふつうはモロッコ、アルジェリア、チュニジアの3カ国、時にはリビアも含む)を指す。

**民族誌的現在**

民族誌が往々にして現在形で書かれることを批判的に表した言葉。本来、人類学者の観察はある特定の時点にしか当てはまらないはずだが、過去形ではなく現在形を用いることによって、あたかも時を超越した不変な民族的特徴が存在するような印象を作り出してしまう。

**物忌精進**

祭事において神を迎えるために、一定期間飲食や行為を慎み、不浄を避けて心身を清浄に保つこと。

**融即**

矛盾や撞着にこだわらない「未開心性」の特徴で、フランスの哲学者レヴィ＝ブリュルが唱えた。

**リネージ**

単系の出自集団内で、成員間の系譜関係がわかっている場合の呼び名。

**両義性**

相反する2つの意味を同時に担っていること。

# 索引

## ア

- アエタ …166
- 渥美公秀 …164
- アニミズム …239
- アファーマティブ・アクション …88
- アフメッド・アクバル …7
- アボリジニ …54,92
- アメリカ人類学会 …87
- 『American Kinship』 …173
- 『アラン島の人びと』 …57
- 『ある夏の記録』 …60
- 『あるメキシコ村落の生活−テポストラン再研究』 …184
- アンダーソン,ベネディクト …250
- アンデス …34

## イ

- 異化 …267
- 『生き神になったキャプテン・クック』 …42
- 育児 …177
- 移行儀礼 …135
- イスラーム …221
- イスラーム文明 …222
- 『偉大なる人種の滅亡』 …85
- 逸脱行為 …252
- 一般交換 …171
- 一夫多妻婚 …108
- イニシエーション …251
- イヌイット …53,55,211
- イブン・ハルドーゥン …222
- イベント …250
- 忌籠り …248
- 癒し …177

## ウ

- ヴァン・ジェネップ,アーノルド …133
- ヴィゴツキー …120
- ヴェルトフ,ジガ …58,61
- ウエルトフィッシュ,ジーン. …86
- 映像記録 …54

## エ

- エヴァンズ=プリチャード,E.E. …182
- エジソン,トマス …54
- エジプト …34
- エスキモー …55
- エスニック・グループ …81
- エスノセオリー …121
- エプスタイン,A.L. …194,198
- エリアーデ,ミルチャ …136
- エルキン,A.P. …93
- 援助 …165

## オ

- 応用人類学 …103
- 大林太良 …4,68
- オジェ,マルク …23
- 『オフ・ザ・ベランダ(ベランダを降りて)』 …16
- オペーセーカラ,ガナナート …42
- オリエンタリズム批判 …3,215
- 『汚穢と禁忌』 …258

## カ

介護 …………………………………… 177
開発援助 ……………………………… 189
開発と国際協力の民族誌 …………… 25
カチン社会 …………………………… 185
学校教育 ……………………………… 123
カナク人 ……………………………… 235
『悲しき熱帯』 ………………………… 4
加入儀礼 ……………………………… 251
カビル農民社会 ……………………… 151
『カメラを持つ男』 …………………… 58
カルゴシステム ……………………… 184
環境 ……………………………… 27, 28
観光開発 ……………………………… 189

## キ

ギアツ, クリフォード … 18, 25, 42, 213
祇園祭 ………………………………… 249
機械論的モデル ……………………… 263
『菊と刀』 ……………………………… 119
キネトスコープ ……………………… 54
客観主義の人類学 …………………… 147
『旧約聖書』 …………………………… 259
共進化 ………………………………… 38
『極北のナヌーク』 …………………… 56
ギリシャ神話 ………………………… 234
キリスト教文明 ……………………… 222
儀礼 …………………………………… 244
儀礼的交換システム ………………… 19
『儀礼の過程』 ………………………… 245
近親婚の禁止 ………………………… 169

## ク

クック, ジェイムス ………………… 45
国生み神話 …………………………… 69
クラ交換 ………………………… 19, 157
グラックマン, M. …………………… 194
クラン …………………………… 33, 182

グラント, M. ………………………… 85
ショア, クリス ……………………… 7
クリフォード, ジェームス …… 23, 127
グローバリゼーション ……………… 217

## ケ

形態人類学 …………………………… 84
系譜図 ………………………………… 54
汚れ …………………………………… 260
ゲゼルシャフト ……………………… 159
結婚 …………………………………… 168
ゲマインシャフト …………………… 159
ゲーム感覚 …………………………… 151
ゲルナー, E. ………………………… 221
研究領域の開発 ……………………… 8
『原始文化』 ……………………… 2, 209
限定交換 ……………………………… 171
原理主義 ……………………………… 226

## コ

交換 ……………………………156, 170, 176
公共人類学 …………………………… 7
構造 …………………………………… 41
構造機能主義 ………………………… 188
構造機能主義人類学 ………………… 97
構造主義 ………………………… 4, 46, 151
構造主義的歴史人類学 ……………… 48
『構造人類学』 …………………… 4, 5, 50
高齢化社会 …………………………… 138
黒人差別 ……………………………… 90
国民性研究 …………………………… 119
国連 …………………………………… 102
『古事記』 ……………………………… 68
互酬性 ……………………………170, 176
『古代社会』 …………………………… 212
国家なき社会 ………………………… 183
子ども期 ……………………………… 119
子どもの成長 ………………………… 120
コミュニケーション・パターン … 122

| | |
|---|---|
| コミュニタス ……………137, 245, 247 | 時代祭 ……………249 |
| ゴールトン協会 ……………85 | しつけ ……………122 |
| 婚姻規制 ……………98 | 『実践感覚』……………146 |
| ゴンザーロの理想共和国 ……………248 | 実践共同体 ……………250 |
| コンパドラスゴ ……………184 | 実践人類学 ……………8 |
| | 『実践理論の概要』……………146 |
| **サ** | 『実践理論の粗描』……………146 |
| 財 ……………176 | 質的データの収集と分析 ……………6 |
| 再帰性 ……………153 | シナジー関係 ……………181 |
| 再帰的人類学 ……………153 | 支配者なき部族 ……………183 |
| 再構成された現実 ……………128 | 社会化研究 ……………120 |
| 『再生産』……………145 | 社会関係資本 ……………181 |
| サイード, エドワード・W. …3, 215 | 社会構造 ……………72 |
| サーヴィス, E. ……………36 | 社会人類学 ……………2 |
| サウゾール, A. ……………202 | 社会組織 ……………97 |
| サハジーヤー運動 ……………248 | 社会と身体 ……………258 |
| サバルタン ……………23 | 宗教世俗位階制度 ……………184 |
| サピア, エドワード ……………119 | 出自規制 ……………98 |
| サブカルチャー ……………200 | シュナイダー, D.M. ……………173 |
| 差別 ……………91 | 狩猟採集民 ……………35 |
| サモア社会 ……………118 | 巡礼 ……………248 |
| 『サモアの思春期』……………117, 213 | 少子高齢化 ……………130, 131 |
| サーリンズ, マーシャル・D. ……………41 | 象徴 ……………253 |
| サルトル, J.P. ……………48 | 象徴資本 ……………152 |
| サン ……………54 | 象徴闘争 ……………152 |
| 産業社会 ……………195 | 『象徴の森』……………245 |
| 『サンゴ礁の畑とその呪術』……………18 | 浄・不浄 ……………135 |
| | 情報提供者 ……………126 |
| **シ** | ショショニ・インディアン ……33, 34 |
| ジェンダー ……………105 | 女性の交換 ……………169 |
| ジェンダーの非対称性 ……………114 | ジョンソン, D. ……………187 |
| シオニズム ……………90 | 進化主義 ……………29 |
| シカゴ学派 ……………192 | 進化論 ……………84 |
| 市場交換 ……………163 | 『真実の映画（キノ・プラウダ）』…58 |
| 『市場独裁主義批判』……………145 | 人種 ……………81 |
| 自然 ……………27 | 人種間対立 ……………80 |
| 自然（形質）人類学 ……………1 | 人種差別 ……………90 |
| 自然環境 ……………27 | 人種主義 ……………80, 84, 90 |
| 自然環境決定論 ……………31, 32 | 『人種主義』……………82 |

索引　277

『人種と歴史』·················50
新人種主義·····················90
人生儀礼 ························134
神聖性 ···························135
親族 ······························173
親族関係 ························174
親族研究 ························169
『親族の基本構造』············169
身体 ······························263
身体外的進化··················38
身体加工 ·················266,268
身体技法 ························148
身体と社会 ····················259
シンボル体系 ···················177
心理人類学 ····················119
『人類学の未来』···············7
人類学の未来 ··················8
『人類の諸人種』···············86
神話 ······························233
神話的リアリティ ·········237,241
神話の系統論的研究··········71
『神話論理』····················51

### ス
水路づけ ························122
スーダン ························187
ストッキング, ジョージ・W. ···16
スーパー, C. ·················121
スペルベル, ダン ·············253
スペンサー,ウォルター・B.···28,29,54

### セ
性差 ······························106
成人式 ···························251
精神世界 ························97
生態人類学····················36
生の技法 ························204
生物人類学 ·····················1
精霊 ······························239

『世界の6分の1』··············58
センザンコウの秘儀 ·······261,267
先住民の権利擁護 ···········102
先住民の10年··················19
全体的社会事実 ···············6
『全体的人間』··················6
選択的文化化 ·················122
千年王国運動 ·················247
戦略 ······························151

### ソ
想像の共同体 ·················250
相対主義 ················30,33,226
贈与 ······························156
『贈与論』····················6,157
ソシュール, F.de ··············47
育ちの場 ························121
ソロモン諸島 ····················234

### タ
対抗文化 ························247
代父制度 ························184
タイラー, エドワード・B.
 ·····················2,209,220,239
ダーウィン, チャールズ·········29
ダグラス, メアリー ·······136,258
多系進化 ·························30
多声的 ···························24
多声法 ····················128,200
脱構築·····························23
『タテ社会の人間関係』········72
ターナー, B. ·················264
ターナー,ヴィクター······136,137,245
タブー ····················234,259
タレシン社会 ····················186
単系進化 ·····················29,30
『男性と女性』··················110
男性優位 ························112

278　索引

## チ

地域通過 …………………… 164
チャイルド，V.G. …………… 195
中間階級の社会 ……………… 185
中国 ……………………………… 34

## ツ

通過儀礼 …………… 133, 134, 139, 246
『通過儀礼』 …………………… 134

## テ

『ディスタンクシオン』 …… 145, 152
『テポストラン，メキシコのある村』
 ……………………………… 184
デュボイス，W.E.B. …………… 80
デュルケム，エミール ……… 240
テリトリー ……………………… 34
伝統の創造 ……………………… 75
テンニエス，F. ………………… 159
伝播 ……………………………… 32

## ト

統合儀礼 ……………………… 135
『遠野物語』 …………………… 66
『ド・カモ』 …………………… 235
都市 ……………………… 191, 195
都市人類学 …………………… 194, 203
『都市人類学』 ………………… 202
都市・農村二分モデル ……… 195
都市の祭 ……………………… 249
土地権 …………………………… 93
トーテミズム ………… 49, 98, 240
トービン，J.J., ……………… 128
トラジャ ………………………… 4
トレス海峡調査団 …………… 16, 54
トーレン，C. ………………… 160
トロブリアンド諸島 ………… 17, 157

## ナ

中根千枝 ………………………… 72
中村孚美 ……………………… 203
『納得の構造』 ………………… 123

## ニ

二極モデル …………………… 196
二元論 ……………………… 40, 47
二項対立 ……………………… 257
『西太平洋の遠洋航海者』 … 15, 18, 156
日常的実践 …………………… 144
『日本書紀』 …………………… 68
日本神話 ………………… 68, 233
『日本神話の起源』 ………… 4, 68
日本文化論 …………………… 72, 75
入社式 ………………………… 252
入植 ……………………………… 94
ニューカレドニア島 ………… 235
人間＝環境系 ………………… 28, 38
人間の安全保障 ……………… 181
『認識論的再帰性』 …………… 147
認識論的再帰性 ……………… 154

## ヌ

ヌアー ………………………… 182
『ヌアー族』 …………………… 182
『ヌアー族の宗教』 …………… 185
『ヌアーのジレンマ』 ………… 187
『ヌアーの予言者たち』 ……… 187
『ネイティヴはどう考えるのか』 …… 42
ネーション …………………… 250

## ネ

ねぶた祭 ……………………… 249

## ノ

農村 …………………………… 195
農村社会 ……………………… 185

## ハ

- ハークネス，S. ……………………121
- バージェス，E.W. ……………………195
- ハータミー大統領 ……………………229
- 発達の最近接領域 ……………………121
- ハッチンソン，S ……………………187
- ハッドン，アルフレッド・コート
  ……………………………………16,54
- ハビトゥス ……………………………148
- パプア人 …………………………………54
- パフォーマンス ………………………255
- バフチーン，ミハイール ……………267
- ハワイ先住民運動 ……………………43
- 反構造 …………………………………246
- ハーンステイン，R ……………………88
- ハンチントン，S ……………………25,227
- 反ユダヤ主義 ……………………………86

## ヒ

- ピグミー系住民 ………………………35
- ピーコック，ジェームズ ………………7
- ピッツ …………………………………266
- 日野舜也 ………………………………203
- ヒューム，D. …………………………222
- 表象と権力 ……………………………23
- 平野千果子 ……………………………231
- 『貧困の文化』 ………………………193
- ビン・ラーディン ……………………230

## フ

- ファン・ヘネップ，アルノルト
  ……………………………………133,246
- フィールド・ワーク ……………6,15,20,25
- フォスター，J. ………………………184
- 複合社会 …………………………………33
- 父系バンド ……………………………33,35
- フーコー，ミシェル …………………265
- 不浄 ……………………………………260
- ブッシュ米大統領 ……………………230
- ブッシュマン …………………………35,54
- ブーバー，マルティン ………………247
- 普遍進化 ………………………………29,30
- 『ブラジルへの郷愁』 …………………51
- フラハーティ，フランシス ……………55,61
- フランシスコ修道会 …………………248
- フリード，M. …………………………36
- フリーマン，D ………………………126
- ブルデュー，ピエール ………………145
- フレイク，チャールズ ………………20
- フロイト，S. …………………………19
- 文化 ……………………………………208
- 文化＝生態系 …………………………28,38
- 文化記号論 ……………………………254
- 文化人類学 ……………………………1
- 文化生態的適応 ………………………31
- 文化相対主義 …………………………230
- 文化的人種主義 ………………………90
- 文化的成型 ……………………………123
- 文化的調整 ……………………………28
- 文化的に望ましい行動 ………………121
- 文化とパーソナリティ ………85,105,117
- 文化内の差異 …………………………218
- 文化の客体化 …………………………250
- 文化の自画像 ……………………………66
- 『文化の様式』 ………………………214
- 『文化を書く』 ………3,23,127,213,216
- 「文化」を書く ………………………128
- 紛争と対立の民族誌 ……………………25
- 文明 ……………………………………220
- 『文明の衝突と世界秩序の再構築』227
- 「文明の衝突」論 ………………………25
- 分離儀礼 ………………………………135

## ヘ

- 閉鎖的共体的共同体 …………………185
- ベイトソン，グレゴリー ……………107
- ページェント …………………………250

ペッヒ, ルドルフ ·················54
ベネディクト, ルース ······82,118,214
『ベル曲線』···························88
ベルベル社会 ·····················221
変換································41
『弁証法的理性批判』··············48

### ホ

ボアズ, フランツ ···53,42,105,117,211
ボアズ学派 ····················81,85
ポスト構造主義 ···················215
ポストモダニズム ············215,218
ポストモダン·······················23
ボードリヤール, ジャン ··········265
ボランタリー・アソシエーション 249
ボランティア活動 ·················163
ポール, ベンジャミン···············21
ホワイティング, J. ···············119
ホワイト, L.·······················29
本質主義 ···························229

### マ

マオリ ····························157
マーカス, ジョージ 3,23,127,154,213
祭 ···························244,248
マーフィー, G. ····················122
マリノフスキー, ブロニスラフ
··············15,17,18,19,156,214
『マリノフスキー日記』··············18
マレー ·····························88
マンチェスター学派 ···············194

### ミ

『未開と文明』························4
未開/文明の二分法··············230
『未開家族の論理と心理』··········18
『未開社会における犯罪と慣習』······18
『未開社会の構造と機能』············4
未開心性 ···························237

『未開人の心性』··················212
『未開人の性生活』··················18
『未開世界の変貌』················183
ミッチェル, J.C. ··················198
『3つの未開社会における性と性格』
····························107
ミード, マーガレット
·················105,117,212,213
民族·······························81
民族学 ······························2
民俗学 ······························2
民族誌 ························3,15,25
民族誌的手法 ························6
民族誌の可能性 ···················242
民族誌批判論 ·····················154
民俗社会 ·····················183,195
民族誌を書く·······················22
民族文化の系統論·················71

### ム

無構造 ····························246
ムサファー, ファキール ··········265
ムスリム ··························221
『ムスリム社会』····················221
『6つの文化』·····················119

### メ

名誉·······························28
メキシコシティ ···················193
メキシコ農民社会 ·················183
メソアメリカ ······················34
メソポタミア······················34

### モ

『モアナ』···························57
モーガン, ルイス ·············29,212
モース, マルセル ··········6,148,157
モダン・プリミティヴ ········265,267
モデル化 ···························181

物忌精進 …………………………248
モラトリアム ………………140,141
モラン，エドガ…………………60
モルガン，ルイス …212(→モーガン)
モンタギュー，アシュリー………81

## ヤ

ヤコブソン，R.…………………49
『野生の思考』……………………48,50
野生の思考 ………………………172
柳田國男…………………………66,248
山口昌男 …………………………4

## ユ

融即 ………………………………237
『ユカタンの民俗文化』…………184
ユーバンクス，V. ………………266

## ヨ

よさこい祭 ………………………249
欲求の水路づけ …………………122
米山俊直 …………………………203

## ラ

ラシュトン，J.P. ………………88
「羅生門」式手法…………………201
ラドクリフ＝ブラウン，アルフレッド・R. ……………………4,194,214
ラビノー，P. ……………………154

## リ

リヴァース，ウィリアム・アレス
………………………………16,54
リーチ，エドマンド・R
………………………136,185,226,254
リネージ…………………………33,182
リミナリティ ……………………245,251
リミノイド ………………………248
リュミエール兄弟…………………54
両義性 ……………………………135

## ル

ルイス，オスカー ………184,192,200
ルージュ，ジャン…………………60

## レ

霊魂 ………………………………239
レヴィ＝ストロース，クロード
………4,5,41,49,147,151,169,240
レヴィ＝ブリュル，リュシアン …237
『歴史の島々』……………………41
レッドフィールド，R. ………183,195
レーナルト，モーリス ……………235
レレ人 ……………………………261,267
連続モデル ………………………197

## ロ

『ローカル・ノレッジ』……………18
ロサルドウ，ミシェル……………20
ロザルドウ，レナート…………21,154

## ワ

ワース，L. ……………………192,195
渡辺雅子 …………………………123

## ン

ンデンブ …………………………245

**著者**(50音順))

**内堀基光**(うちぼり・もとみつ)　放送大学教授
　著書:『森の食べ方』東京大学出版会, 1996年.

**大塚和夫**(おおつか・かずお)　元東京外国語大学教授 (2009年逝去)
　著書:『イスラーム主義とは何か』岩波書店, 2004年.

**大森康宏**(おおもり・やすひろ)　国立民族学博物館・総合研究大学院大学名誉教授
　編著書:『映像文化』ドメス出版, 2000年.

**木村秀雄**(きむら・ひでお)　東京大学大学院総合文化研究科教授
　著書:『水の国の歌』東京大学出版会, 1997年.

**窪田幸子**(くぼた・さちこ)　神戸大学大学院国際文化学研究科・国際文化学部教授
　著書:『アボリジニ社会のジェンダー人類学』世界思想社, 2005年.

**桑山敬己**(くわやま・たかみ)　北海道大学大学院文学研究科教授
　著書:『ネイティヴの人類学と民俗学』弘文堂, 2008年.

**小泉潤二**(こいずみ・じゅんじ)　大阪大学未来戦略機構特任教授, 国際高等研究所副所長
　編著書:*Dynamics of Cultures and Systems in the Pacific Rim.* Osaka University Press, 2003.

**鈴木正崇**(すずき・まさたか)　慶應義塾大学名誉教授
　著書:『ミャオ族の歴史と文化の動態』風響社, 2012年.

**竹沢泰子**(たけざわ・やすこ)　京都大学人文科学研究所教授
　責任編著書:シリーズ『人種神話を解体する』全3巻, 東京大学出版会, 2015年.

**田中雅一**(たなか・まさかず)　京都大学人文科学研究所教授
　著書:『癒しとイヤラシ　エロスの文化人類学』筑摩書房, 2010年.

**田辺繁治**(たなべ・しげはる)　国立民族学博物館・総合研究大学院大学名誉教授
　著書:『生き方の人類学』講談社, 2003年.

**田村克己**(たむら・かつみ)　総合研究大学院大学理事, 国立民族学博物館名誉教授
　著書:『レッスンなきシナリオ』風響社, 2014年.

**中川敏**(なかがわ・さとし)　大阪大学人間科学研究科教授
　著書:『異文化の語り方』世界思想社, 1992年.

**中村淳**(なかむら・じゅん)　青山学院女子短期大学非常勤講師
　共著書:船曳建夫ほか編『吉田村』東京大学教養学部文化人類学研究室, 1996年.

**波平恵美子**(なみひら・えみこ)　お茶の水女子大学名誉教授
　著書:『日本人の死のかたち』朝日新聞社, 2004年.

**船曳建夫**(ふなびき・たけお)　東京大学名誉教授
　著書:『旅する知』海竜社, 2014年.

**松田素二**(まつだ・もとじ)　京都大学大学院文学研究科教授
　著書:『都市を飼い慣らす』河出書房新社, 1996年.

**箕浦康子**(みのうら・やすこ)　お茶の水女子大学名誉教授
　著書:『子供の異文化体験』思索社, 1984年 (増補改訂版, 新思索社, 2003年).

**山本真鳥**(やまもと・まとり)　法政大学経済学部教授
　共著書:『儀礼としての経済』弘文堂, 1996年.

**渡辺公三**(わたなべ・こうぞう)　立命館大学大学院教授, 立命館副総長
　著書:『司法的同一性の誕生』言叢社, 2003年.

編著者

山下晋司（やました・しんじ）
　1948年生まれ。73年東京大学教養学部卒業。78年東京都立大学大学院社科学研究科博士課程修了。
　現在、東京大学名誉教授、帝京平成大学現代ライフ学部教授。
　著書：『儀礼の政治学―インドネシア・トラジャの動的民族誌』（弘文堂、1988年）、『岩波講座　文化人類学7・移動の民族誌』（編著、岩波書店、1996年）、『バリ観光人類学のレッスン』（東京大学出版会、1999年）、*The Making of Anthropology in East and Southeast Asia* (co-ed., Berghahn Books, 2004)、『資源人類学2・資源化する文化』（編著、弘文堂、2007年）、『観光人類学の挑戦―「新しい地球」の生き方』（講談社、2009年）、『公共人類学』（編著、東京大学出版会、2014年）ほか。

**文化人類学入門――古典と現代をつなぐ20のモデル**

2005（平成17）年4月15日　初版1刷発行
2015（平成27）年3月30日　同　4刷発行

| 編　者 | 山　下　　晋　司 |
|---|---|
| 発行者 | 鯉　渕　　友　南 |
| 発行所 | 株式会社　弘文堂　〒101-0062　東京都千代田区神田駿河台1の7<br>TEL 03(3294)4801　　振替 00120-6-53909<br>http://www.koubundou.co.jp |
| 印　刷 | 図書印刷 |
| 製　本 | 井上製本所 |

© 2005 Shinji Yamashita. Printed in Japan

Ⓡ　本書の全部または一部を無断で複写複製（コピー）することは、著作権法上での例外を除き、禁じられています。本書からの複写を希望される場合は、日本複写権センター（03-3401-2382）にご連絡ください。

ISBN4-335-56106-7

―――― 弘文堂 ――――

## 【縮刷版】文化人類学事典
● 石川栄吉ほか＝編　本体4660円

## 世界民族事典
● 綾部恒雄＝監修　本体22000円

## 文化人類学文献事典
● 小松和彦ほか＝編　本体21000円

## 現代宗教事典
● 井上順孝編　本体9000円

## 【縮刷版】日本宗教事典
● 小野泰博ほか＝編　本体5700円

## 【縮刷版】神道事典
● 國學院大學日本文化研究所＝編　本体4800円

## 【縮刷版】新宗教事典
● 井上順孝ほか＝編　本体4660円

## 新宗教教団・人物事典
● 井上順孝ほか＝編　本体5000円

本体価格（税抜き）は2009年5月現在のものです。